中国生态扶贫战略研究

（修订版）

Cai Dianxiong　Zha Yan　Philip J.Bubb　Zhang Qiaoqiao 等○主编

唐小田　李　玮○译

科学出版社

北　京

图书在版编目(CIP)数据

中国生态扶贫战略研究/蔡典雄等主编；唐小田，李玮译．—修订本．
—北京：科学出版社，2016.6
　　（世界生态人类学译丛）
　　书名原文：Ecosystem Services for Poverty Alleviation
　　ISBN 978-7-03-048462-8

　　Ⅰ.①中⋯　Ⅱ.①蔡⋯ ②唐⋯ ③李⋯　Ⅲ.①不发达地区-生态型-经济
发展战略-研究-中国　Ⅳ.①F124.7

　　中国版本图书馆 CIP 数据核字（2016）第 114148 号

责任编辑：侯俊琳　张　莉/责任校对：张怡君
责任印制：李　彤/ 封面设计：有道文化
编辑部电话：010-64035853
E-mail：houjunlin@mail. sciencep. com

科 学 出 版 社 出版
北京东黄城根北街 16 号
邮政编码：100717
http://www.sciencep.com

北京凌奇印刷有限责任公司 印刷
科学出版社发行　各地新华书店经销
*

2015 年 7 月第　一　版　　开本：720×1000　B5
2016 年 6 月第　二　版　　印张：14 3/4
2022 年 1 月第六次印刷　字数：260 000

定价：86.00 元
（如有印装质量问题，我社负责调换）

《中国生态扶贫战略研究》
编委会

主编：

Cai Dianxiong　　Zha Yan

Philip J. Bubb　　Zhang Qiaoqiao

编委：

Alison C. Campbell	Andrew J. Challinor	Bhopal Pandeya
Chan Fook Wing	Chen Min	Christine Tam
Gao Maofang	Lera J. Miles	Liang Shumin
Lim Guan Soon	Liu Jing	Loke Wai Hong
Lu Kaiyu	Luo Liangguo	Ma Chonglin
Ma Zhongyu	Neville ASH	NG Ee Ling
Qin Zhihao	Tim R. Wheeler	Wan Min
Wang Huirong	Wang Xiaobin	Wilko Schweers
Wu Huijun	Wu Xueping	Yang Jingfeng
Yang Shiqi	Yang Shujing	Yang Zhengli
Zhang Aiping	Zhang Feng	Zhang Jianjun
Zhang Lijian	Zhang Xuecheng	Zhao Quansheng
Zhu Lizhi	Zhuang Yan	

"世界生态人类学译丛"总序

到了今天,人类学经过一个多世纪的发展,有三大主题备受世人关注:一是文化与生态,二是文化的建构与社会运行,三是族际关系。其中,文化与生态互动共荣关系的探讨已经形成了一门新兴的人类学分支学科,即生态人类学。

生态人类学在国外的发展由来已久。20世纪中期兴起的新进化论学派开始正面涉及特定文化与所处自然及生态系统的互动并存和延续,并将其提升为人类学研究的特定领域,从而开创了生态人类学探讨的先河。尔后,研究者层出不穷,研究机构亦如雨后春笋。相比之下,中国接受这一新兴学科的历程却倍加艰辛和曲折。时至今日,中国学术界对该学科依然缺乏整体性的把握,零星地介绍和研究实践都远远无法满足中国当代生态建设的需要。为了便于我国学人正本清源,从源头及其发展过程中去把握这门学科,我们决定将国外有影响的生态人类学专著陆续翻译出版,以飨我国读者。

建设秀美中华已经被历史性地提到了我国未来发展的议事日程,但具体到生态建设中的理论与实践问题,我们尚缺乏可资遵循的指导。就这一意义而言,除了推动我国本土生态人类学的研究以外,规范的翻译和推介国外已有的研究成果自然成了当务之急。针对这一紧迫需要,我们就力量所及,规划出版了这套丛书,希望尽可能地展示生态人类学从发生到发展,再到繁荣的全过程,以推动我国与国外学术研究的接轨,也便于进一步健全与规范我国生态人类学的研究。

作为一门新兴的人类学分支学科,术语的规范自然很难一步到位,即使到了当代,国外对这一学科的称呼依然纷繁复杂。除了生态人类学外,生态民族学、人类生态学、环境人类学、生态社会学,乃至医学人类学、健康人类学等都在国外权威期刊中不断出现,以至于中国学人,甚至在国外长期留过学的研究者都感到眼花缭乱、莫衷一是。这是一个亟待规范的现实问题。为了便于中国读者明辨国外有影响的经典名著在该学科发展历程中所处的地位,我们决议在我们所推介的经典名著中,以"题解"的方式对其所用术语和学术思想作原则性的述评,重点提示该著作所用关键术语与相似术语的区别与联系,以利于我国学人的理解。待本丛书初具规模后,我们将尽快推出《生态人类学词典》,为我国生态人类学术语使用的规范化略尽绵薄之力。

生态人类学研究的对象涉及面甚广,不同的国外经典名著所探讨的生态系统及相关民族文化各不相同,而其所形成的结论也具有不容忽视的针对性。我国读者如果没有相应的阅历和学科素养,那么就很难把握不同经典名著探讨对象的特异性。为了给我国读者排除阅读和认识上的障碍,本丛书推出的译本将以"注释"或"译后记"的方式,做简明扼要的生态学背景提示,以免我国读者误解和误用。

民族文化是生态人类学研究的切入点和独特视角,但在具体的学科发展过程中,人类学的先驱者们所做的民族志工作与生态人类学定型后,基于对"文化生态"的理解所做的民族志工作,其间并不具有必然的重合性,以至于中国的读者单凭一本书去把握书中所讨论的民族文化会遇到很大的困难,甚至在工具书中亦很难查对。为了帮助读者排除这一障碍,本丛书所推介的经典名著也将以"注释"或"译后记"的方式,对该书所涉及的民族文化作简略的说明,尽可能地提示该种民族文化与所处生态系统之间的衔接关系,以利于我国读者真正做到从"文化生态"观念入手,去把握来自国外的经典名著。

生态人类学的理论建构也有它自身的发展历程,不同的研究者对文化与所处生态环境之间的关系在认识和理解上也经历了一个不断深入的过程。其间不乏精深的理解,但也肯定存在着过时的偏见。为了帮助读者尽快把握所推介经典名著在世界生态人类学发展历程中的地位与价值,我们推介的每一本经典名著都要辅以编译者的"序言",重点提示所推介专著的时代及学术背景、所取得的成就与不足,以及在我国当代生态假设中的借鉴价值。由于问题的复杂性,我们的推介当然会存在诸多的问题和不足,仅仅是考虑到有这样的推介总比让读者自己去摸索略胜一筹,因而才将这样的做法作为一种规制去加以推行,意在引导读者的阅读并接受读者的批评和指正。

随着中国的崛起,生态人类学的中国化也必然要提到议事日程,但这些工作做起来却困难重重,原因在于此前类似工作做得不多,基础薄弱。事实上,生态人类学问世虽然很迟,但文化与生态之间的制衡互动关系在我国却是一个由来已久的思想观。其间的关键问题正在于外语基础好,对生态人类学理论理解精深的学人,往往对中国传统的学术思想认识有所欠缺,甚至对中国的文化生态实践也缺乏了解。这是客观社会背景所使然,短期内万难做得尽善尽美。可是,考虑到对国外思想消化和吸收的紧迫需要,我们在推介每一本经典名著之时,都将尽可能以"注释"的方式给读者一定的提示,希望我们的读者能够在这样的努力下,在关注国外学术成果的同时,不至于忘却中国自己的学术传统,以此避免盲目的机械搬用和模仿。

生态人类学与传统的民族志编写很不相同,它不仅是对文化生态共同体的如实整合和报道,更重要的还在于借以探讨人类社会与生态环境之间的哲理。荷载着不同文化的人群对自然与生态系统进行认识、加工与利用,其行为主体虽然是人类,但生态系统显然不会遵从任何民族自己的理性。它有自己的应对范式,也绝不会遵从人类的意志。这就需要我们将文化与生态都视为具有自组织潜力的并行生命形态去考量。也就是说,生态人类学的核心命题——"文化生态共同体"既相互依存又相互制约,如果不揭示其间的辩证统一关系就很难达到准确把握事实真相的境界。然而,在生态人类学发展的历程中,每一个成功的研究者,哪怕是本学科的权威,就终极意义上来说,也会由于受到时代背景的限制而只能在某一个侧面做出突出贡献,得失利弊也总是互见长短。为了避免对某一名著或某一研究者的过分倚重,我们在推介相应的专著时,都将尽可能对那些具有直接影响的得失,以"注释"的方式作必要的点评,特别是揭示不同研究者在见解上的关键分歧所在。相信通过这样的努力,会更有助于我国生态人类学的健康发展。

生态人类学作为一门新兴的分支学科,自问世以来除了专业的研究者外,还有不少从事其他领域研究的学人也会不同程度地触及生态人类学的研究,其中一些非专业的学人所提供的资料和相应的见解还可能超越专业的生态人类学工作者。为了尽可能地反映国外生态人类学研究的全貌,这套丛书除了全译推介经典名著外,还将选编生态人类学的论文及相关著作的章节,同时以"述评"的方式加以推介,务使我国的学人能准确地把握这门学科的发展历程、学术影响及其现状。

鉴于这是一项至关重要却又极其艰难的工作,尽管我们对整套丛书的规划作了力所能及的努力,但仍然感到力不从心。为此,诚挚吁请海内学人不吝赐教,帮助我们做好此项推介工作,也恳请有实力的学人和我们一起参与到翻译推介工作中。希望在我们的共同努力下,我国学者不再对国外的生态人类学研究感到陌生。这是我们大家共同的事业。

罗康隆

2013 年 11 月 15 日

中文版修订说明

《中国生态扶贫战略研究》（中文版）自 2015 年 7 月出版以来，受到社会读者和专业人士的广泛好评。该书从扶贫攻坚的国家战略出发，以大量的数据讨论生态环境的服务功能，对于向公众普及中国生态系统服务知识、增强生态保护意识、实施生态扶贫工程起到了重要的推动作用。

该书英文原作成书于 2010 年，很多数据已经陈旧或有所变动，个别国家的政策也有了调整，同时，我们也收到了一些热心读者的建议。为了满足读者对该书的更高需求，我们对该书中文版进行了修订。修订主要在以下几个方面进行：一是，在语言表达上进行了梳理，使其更通顺、自然，尤其是对一些常用术语进行了统一和规范；二是，对一些较大、较模糊的数据以译者注的形式进行了明晰，让读者更一目了然；三是，在内容上对原来个别理解不准确的地方进行了校正；四是，经与英文版作者协商，在此修订版中对个别内容以及相关文字表述进行了相应调整，既保持了原作思想的完整性，又更利于中国读者理解和接纳。译者希望能让更多的人通过阅读本书深入了解中国的生态扶贫，积极参与到中国生态环境保护的实践中来。

译　者

2016 年 3 月

中文第一版前言

自然生态系统为人类社会提供了最基本的物资，如食物、饲料、薪材、木材以及淡水资源等。这些物资是人们熟悉的、重要的经济组成部分。自然生态系统也为人类提供了其他基本服务，如净化空气及水资源、过滤有毒物质、分解废品、调节气候、再生肥土、形成和维持生物多样性等。然而直到最近，这些生态系统服务功能才引起人类的重视。

2006 年，为进一步了解生态系统服务，并通过提供生态系统服务促进减贫工作，英国全球环境研究委员会（NERC）、英国经济与社会研究委员会（ES-RC）以及英国国际发展署（KFID）三个组织开始携手开展研究项目，跨学科探讨扶贫过程中实现对生态系统进行可持续管理的可能性。他们开展的生态扶贫研究计划（EASP）旨在通过高质量的前沿研究来帮助人们更好地理解生态系统的功能、生态系统为人类提供的服务及生态系统与政治、经济和可持续增长之间的关系[①]。

本书从中国生态系统服务及其对贫困地区的影响出发，为广大读者呈现了上述生态扶贫研究计划的分析结果，明确了扶贫过程中所面临的生态系统可持续管理方面的挑战和应对办法。本书的内容旨在为国际生态扶贫研究计划（EASP）提供信息，其成果有助于中国的生态系统管理、扶贫问题研究和扶贫政策制定。

中国生态扶贫战略研究的目的在于分析中国的生态系统服务及其对贫困人口的重要性，明确扶贫过程中所面临的生态系统可持续管理方面的挑战，找出应对办法。一方面，本研究帮助人们进一步理解了生态系统发挥的功能、生态系统提供的服务；另一方面，着重研究了生态系统与政治、经济和可持续增长之间的关系。研究成果将有益于中国的生态系统管理、扶贫问题研究和扶贫政策制定。

本研究的基本概念由千年生态系统评估报告（MA）中的基本概念发展而来。开展千年生态系统评估的目的不仅在于评定生态系统为人类福祉带来的改变，而且在于提供科学依据，采取必要行动加强生态系统保护、巩固生态系统的可持续利用、增进生态系统对人类的贡献。生态扶贫战略研究旨在以评估生态系

---

① 参考网站 http://www.nerc.ac.uk/research/programmes/espa/。

统服务及其与贫困之间的联系为基础，明确生态系统可持续管理中的挑战，使扶贫工作取得最大成效。鉴于千年生态系统评估（MA）中定义的"支持性服务"已经更名为"生态系统过程"，本研究也将生态系统作为一个独立的基本概念进行区分。这些生态系统过程功能的发挥以及相应服务的提供取决于每个生态系统的固有特征（如土壤类型、气候条件）、生态系统的完整性或人类行为对其进行的改造。

为了弄清楚引起生态系统改变的具体驱动因素，本研究沿用千年生态系统评估报告中的基本概念，明确了引起生态系统改变的间接因素，包括人口、经济、社会政治、科技以及文化和宗教等方面。本研究认为，对生态系统及生态系统为人类提供的服务作出决策，不仅是政府制定政策和规划的过程，也是每个家庭和商业部门的决策过程。此外，生态系统的改变以及生态系统所提供的服务不仅受到农民、商户以及政府等有意识的管理决策影响，还受到污染、气候改变以及外来入侵物种等无意识的影响，这些影响在本研究中也分别作了详细阐述。

本研究范围虽然涵盖了中国全境。但鉴于中国地域辽阔且研究时间有限，本研究只是全面而粗略地对现有信息进行了综合分析。同时，将研究重点放在中国西部，这里居住着中国主要的贫困人口，生态系统最易受外部环境改变的影响。通过对宁夏回族自治区进行详细的个案研究，强化了本研究的主要发现。

本研究项目是在中国农业科学院（CAAS）、国际农业与生物科学研究中心（CABI）、联合国环境规划署世界保护监测中心（UNEP－WCMC）、英国雷丁大学沃克气候系统研究所、斯坦福大学国家资金工程、宁夏回族自治区发展和改革委员会以及宁夏扶贫和环境改造中心等部门的带领下组织完成的。

本书由40多位国内和国际生态学、农业科学、水资源、气候变化、环境科学、土壤、社会学、经济学及知识管理等领域的专家、学者共同编写完成。全书分为四篇，共包含10章。第一篇"中国贫困与生态系统现状"包含第一到第三章；第二篇"中国生态系统和贫困问题的决策及驱动因素变迁"包含第四到第六章；第三篇"生态系统变化和贫困问题的直接驱动因素"包含第七到第九章；第四篇"宁夏个案研究"即第十章。作为中国生态扶贫研究的一项主要成就，本研究的专家们期望"生态扶贫"这个概念会在不久的将来被中国广大的研究者、决策者以及生态系统利用者认可并且接纳。

全体参编作者

2010 年 8 月

致　　谢

首先，我们要强调，若是没有英国全球环境研究委员会（NERC）、英国经济与社会研究委员会（ESRC）以及英国国际发展署（KFID）提供的智力、精神及资金支持，此项重要研究就不会如此顺利地启动并全方位得以深入实施。感谢英国全球环境研究委员会陆地和淡水科学部主任帕梅拉·肯普顿博士（Pamela Kempton）、英国环境研究委员会科学规划员凯若琳·卡尔潇博士（Caroline Culshaw）和卡迪·威特斯博士（Katie Waiters）、英国国际发展署驻中国办事处伊丽莎白·威尔逊博士（Elizabeth Wilson）以及英国经济与社会研究委员会驻中国办事处凯罗·伦尼博士（Carol Rennie）提供的真知灼见和大力支持。

在此，特别感谢参与本研究的所有团队成员和各位同行，作为实施者、作者、评论员或编辑，他们共同完成了这个生态扶贫中国情景分析项目。同时，也感谢支持参与本研究的各个机构。

此外，我们还要向宁夏回族自治区发展与改革委员会、宁夏扶贫与环境改造中心对我们个案研究提供的方便与援助表示衷心的感谢，是他们给我们提供了大量的宝贵资料。

最后，感谢科技部国际合作司、农业部国际合作司和中国农业科学院国际合作处为推动工作会议和工作计划的顺利进行所提供的大力支持。

本书英文版由国际合作项目（项目编号：2006DFB32180；S2010GR0964）赞助出版。

目　　录

第一篇　中国贫困与生态系统现状

第二篇　中国生态系统和贫困问题的决策及驱动因素变迁

第三篇　生态系统变化和贫困问题的直接驱动因素

第四篇　宁夏个案研究

第一篇　中国贫困与生态系统现状

第一章　中国贫困概述

要根除中国贫困，改善中国贫困人群的生态环境条件，首先必须弄清楚以下两个问题：第一，哪些人口属于贫困人口范畴？第二，这些贫困人口都分布在哪些地方？为此，我们需要对现行贫困的衡量办法、中国贫困人口的特征进行回顾和了解。这项工作已经完成，在评估生态系统对减贫的影响以及制定更有效的减贫政策方面具有重要作用，本章将作详细阐述。本章第一节讨论了中国的贫困线定义；第二节描述了中国城市贫困和农村贫困的演变历程；第三节介绍了国家级贫困县的县际背景。

第一节　中国贫困线定义

一、背景

中国农村贫困人口的估算方法以中国国家统计局（NBS）制定的贫困线为基础（Wang and Li，2005）。国家统计局将"贫困线"定义为：在一定的时间、空间以及社会发展阶段，维持人们的基本生存所必须消耗的物品及服务所需的最低费用（Tang，1994）。

中国国家统计局的农村调查组织（RSO）根据农村住户进行调查的数据计算出了 1985 年、1990 年、1994 年以及 1997 年的中国农村贫困线基本标准，其他年份的贫困线基准随着农村居民消费的价格指数（CPI）浮动而不断更新。

二、1985 年的官方贫困线

1985 年，国家统计局首次将农村居民的人均收入水平作为判断其是否属于贫困人群的指标。计算分 4 个基本步骤完成：首先，计算营养学家提出的每日生存所需摄取的卡路里最低标准；其次，选定能够提供上述卡路里要求的合理食物种类及数量；再次，结合食物类总价计算出最低食物支出费用；最后，计算出一般贫困线，即最低食物支出比例以及相应的恩格尔系数（Tang，1994）。

（一）最低支出额度

最低支出额度包括两个部分：最低食物支出额度和最低非食物支出额度，包括日常生活用品（如衣物、住房、交通、燃料等）以及服务（如医疗、教育、娱乐等）两大类。

（二）食物支出比例

食物支出比例即食物支出在所有生活消费总支出中所占的比例。国家统计局通过对农村居民的消费结构进行系统调查，并对1984年所采集的农村调查数据中的恩格尔系数进行专业分析，确定食物支出比例为60%。

（三）最低卡路里摄取量

最低卡路里摄取量即人类为了维持正常生活所必须摄取人体体内的卡路里数量。根据中国营养学家估算，在中国，正常人维持生存所需的卡路里摄取量为每日2400卡路里，最低卡路里摄取量为每日2000卡路里。考虑到中国广大农村地区的居民主要从事体力劳动这一实际情况，国家统计局设定最低卡路里摄取量为每日2100卡路里。

（四）食物类

国家统计局根据1984年采集的全国农村调查数据统计表（表1.1）所提供的信息，除去非必需或者是奢侈的食物种类，如烟草、酒、糖果、蛋糕等，保留了12种食物作为居民日常生活所必须摄入的食物类别，分别是谷物、植物油、蔬菜、猪肉、蛋类、动物脂肪、牛肉和羊肉、植物油、牛奶、家禽、鱼类、糖以及水果。

表 1.1　主要食物价格及其支出费用

食物种类	单位热量 （卡路里/千克）	价格 （元/千克）	年摄食量 （千克）	年食物支出额 （元）
谷物	3150	0.30	220.00	66.00
植物油	8990	1.90	2.45	4.66
蔬菜	204	0.21	100.00	21.00
猪肉	3950	1.85	8.70	16.10
蛋类	1635	2.06	1.30	2.68
动物脂肪	8960	1.40	1.36	1.90
牛肉和羊肉	1746	2.47	0.54	1.33
家畜和羊奶	1522	0.4	0.75	0.3
家禽	1845	2.84	0.74	2.10
鱼虾	1091	1.14	0.96	1.09
糖	3970	0.92	1.00	0.92
水果	604	0.55	3.00	1.65
总计				119.73

资料来源：Wang and Li，2005。

三、1997 年的官方贫困线

中国现行的绝对贫困线是 1997 年采用世界银行举荐的基本方法计算得出的，其计算过程包括以下四个基本步骤。

（一）测定最低营养摄取量

最低营养摄取量指的是正常人维持生存每日所需的最低卡路里摄入量。根据营养学家的建议，中国将居民最低卡路里摄取量定为每人每日 2100 卡路里。

（二）计算食物贫困线

对农村地区家庭调查的数据进行分析，得出居民维持正常生活的最低营养摄取量所需的食物支出费用即为食物贫困线，该计算可以通过实际的消费价格和贫困人群的消费结构来计算完成。

（三）计算非食物贫困线

世界银行对于如何计算非食物贫困线提出了两种不同的计算方法，这两种计算方法的第一个步骤都是一样的，即对住户进行抽样调查，基于调查数据的回归函数对居民生活消费总额和食物消费总额两者之间的关系进行估算。第二个步骤中，方法一假定食物贫困线即生活支出总额；方法二假定食物贫困线即食物支出总额。当把食物贫困线代入以上等式中，就能够在不同的假定中分别估算食物支出总额和生活支出总额。最后，方法一的计算方法是通过食物贫困线减去估算的食物支出总额来确定非食物贫困线；方法二的计算方法是通过估算的生活支出总额减去食物贫困线来确定非食物贫困线。由于通过方法一计算出来的非食物贫困线要低于方法二计算出来的非食物贫困线，因此前者被人们称作"低"非食物贫困线，后者则被人们称为"高"非食物贫困线。

（四）计算贫困线

因此，低贫困线＝食物贫困线＋"低"非食物贫困线。

对于那些处于低贫困线以下水平的人群来说，他们只能获得最基本的食物和最低标准的非食物需求，从而很难从根本上让他们摆脱贫困。

高贫困线＝食物贫困线＋"高"非食物贫困线。

对于那些处于高贫困线以下水平的人群来说，他们不仅能够满足其最基本的食物需求，同时还能够满足其一些额外的非食物需求，比如衣物、住房、教育、医疗等，这些将能够帮助他们逐渐走出贫困的困扰。

四、测定农村贫困标准

中国农村的贫困覆盖率非常高，但扶贫资源的配给量非常有限，考虑到这一实际情况，国家将低贫困线作为国家贫困线，用来反映贫困的分布及其特征、动态，作出这样的决策在当时来说是非常合理的。

五、其他贫困线

1990 年，世界银行为了对当时各国的贫困现状进行比较，分别对各个国家的贫困标准进行了调查研究。研究发现，根据 1985 年提出的购买力平价理论（PPP），34 个发展中国家和转型经济体设定的贫困线每年在 200～3500 美元上下浮动。此外，在 12 个最贫困的国家中，其贫困线为每年 275～370 美元。因此，1990 年，世界银行确定一般国际贫困标准为 370 美元，用以衡量各国的贫困现状。同时，为了更加有效地反映印度、孟加拉、印度尼西亚、埃及、肯尼亚等相关国家的贫困现状变化，世界银行确定 275 美元（约合每日 0.75 美元）为一般国际极度贫困标准，用来比较各国的极度贫困状况。而以 1985 年购买力平价理论为基础所设定的每年 370 美元的较高贫困标准，后来被简化为"每日一美元"，得到广泛接受和认同。

六、有关中国官方贫困线的评论

与世界银行提出的贫困线相比，中国所设定的贫困线存在太多的限制因素。中国的贫困线标准不仅远远低于世界银行设定的每人每日一美元，而且比亚洲许多国家，如印度尼西亚、菲律宾、泰国和马来西亚等国的贫困标准还要低。国家官方贫困线应当建立在政府财政能力和扶贫项目预算的限制之上，不过中国国家统计局在设定贫困线时采用了世界银行的理论方法，将维持生命所需的卡路里摄取量作为唯一评判标准。由于中国贫困地区的食物质量相当不可靠，因此中国将食物贫困线设定得相当低，结果导致有些居民的生活质量虽然已经达到贫困线标准，但也只能满足维持生存所必需的食物需求，无法满足达到健康生活标准的食物需求。因此，在这些地区测定的贫困线就相对较低，有证据显示，在贫困线较低的地区，其食物支出比例达到了 85%。

然而，中国制定减贫目标这一决策是正确的。当时，中国低贫困线能够为政府提供一个客观的基础标准去集中减贫资源，援助尚未解决温饱问题的贫困人群，采取社会经济发展措施，在极度贫困人群中开展救济或救灾工作。事实证明，针对生活在贫困线以下的人群执行的扶贫政策成绩显著，使中国尚未解决基本温饱问题的贫困人口比例降低至 3%，如此显著的扶贫成效，得到了国际社会的广泛认可和好评。

七、官方低收入标准

为了更好地监控贫困人口获得基本食物保障之后的发展动态，更好地评估扶贫政策的执行效果，促进国际化对比，国家统计局于 1998 年开始计算低收入标准以及低收入人口的比例，并于 2000 年公布了相关数据（表 1.2）。最初的计算方法采用的是 1997 年的粮食贫困线计算方法，后来假设贫困条件下粮食支出份额占总支出的 60%。在这样的理论支撑下，计算出低收入标准为每年人民币 880元。这一标准通常假设恩格尔系数（粮食支出份额）不超过 60%，居于这一生活标准以下的人群被认定为贫困人群。该标准既接近购买力平价理论的"每日一美元"标准，又接近生活在贫困线以下人群的生活标准。

表 1.2　中国贫困标准和低收入标准（2000~2004 年）

指　数	2000 年	2001 年	2002 年	2003 年	2004 年
贫困标准（元/人·年）	625	630	627	637	668
低收入标准（元/人·年）	865	872	869	882	924

资料来源：Li，2006：24。

然而，现在看来，当时的标准还存在多方面的不足。首先，粮食贫困线依然很低；其次，统一将恩格尔系数假定为 60%，似乎相对比较主观；再次，仅从标准本身去理解特定消费物品似乎不太可能；最后，这一标准在全国固定不变，没有差异。即便如此，这个贫困线还是很好地反映了中国当时的农村贫困现状。

第二节　中国扶贫

一、农村贫困

自 20 世纪 70 年代以来，中国的农村扶贫工作取得了非凡的成效。根据中国政府制定的贫困标准，缺乏食物和衣物的绝对贫困人口数量从 1978 年的 2.5 亿减少到了 2006 年的 0.21 亿，贫困发生率从 30.7% 下降到了 2.3%（表 1.3）。随着贫困人口数量不断减少，贫困地区的公共设施也更加齐全，社会事业逐渐完善，居民的基本生产生活条件有了显著改善。Malik（2005）估算，自 1981 年以来，中国居民生活标准低于"每日一美元"的人口数量减少了 4 亿，"每日二美元"的贫困人口数量减少了 3 亿。虽然用不同的测量方法计算出的结果有所不同，但是它们所传达的信息是明确的，即中国农村减贫的速度远远超过了人类历史上其他任何一个国家。在从计划经济向市场经济过渡以及迈向现代化的进程中，中国经济日益增长，贫困人口大幅下降。

表 1.3　中国贫困人口及贫困发生率

时间（年）	农村人口（百万）	贫困人口（百万）	贫困发生率（%）
1978	803	250.00	30.7
1985	844	125.00	14.8
1990	896	85.00	9.4
1991	905	94.00	10.4
1992	912	80.00	8.8
1994	915	70.00	7.7
1995	917	65.00	7.1
1997	915	49.62	5.4
1998	920	42.10	4.6
1999	922	34.12	3.7
2000	928	32.09	3.4
2001	934	29.27	3.2
2002	935	28.20	3.0
2003	938	29.00	3.1
2004	—	26.10	2.8
2005	—	23.65	2.5
2006	—	21.48	2.3

资料来源：1978～2005 年的数据来源于国家统计局农村调查部，2008：98，144。2006 年的数据来源于 Fan，2007：4，5。

二、农村贫困评估

随着社会经济不断转型，国家扶贫战略方针不断调整，改革开放以来，中国农村扶贫进展大致可以分为以下四个阶段。

（一）1979～1985 年的农村贫困状况

1. 针对农村贫困人口的政策

1979～1985 年，中国的农村经济随着国家经济的飞速增长而进入了高速发展时期。农村土地体制改革、市场体制改革和就业体制改革直接导致了贫困人口的急速下降。然而，由于多方面的历史及自然原因，不同地区、不同群体的收入差异显著加大，这样的状况引起了中国政府的高度关注。政府以及相关部门出台了一系列方针政策，向贫困人群提供帮助，特别是帮助经济欠发达地区以及贫困人口相对较多地区的贫困人群摆脱贫困。

2. 农村贫困人口的变化

改革开放政策的实施在很大程度上促进了农村经济的飞速发展，并在中国广大农村地区营造了一个良好的宏观经济环境，为大规模减贫创造了有利条件。1979~1985 年，中国的扶贫工作取得了飞速发展，实现了农民收入快速增长。农村家庭人均年收入增加了 1.5 倍，从 1979 年的人民币 160.7 元增加到 1985 年的人民币 397.6 元，扣除通货膨胀等因素，这段时期内农村家庭人均收入实际增长率为 87:23%，并保持了 11.02% 的年均增长率。

随着居民收入不断增长，贫困人口的数量大幅度减少。在估算贫困规模时，采用两种不同的贫困标准，可以计算出不同的结果。根据世界银行所设定的贫困线，中国的贫困发生率由 1978 年的 33.0% 减少到了 1985 年的 11.9%，贫困人口总数减少了 63%，即从 2.6 亿减少到了 0.96 亿，年平均下降 0.2343 亿。根据中国官方所设定的贫困线，贫困发生率从 1978 年的 30.7% 降低到了 1985 年的14.8%，贫困人口总数减少了 50%，即从 2.5 亿减少到了 1.25 亿，年平均下降9.43 个百分点，即 0.1786 亿（表 1.4）。这两种测算方法均显示，中国的贫困人口数量急剧下降。中国贫困人口在短时期内呈现出如此大幅度的减少更是引起了全球范围内的关注。

表 1.4　中国贫困人口测量

测量标准	1978 年			1985 年		
	贫困标准（元/人・年）	贫困人口（亿）	贫困发生率（%）	贫困标准（元/人・年）	贫困人口（亿）	贫困发生率（%）
世界银行标准	99	2.6	33.0	193	0.96	11.9
中国标准	100	2.5	30.7	193	1.25	14.8

资料来源：Zhou and Gao，2001：485。

（二）1986~1993 年的农村贫困状况

1. 针对农村贫困人群的政策

20 世纪 80 年代中期，得益于中国的改革开放，中国绝大多数农村地区的经济都实现了突飞猛进式的快速增长。然而，依然有一部分地区由于经济、社会、历史发展、地理位置等先天条件相对落后而发展缓慢，这些贫困地区与沿海地区在经济、社会、文化等方面的差异日渐扩大。正因为如此，中国的农村发展不平衡问题变得日益突出，大量低收入人群无法满足基本的生活需求。

我国政府在贫困地区继续实行优惠政策。1986年，国家政府成立了专门的扶贫机构，即国务院贫困地区经济开发领导小组（1993年更名为国务院扶贫开发领导小组）以及国务院扶贫开发领导小组办公室。此外，政府还为广大农村及贫困地区提供专项资金支持，制定优惠政策，改革以往救济式传统减贫模式，制定新的开发式扶贫指导方针。

1985年，有1.25亿农村贫困居民得不到基本衣食保障，其中绝大多数居住在中国东部、中部以及西部的18个贫困地区，特别是在革命老区、少数民族聚集区、偏远地区以及欠发达地区。

2. 农村贫困人口的变化

经过8年的不懈努力，中国的农村贫困人口数量进一步减少。根据官方公布的贫困线标准，中国贫困人口数量从1986年的1.31亿以每年6.69%即0.5034亿/年的速度减少到了1993年的0.8066亿，但是其降幅比1978～1985年的9.43%稍低。此外，贫困发生率从1986年的15.5%下降到了1993年的8.8%，这与世界银行提出的"每日一美元"收入标准相一致。中国的贫困人口从1990年的2.8亿减少到了1993年的2.66亿，同期的贫困发生率由31.3%降低到了29.1%（表1.5）。

表1.5　中国农村贫困发生率（1978～1993年）

时间（年）	国家统计局		世界银行	
	贫困发生率（%）	贫困人口（百万）	贫困发生率（%）	贫困人口（百万）
1978	30.7	250	—	—
1984	15.1	128	—	—
1985	14.8	125	—	—
1986	15.5	131	—	—
1987	14.3	122	—	—
1988	11.1	96	—	—
1989	11.6	106	—	—
1990	9.5	85	31.3	280
1991	10.4	94	31.7	287
1992	8.8	80	30.1	274
1993	8.8	80.66	29.1	266

资料来源：国家统计局数据来源于国家统计局；农村贫困人口数据来源于每年的《农村统计年鉴》；世界银行数据来源于世界银行相关部门。

3. 农村贫困人口的分布

1988 年，中国 25％的贫困人口分布在东部地区，37％的贫困人口分布在中部地区，剩下 38％的贫困人口分布在西部地区。1993 年，东部贫困人口的分布比例下降到了 20％，中部贫困人口的分布比例下降到了 29％，而在西部地区，这一数据则增加到了 51％，这说明 1988～1993 年这 5 年期间，中国东部与中国中部地区的贫困人口数量急剧下降。

（三）1994～2000 年的农村贫困状况

1. 针对农村贫困人群的政策

随着农村改革的深入发展，以及开发式扶贫工作的实施，中国的贫困人口数量在逐渐减少，同时中国的贫困特征也相应地发生了变化。中国贫困人口的分布呈现出明显的地域性特征，比如西南山区（土地资源匮乏）、西北黄土高原（水资源匮乏）、秦岭大巴山区（受到严重的高地影响，耕地不足、交通不便、土地及水资源稀缺）、青藏高原的寒冷地区（缺乏积温）等地区的地域特征都非常明显。导致这些地区发生贫困的主要原因就是恶劣的自然环境、落后的基础设施以及滞后的社会发展现状。传统的扶贫攻坚策略似乎并没有产生明显效果，要实现这些地区贫困人口脱贫，任务变得更加艰巨。

为了扶贫项目尽快取得实际成效，我国政府在 1994 年出台了《国家八七扶贫攻坚计划》，明确提出：要集中人力、财力、物力，动员社会各界力量，到 2000 年，基本解决全国农村贫困人口的温饱问题。

2. 农村贫困人口的改变

1994～2000 年，中国的农村贫困人口数量进一步减少。按照中国官方贫困线标准，中国农村贫困人口从 1993 年的 8000 万减少到了 2000 年的 3209 万，7 年之间减少了将近 59.89％，年均下降 12.23％，远远超过了 1986～1993 年 6.69％的贫困人口下降率，创下了中国自改革开放政策实施以来国内贫困人口下降率的新高。此外，贫困发生率也从 1993 年的 8.8％降低到了 2000 年的 3.4％。

按照世界银行提出的"每日一美元"的标准计算，中国的贫困人口从 1994 年的 2.37 亿减少到了 2000 年的 1.11 亿，7 年之间减少了 53.3％的贫困人口，年平均贫困人口下降率达到 11.9％。相应的贫困发生率也从 1994 年的 25.9％降低到了 2000 年的 11.9％（表 1.6）。尽管计算贫困人口和贫困发生率的两种方法和它们所计算出的结果也不尽相同，但是这两种不同计算方法所得出的贫困人口下降率却非常接近。中国贫困人口数量减少为实现联合国千年发展目标做出巨大贡献。

表 1.6　中国农村贫困发生率（1994～2000 年）

时间（年）	国家统计局		世界银行	
	贫困发生率（%）	贫困人口（百万）	贫困发生率（%）	贫困人口（百万）
1994	7.6	70	25.9	237
1995	7.1	65	21.8	200
1996	6.3	58	15	138
1997	5.4	50	13.5	124
1998	4.6	42	11.7	108
1999	3.7	34	11.2	103
2000	3.4	32	11.9	110.7

资料来源：Tang，1994；国家统计局农村调查部，2002。相关数据由国家统计局和国务院扶贫办公室收集。农村贫困人口数据来源于每年的《农村统计年鉴》。

2. 农村贫困人口的分布

虽然 1994～2000 年中国贫困人口数量进一步减少，但是西部地区的贫困人口所占比例却呈现出逐渐上升的趋势。在这期间，中国东部地区的贫困人口所占比例从 20% 降低到了 9%，而中部地区的贫困人口比例却从 29% 增长到了 30%，西部地区的贫困人口比例也从 51% 上升到了 61%。此外，通过对中国贫困人口的分布情况的比较分析发现，1997～2000 年，国家级贫困县的农村贫困人口约占全国贫困人口总数的 52%。

（四）2001～2005 年的农村贫困状况

1. 针对农村贫困人群的政策

实施《国家八七扶贫攻坚计划》以来，中国贫困地区居民的温饱问题基本上得到了解决。为了进一步加快社会主义现代化建设和带领人民全面进入小康社会，我国政府规划并实施了《中国农村扶贫开发纲要（2001—2010 年)》，加快贫困地区脱贫致富的进程，把中国扶贫开发事业推向一个新的阶段。

截至 2000 年年底，中国农村地区仍然还有 0.3 亿贫困人口的基本温饱需求得不到保障，这些人口占农村总人口的 3%，加上 0.6 亿农村地区的低收入人口，共 0.9 亿人口（尚未解决温饱问题者＋低收入者）成为国家推出新的积极扶贫政策的重点对象。

（1）为了解决上述系列问题，我国政府决定调整农村扶贫计划的执行途径及策略；

（2）解决贫困人口温饱问题，保障人民长治久安；

（3）在着力于提高居民收入的同时，还要强调能力建设以及贫困地区贫困人口的人力资源发展；

（4）扶贫政策重点由乡村转移到村落，扶贫项目资金资助范围扩大到所有贫困村寨，并确保极度贫困的人群直接获益；

（5）将开发式的扶贫项目与农村社会保障网络相结合；

（6）继续发扬艰苦奋斗、自力更生的精神，鼓励贫困人群积极参与扶贫项目的决策、实施、管理及评估等相关工作。

2. 农村贫困人口的转变

2000年，中国绝对贫困人口数量是3200万，到2005年，这个数量减少到了2365万。5年之内，共帮助835万人摆脱了贫困，绝对贫困人口年均下降8.35%。显然，中国绝对贫困人口数量下降的速度开始放缓。《国家八七扶贫攻坚计划》实行期间，中国年平均绝对贫困人口缩减率为12.23%，而2000～2005年，中国绝对贫困人口缩减率还不到其一半，甚至低于1986～1993年的6.69%。中国的贫困发生率从2000年的3.4%下降到了2005年的2.5%。

中国低收入贫困人口的数量持续减少。2004～2005年中国低收入贫困人口数量降幅巨大，共减少了1500万。2001～2005年这五年间，中国低收入贫困人口的数量与中国人口总量的比例分别为：6.6%、6.2%、6.0%、5.3%以及4.3%。

3. 农村贫困人口的分布

20世纪，随着中国经济的迅速发展，中国沿海及中部地区农村贫困人口的数量呈现出大幅度减少的趋势，西部以及深山地区成为中国绝大多数贫困和极度贫困人口的主要分布区。尽管从绝对数字上看，中国贫困人口分布的基本状况没有改变，中国贫困家庭的分布开始从普通农村逐渐转移到偏远山村，分布范围广泛。由于生活条件不稳定，缺乏抗风险机制，因此，随着国家政府将扶贫资金主要集中于扶持最贫困的西部及中部地区，中国东部地区及粮食主产区的低收入家庭仍然饱受贫困之苦。

中国的农村贫困人口的分布规模具备两个显著特征：第一，贫困人口分布一般呈现出"大范围分散而区域性集中"的特点。到2000年年底，中国东部、中部以及西部农村绝对贫困人口数量与中国贫困人口总数之间的比例分别为5.43%、34.00%以及60.57%。中国贫困人口虽然分布地域广阔，但主要还是集中在少数民族聚居区、革命老区、边境地区以及中西部一些极度贫困的村落。

第二，扶助贫困人口最终摆脱贫困，任务十分艰巨。中国贫困人群主要居住在偏远山区，这些地区的普遍特征即是：自然条件恶劣，通信及交通等基础设施不齐全，社会经济发展滞后。

2001~2005年，约有一半数量的中国农村绝对贫困人口集中分布在西部地区，西部地区的贫困发生率明显要高于中部、东部地区，但同样保持着稳步下降的趋势。然而，东部地区的贫困人口数量似乎很难进一步减少（表1.7），数据表明，中国低收入贫困人群主要集中分布在中部和东部地区。

表1.7　农村贫困人口的区域分布情况（2001~2005年）

	地区	2001年	2002年	2003年	2004年	2005年
贫困人口数量（万人）	全国	2927	2820	2900	2610	2365
	东部地区	393	465	448	375	323.8
	中部地区	996	888	1030	931	838.7
	西部地区	1537	1468	1422	1305	1202.6
贫困发生率（%）	全国	3.2	3.0	3.1	2.8	2.5
	东部地区	1.0	1.2	1.2	1.0	—
	中部地区	3.1	2.7	3.2	2.8	—
	西部地区	6.8	6.5	6.2	5.7	—

资料来源：国家统计局农村调查部，2006：10。

表1.8是按照东部、中部、西部以及东北部4个地区进行统计的中国贫困发生率区域分布的新情况。

表1.8　农村贫困人口的新区域分布情况（2001~2005年）

	地区	2001年	2002年	2003年	2004年	2005年
贫困人口数量（万人）	全国	2927	2820	2900	2610	2365
	东部地区	183	261	217	173	142
	中部地区	683	642	752	730	668
	西部地区	1856	1742	1698	1552	1421
	东北部地区	204	175	233	156	134
贫困发生率（%）	全国	3.2	3.0	3.1	2.8	2.5
	东部地区	0.6	0.8	0.7	0.5	0.4
	中部地区	2.5	2.3	2.7	2.6	2.4
	西部地区	6.6	6.2	6.0	5.5	5.0
	东北部地区	3.6	3.1	4.1	2.7	2.4

资料来源：国家统计局农村调查部，2006：16。

（五）中国农村贫困的成因

1. 自然环境恶劣，生态环境恶化

中国半数以上的贫困人口分布在广大山区，这些地区的人均耕地面积、灌溉总面积、粮食总产量、人均粮食产量与全国平均值的比例分别为 73.5%、52.3%、72.6% 和 45.5%。

中国绝大多数的国家级贫困县都位于自然环境恶劣、生态环境严重恶化、耕地生产率极其低下的黄土高原地区或偏远的荒漠地区，大多数地区还经常暴发地方病或者遭受严重的自然灾害。2005 年，在全国国家级贫困县中，旱地以及 25 度以上坡地的面积分别占据耕地总面积的 67% 和 15.9%。当年的国家级贫困县中大约有 24.6% 的村庄没有可灌溉土地，53.4% 的村落饱受自然灾害影响，14.9% 的农村家庭因灾损失 50% 以上的收成。同年，在这些贫困家庭中，多达 41.1% 的家庭遭受严重自然灾害的影响，7.8% 的家庭有残疾或者患有严重疾病的成员。脆弱的生态环境导致这里的居民必须靠天吃饭，由于自然灾害频发，脱贫致富的步伐艰难，即便是暂时摆脱了贫困，也很容易因灾返贫。

2. 基础设施落后

与全国平均水平相比，中国贫困地区以及低收入地区的基础设施建设还极不完善，存在很大差距。例如，贫困地区和低收入地区的安全自来水供应量分别只达到国家平均水平的 12.8% 和 11%。

3. 生产投资规模小，再生产能力低

"十一五"期间，贫困地区农民收入低，生产性投资水平相应也很低。一方面，贫困及低收入农民家庭在生产支出上花费较少，粮食生产和畜牧生产投资甚微；另一方面，贫困家庭拥有的资产很少，仅有的少量资产质量也不高，特别缺乏拖拉机、打稻机等一些重要的生产工具。

4. 人力资本薄弱，自我发展能力低下

总的来说，中国贫困人群以及低收入人群的受教育水平普遍较低，人力资本也比较薄弱。2005 年，贫困地区成年人中的文盲比例达到了 22.5%，比国家平均水平高出了 12.6 个百分点。同样，贫困地区的未成年人中的文盲比例达到了 5.2%，高出国家平均水平 4 个百分点。贫困地区的劳动者平均受教育时间为 6.5 年，比国家平均标准少了 1.5 年；贫困地区接受过特殊技能培训的劳动者数量占其总人口数量的 12.7%，比国家平均标准少了 7.5 个百分点。低收入人群的受教育水平略高于贫困人群的受教育水平，但仍然达不到国家平均水平。

国家级重点贫困县以及贫困地区劳动力充足，但是由于教育投资严重不足，大量的人力资源很难转化成为有效的人力资本。2005 年，接受过工作技能培训的贫困劳动者数量只占总贫困劳动人口的 12.8%。劳动者的人力资本薄弱，使得贫困人口脱贫致富的进程变得更加艰难。与此同时，国家级重点贫困县及地区的学龄儿童辍学率达到了 10%，这意味着在这些地区有很大比例的未成年人以及成年人都是文盲，这将导致中国贫困人口数量在未来一段时间内保持持续不断的增长趋势。

贫困地区的儿童入学率比其他地区都要低，与国家九年制义务教育要求的标准相差甚远。2005 年，各地区国家级贫困县 7～12 岁儿童的入学率比国家平均水平要低 2.7 个百分点；13～15 岁儿童的入学率比国家平均水平要低 4.8 个百分点。

与国内其他县区相比，国家级贫困县的农村医疗服务要落后 20 年。在这些地区，每 1 万人中，病床和医生的数量只有全国平均水平的 60%，仅仅相当于 1980 年的全国平均水平。到 2005 年年底，26.5% 的贫困县还没有建立医疗室，25.2% 的贫困县甚至还没有医生或者医护人员。

5. 社会保障体系欠发达

除了社会救助之外，国家级贫困县已经开始执行养老金和农村最低生活保障制度，商业保险也开始起步。当代社会的信息技术不断进步，可是，贫困县区信息依然相对闭塞。在当今互联网普及的时代，国家级贫困县每 1 万人当中却只有 66.1 人有条件使用互联网。

6. 信贷受限

贫困人群没有充足的金融资产，他们所享受的金融服务非常有限，每当遇到困难的时候，他们大多只能通过非正式的民营机构获得资金或者向亲戚朋友寻求资金援助。

三、城市贫困

（一）城市贫困概况

20 世纪 90 年代中期以前，城市居民可以享受到众多的国家福利项目，受到国有企业的支持，长期以来，城市贫困问题一直没有引起政府关注。根据世界银行的统计数据，1980 年，中国的城市贫困人口数量只有 400 万，贫困发生率只为 2%。20 世纪 80 年代之后，随着国家经济的快速发展，人民生活水平逐渐提高，中国城市贫困人口数量开始持续下降，到 1989 年，中国的城市贫困人口减少到了 100 万，贫困发生率低于 0.4%。因此，政府认为中国的贫困问题主要是农村贫困的问题。迄今为止，中国政府还没有发布任何一项有关城市贫困人口的官方贫困线或者贫困数据。在以往计划经济体制下，国家通过严格的居住证制度，为生活在城市的工人提供工作、养老金、住房以及医保，然而这样的行为进一步加大了城乡收入差距，这一差距即便是在后来的市场化改革中也没能成功消除。1992 年，世界银行对城市贫困人口进行了初步的估算，发现在 20 世纪 90 年代之前，城市地区的贫困发生率并不明显。

然而，进入 20 世纪 90 年代之后，中国经济增长速度放缓，经济模式由计划经济向市场经济过渡，城市贫困人口比例不但没有保持以往持续下降的趋势，反而开始逐渐上升。20 世纪 90 年代中期开始，国有企业进行结构调整，企业大幅裁员，大量下岗工人等待安置，城市贫困人口不断上涨，给政府提出了一个新难题，政府亟须对这一难题进行持续监管并制定相应政策。卡恩（Khan）（1996）利用收入分组数据对城市贫困人口进行估算，得出的结论是：城市贫困人口所占比例从 1981 年的 20% 下降到了 1985 年的 13%，到 1991 年，城市贫困人口数量仅占总人口的 5%。卡恩（Khan）和瑞斯肯（Riskin）（2001）再次对城市贫困人口进行了评估，他们估计城市人口贫困率从 1988 年的 6.8% 下降到了 1995 年的 8.0%。按照中国国家统计局所收集的城市居民调查数据以及"每日一美元"贫困线标准，不管是从收入数据角度还是消费数据角度（表 1.9），世界银行对城市贫困总人口测算的结论是：整个 20 世纪 90 年代，城市贫困人口与总人口之间的比例每年都保持在 1% 左右。相比 10% 以上的农村贫困发生率，城市贫困人口对于中国来说并不算一个非常严峻的问题。然而，卡恩（Khan）和瑞斯肯（Riskin）（2001）提出，世界银行设定的贫困线要远远低于现实状况所反映的贫困线，其中一个原因就是因为在设定城市贫困线的过程中存在很多潜在的偏差，例如在估算城市贫困时，需要计算居民的收入，但是其中的工资外收益就很难估算，构成了新的挑战。

表 1.9　以不同测量值估算农村贫困发生率　　　　（单位：%）

"每日收入一美元"贫困人口所占比例	1990 年	1992 年	1996 年	1998 年	1999 年	2000 年
全国	23.1	21.6	10.6	7.9	7.8	8.8
农村地区	31.0	30.0	14.9	11.4	11.2	13.7
城市地区	0.9	0.0	0.2	0.0	0.25	0.3
"每日消费一美元"贫困人口所占比例	1990 年	1992 年	1996 年	1998 年	1999 年	2000 年
全国	32.9	30.2	17.4	17.8	17.8	16.1
农村地区	44.4	41.4	24.8	26.2	27.0	25.0
城市地区	1.0	0.8	0.4	1.0	0.5	0.5

资料来源：世界银行，2003。

（二）估算城市贫困人口

目前，对城市贫困人口的估算在不同的研究项目和地方政府间尚未形成统一尺度、标准和方法，暂时还没有发布一套全国城市贫困人口方面的准确数据。

然而自从 20 世纪 90 年代中期开始，大量学者尝试对中国城市贫困人口进行估算，其中两种观点已经被人们广泛接受。第一种观点是基于国家民政部、国家审计局、中华全国总工会以及亚洲发展银行专家组的调查数据，认为中国的城市贫困人口数量为 1500 万～1800 万；第二种观点是学术界普遍采信的数据，认为中国的城市贫困人口数量超过了 3000 万，如果再把城市的农民工数量考虑在内的话，中国的城市贫困人口应该达到了 5000 万。

第三节　国家级贫困县

一、1986～1993 年的国家级贫困县

为了加速贫困地区的发展进程，有效转化贫困家庭所拥有的可用资源，提高贫困家庭的工作效率，中国政府将减贫工作重心转移到努力减少 1985 年划定的"国家级贫困县"的贫困人口数量上来。这些贫困人口集中的县区包括人均年纯收入不到人民币 150 元的贫困县，或者年人均纯收入低于人民币 200 元的少数民族自治地区以及革命老区，以及年人均纯收入低于人民币 300 元的重要革命老区以及放牧地区。1986～1993 年，共有 331 个县被确定为"国家级贫困县"，中央政府要求地方政府根据各省相应的收入标准确定贫困县，并通过地方财政收入来提供资金援助。截止到 1988 年，中国共有 370 个县被确定为"省级/自治区级的贫困县"。

二、1994～2000 年的国家级贫困县

1. 重新定义国家级贫困县

1985 年，中国农村贫困人口的数量为 1.25 亿，到 1993 年，中国农村贫困人口数量减少到了 0.8 亿。1994 年，为了确保更多贫困地区的家庭都能得到扶贫资金，中国政府重新调整了国家级贫困县的评定标准。新标准以 1992 年度为参照，将人均年纯收入低于人民币 400 元的县列为贫困县，而那些人均年收入超过人民币 700 元的地区将不再享受政府的经济援助。新的贫困县划定标准调整之

后，共有 27 个省（市、自治区）的 592 个县被列入《国家八七扶贫攻坚计划》国家级贫困县资助范围，其中 82% 的贫困县位于中国的中部及西部地区。这 592 个县的贫困人口数量达到了同期全国农村贫困人口总数的 72.6%。

2. 社会发展与能力建设

贫困地区的社会发展相当迅速，1997～2000 年短短三年之间，贫困地区的学龄儿童辍学率就从 7.43% 下降到了 6.78%。与此同时，在所有劳动者中，文盲及半文盲的占有率也从 1997 年的 19.96% 下降到了 2000 年 16.29%。另外，公路建设为贫困地区的农民进城务工提供了交通便利，进城务工的农民也越来越多，贫困地区的农民工比率从 1997 的 10.89% 上升到 2000 年的 11.53%。此外，贫困地区的教育开始发展，到 2000 年，村办幼儿园增加 9.5%，初中教育增加 2.3%，医疗诊所增加 3.6%，养老院增加 0.7%（表 1.10）。

表 1.10　国家指定贫困县的社会发展与能力建设　　　（单位：%）

指　数	1997 年	2000 年
学龄儿童辍学率	7.43	6.78
劳动者中的文盲及半文盲率	19.96	16.29
进城务工农民比例	10.89	11.53
培训过的劳动者所占比例	15.12	9.1
能够接收电视节目信号的村落比例	91.9	94.9
具备幼儿园教学条件的村落比例	16.2	25.7
具备小学教学条件的村落比例	90.2	89.1
具备初中教学条件的村落比例	11.3	13.6
配备医疗诊所的村落比例	19.2	22.8
配备养老院的村落比例	3.7	4.4
能够接收有线电视广播的村落比例	35.3	41.8

资料来源：国家统计局农村调查部，2001：116。

三、2001～2005 年的国家级贫困县

（一）重新定义国家级贫困县

由于中国农村贫困人口的地理分布状况发生了一些变化，因此中国政府于 2001 年又重新调整了对贫困县的帮扶标准。重新定义国家级贫困县为"重点贫困县"（或者称作"重点县"），对其进行重新定义的目的就在于要更加凸显扶贫

政策对这些贫困地区的帮扶力度，因此，推动实行扶贫计划成为县级政府的首要任务。中国 593（译者注：应为 592）个重点县散布在中国中部以及西部地区的 21 个省（市、自治区），其中绝大多数重点县都位于少数民族自治区、革命老区、边境地区和极度贫困地区，这些重点县都将受到国家扶贫项目的资助。这 592 个重点县的绝对贫困人口数量占全国绝对贫困人口总数的 61.9%。

在实施《国家八七扶贫攻坚计划》初期，592 个重点县内所涵盖的贫困人口占据全国贫困人口总数的 72.6%，在国家扶助政策持续不断地帮扶之下，到 2000 年，这个比例下降到了约 62%。中国中部和西部地区的贫困人口分布也发生了改变，原来集中在贫困县，现已集中在贫困村。为了更有针对性地进行对口帮扶，《中国农村扶贫开发纲要（2001—2010 年)》明确指出，减贫项目应当以贫困村为重点，出台相应的帮扶计划。在国务院领导扶贫开发小组办公室的组织和领导下，地方政府利用参与式理论确定了 14.8 万个村为"贫困村"，这些贫困村涵盖了全国 76% 的贫困人口。

(二) 2001～2005 年的国家级贫困县现状

2001～2005 年，国家重点贫困县以及重点贫困村都实现了重大的社会发展，人力资源不断发展。学龄儿童辍学指数、劳动者中的文盲及半文盲比例、无法接受及时医疗救治的患病人群比例都在逐渐减少。其中，重点贫困村的学龄儿童辍学指数与劳动者中的文盲及半文盲比例的下降幅度要比重点贫困县的下降幅度更大；在重点贫困村中接受过技能培训的劳动力数量也在逐渐增加，且其增长率要远远高于重点县接受过技能培训的劳动力增长率（表 1.11）。这一系列事实充分表明，正是由于在重点村发展教育，才使得扶贫计划进展得如此顺利，并取得如此巨大的成效。

表 1.11　社会与人类发展过程中的指数变化　　　　（单位:%）

指数	2002 年		2005 年	
	重点贫困县	重点贫困村	重点贫困县	重点贫困村
7～12 岁学龄儿童辍学率	5.1	6.8	3.1	4.1
劳动者中的文盲及半文盲率	15.3	18.1	12.7	15.4
健康状况不良者比例	8.3	8.3	6.7	6.8
无法及时就医的患者比例	16.2	20.2	13.9	17.4
接受过职业技能培训的居民比例	9.1	9.2	12.8	13.6
能说普通话的少数民族人口比例	71.5	66.5	72.9	67.2

资料来源：国家统计局农村调查部，2003：83，87，88；2006：110，115，116。

参考文献

Fan X J. 2007. Adhere to explore poverty method innovation and promote poverty reduction. Laoqu Jianshe, 3: 4-5.

Khalid M. 2007. The Course of Poverty Reduction in China. Preface Ⅱ. Beijing: China Financial and Economic Publishing House.

Khan A. 1996. The Impact of Recent Macroeconomic and Sectoral Changes on the Poor and Women in China. New Delhi: International Labor Organization.

Khan A, Riskin C. 2001. Inequality and Poverty in China in the Age of Globalization. New York: Oxford University Press.

Li R J. 1998. Research on geographic distribution of urban poverty population and better-off population. Population and Economy, 3:48-52.

Li S T. 2002. The status quo of China's urban poverty: a problem cannot be underestimated. Http://www. drcnet. com. cn/new-product/drcexpert1/showdoc. asp? do-cid=137335.

Li X Y. 2006. Special topic on the development-oriented poverty reduction program for rural China. In: Liu J. Achievements and Challenges of Poverty-alleviation Development in New Periods. Beijing: China Financial and Economic Publishing House.

Malik K. 2007. Preface Ⅱ. In: Zhang Lei. The Evolation of Poverty Reduction Policies in China (1949-2005). Beijing: China Financial and Economic Publishing House.

Rural Survey Department of National Bureau of Statistics. 2001. Poverty Monitoring Report of Rural China (2000). Beijing: China Statistics Press: 116.

Rural Survey Department of National Bureau of Statistics. 2003. Poverty Monitoring Report of Rural China (2002). Beijing: China Statistics Press.

Rural Survey Department of National Bureau of Statistics. 2006. Poverty Monitoring Report of Rural China (2005). Beijing: China Statistics Press.

Rural Survey Department of National Bureau of Statistics. 2008. Poverty Monitoring Report of Rural China (2007). Beijing: China Statistics Press.

SCLGPAD (State Council Leading Group on Poverty Alleviation and Development). 2003. The Development-oriented Poverty Reduction Program for Rural China. Beijing: China Finance and Economics Press.

Tang P. 1994. Primary study on the rural poverty standard and situation in China. China Rural Economy, 6:39-43.

Wang S G, Li W. 2005. Research on Rural Poverty Issues in China. Beijing: China Financial and Economic Publishing House.

World Bank. 1992. China: Strategies for reducing poverty in the 1990s. Washington, DC: World Bank.

World Bank. 2003. China: promoting growth with equity. Country economic memorandum. *In*: Poverty Reduction and Economic Management Unit. East Asia and Racific Region, Report. No. 24169-CHA.

Wu B Y. 2004. Poverty in Cities and Towns: Reasons, Status Quo and Relief. Beijing: China Labour and Social Security Publishing House.

Zhang L. 2007. The Course of Poverty Reduction in China. Beijing: China Financial and Economic Publishing House.

Zhang L. 2007. The Evolution of Poverty Reduction Policies in China. Beiing: China Financial and Economic Publishing House.

Zhou B B, Gao H B. 2001. Research on poverty and summary of anti-poverty practice. Essence Paper on Poverty Alleviation in China.

本章作者：

Lu Kaiyu，中国农业科学院农业经济与发展研究所，email：1 ky_lv@163.com。

第二章 中国生态系统概述

中国大陆地区生物多样性极其丰富，几乎囊括了北半球所有主要的生态系统类型。本章对中国生态系统的描述，首先是讨论土地利用的功能类型、土地覆盖情况，然后从相似性和差异性的角度对各区域或地区的情况进行研究。

第一节 主要生态系统类型

根据主要土地利用模式与土地覆盖模式，可将中国的生态系统分为五大主要类型，即：耕地、林地、草地、旱地（沙漠）和湿地。对于中国土地利用模式与土地覆盖模式变化，不同的归类以及研究方法所得出的结论也会有所差异，但是总体来说，不管采用什么方法，它们所得出的结论基本上是一致的。任海等（2007）在其报告中指出，中国的五个主要生态系统类型所占比例分别为：耕地13.9%，林地18.2%，草地41.6%，旱地及未开发土地（主要指沙漠）22.0%，湿地1.9%。表2.1是中国1996年的国家土地利用调查数据以及2005年的遥感数据（国家统计局，2006），数据表明中国林地面积激增了813万公顷，而草地面积却减少了396万公顷，耕地面积骤减了796万公顷。与此同时，中国道路交通网所覆盖的土地面积迅速扩展，一方面，在很大程度上减少了生态系统的服务供给量，因为交通网络的不断延伸缩小了能够提供服务的生态系统范围；另一方面，大面积的天然土地被无限分割，生态系统进程（如水流等）也被改变。目前，尚无数据表明道路交通网络的扩张导致生态系统分裂，也没有数据证明道路交通网络的扩张对生态系统所造成的实际影响。

表 2.1 中国土地利用变化

土地利用类型	1996 年 (1 000 公顷)	2005 年 (1 000 公顷)	变化 (1 000 公顷)	增长率 (%)	比率变化 (%)
总面积	950 680	950 680	0	0.000	0.000
林地	227 610	235 740	8 130	0.036	0.855
地表开采与住宅地	24 080	26 020	1 940	0.081	0.205
乔木作物占地	10 020	11 550	1 530	0.152	0.161

续表

土地利用类型	1996 年 (1 000 公顷)	2005 年 (1 000 公顷)	变化 (1 000 公顷)	增长率 (%)	比率变化 (%)
交通运输用地	1 650	2 310	660	0.398	0.069
其他农业用地	25 300	25 530	230	0.009	0.024
水利设施用地	3 520	3 600	80	0.023	0.009
荒置地	262 390	261 710	−680	−0.003	−0.072
牧地	266 060	262 140	−3 920	−0.015	−0.413
耕地	130 040	122 080	−7 960	−0.061	−0.837

资料来源：国家统计局，2006。

中国土地利用总的特征为：人口众多，耕地有限；自然资源匮乏；建设用地需求量大。这样的土地利用格局也是制约中国粮食生产量稳步增长，阻碍国家经济健康可持续发展的主要因素之一（Lu，2001）。中国人均耕地面积只有 0.106公顷，人均林地面积 0.186 公顷，人均草地面积 0.217 公顷，分别相当于世界平均水平的 44%、18%和 35%。中国的土地资源分布不均匀，尤其是土地资源与水资源的分布区域不相匹配，严重影响土地生产力。长江流域及其以南地区的水资源储量超过全国水资源总量的 80%，但其耕地面积却只占全国耕地总面积的38%；淮河流域及其以北地区拥有全国 62%的耕地，而其水资源储备量却不到全国水资源总量的 20%。

一、耕地生态系统

从经济生产与生态功能两种因素上看，中国主要的耕地生态系统包括雨养农田、灌溉农田和稻田三大类。据统计，2006 年，中国耕地总面积为 13.3 亿公顷，占中国陆地总面积的 13.9%（Ren et al.，2007）。中国耕地生态系统形态多种多样，比如南部以水田为主，西部以旱田为主等（Shi，2003）。2000 年的统计数据显示，中国灌溉农田总面积为 5390 万公顷（Zhou，2002），水土流失土地面积达 3.67 亿公顷（占全国土地总面积的 38%），而且还在以每年 100 万公顷的速度不断蔓延。大面积的耕地（大约 5.6 亿公顷）因受农户过量使用有机肥和农药、工业污染、重金属污染、酸雨以及乡镇企业的急剧扩张影响而严重退化（Ren et al.，2007）。北部及西北部地区的土地面临着严重的土壤盐碱化威胁。此外，每年大概有 4 万公顷的土地被用于工业建设以及城镇发展（Ren et al.，2007）。耕地生态系统不断退化导致每年的洪涝及旱灾接连不断，严重的自然灾害每年要摧毁 10 万公顷耕地。到 1996 年，已有 280 万公顷土地因大面积采矿被破坏，然而矿业用地的复垦/复耕只有 12%。耕地面积变化的详情，参考表 2.2。

表 2.2 中国可耕地变化情况（2000～2005 年） （单位：万公顷）

项 目	2000 年	2001 年	2002 年	2003 年	2004 年	2005 年	2000～2005 年累计变化
年初耕地面积	12 920.5	12 824.3	12 761.6	12 593.0	12 339.2	12 244.4	−676.1
耕地面积增长量	60.4	26.6	34.1	34.4	53.0	62.3	270.8
土地整理	4.2	4.4	5.2	6.4	5.7	7.1	33.1
土地复垦	6.6	2.4	3.5	3.3	6.0	7.1	28.8
土地开发	18.4	13.5	17.3	21.4	22.8	16.5	109.8
农业结构调整	31.3	6.3	8.0	3.3	18.5	31.6	99.0
耕地面积减少量	156.6	89.3	202.7	288.1	147.8	98.5	−983.1
建设用地	16.3	16.4	19.6	22.9	29.3	21.2	−125.7
自然灾害摧毁	6.2	3.1	5.6	5.0	6.3	5.4	−31.6
转为生态利用	76.3	59.1	142.6	223.7	73.3	39.0	−614.0
农业结构调整	57.8	10.8	34.9	36.4	38.9	32.9	−211.8
年终耕地面积	12 824.3	12 761.6	12 593.0	12 339.2	12 244.4	12 208.3	−616.1

资料来源：Liang，2006。

二、林地生态系统

林地生态系统的主要类型分为：温带针叶林、温带阔叶林及混交林、亚热带阔叶林及针叶林、热带季雨林及雨林。虽然中国的林地（包含灌木林地在内）覆盖总面积范围内有 25.8 亿公顷，但实际林地面积却只有 17.5 亿公顷，其中原始森林面积所占比例还不到 5%（Ren et al.，2007）。中国的林地分布也不均匀，主要集中在南部以及东北部地区。近年来，中国种植林面积增长到了 5.3 亿公顷，主要归功于长江上游防护林与"三北防护林"等人造林建设工程。然而原始森林面积的不断缩小、植树造林时外来树种的引进、森林生态系统树种的单一，导致了森林质量的严重下降（Ren et al.，2007；Shen，2005），只有 28%的森林质量没有下滑。森林的退化加剧了水土流失和生物多样性的消失。

三、草地生态系统

中国的草地生态系统覆盖面积最为广泛，约为 39.9 亿公顷，占土地总面积的 41.6%，其中有 27.8 亿公顷的草地集中在中国西部地区。中国约有 49.2% 的草地为放牧草地，14.9% 为半农半牧草地，30.8% 为农业林分地，5.1% 为河流、湖泊以及海岸草地（Ren et al.，2007）。

近年来，多种不同类型的草地逐渐开始退化，各种草地退化面积超过了 1.35 亿公顷，并且以每年 200 万公顷的速度继续退化。内蒙古大草原、黄土高原、南疆地区以及青海地区的植被覆盖率低，且常年遭受着风蚀作用的影响；西北地区的草地面临着荒漠化的威胁；云贵高原及青藏高原面临着严峻的水土流失威胁。草地退化的主要原因包括：过度放牧、过度消耗药用植物及森林资源、草地转化成耕地、工业及矿业项目不断扩张、啮齿动物及害虫危害（3894 万公顷草地遭受着鼠患，1758 万公顷草地遭受着虫灾）。据估算，陕西境内的过度放牧量已经达到草地承载量的 130%，宁夏回族自治区的情况更加糟糕，过度放牧率甚至达到了 250%（SEI and UNDP，2002）。

四、湿地生态系统

中国湿地生态系统主要包括沼泽、湖泊、河流沿岸浅水区等类型，占世界湿地总面积的 10%。其中，天然湿地面积占中国土地总面积的 3.8%，它们不均匀地分布在 8 个湿地区域。然而在过去的 56 年里，50% 以上的湿地被改造成农田，种植粮食（中国国家林业局，2000）。此外，超过 50% 的海滨湿地也被改造为农业生产、城市发展以及工厂建设用地（中国国家林业局，2004；Ren et al.，2007）。由于中国人口迅速膨胀，经济持续增长，湿地被过度利用的现象越来越严重，导致湿地面积急剧减少，其生态功能也在不断退化。

五、旱地（沙漠）生态系统

中国旱地生态系统总面积大约有 12.8 亿公顷，占中国土地总面积的 13.3%。中国北部地区的戈壁沙漠占全国土地总面积的 5.9%，约有 5.7 亿公顷。新疆塔里木盆地中的塔克拉玛干沙漠是中国最大的沙漠，也是世界第二大流动沙漠。中国沙漠面积在以每年 2100 平方千米的速度不断扩大（Ren et al.，2007）。近年来，已有 1500 万公顷耕地以及 1 亿公顷草地深受土地荒漠化的负面影响，约有 4 亿人口因此受灾（Ren et al.，2007）。沙漠生态系统又可分为以下主要类型：

小乔木、灌木、半灌木以及高寒沙漠生态系统。

第二节　生　态　区

很多研究已经对中国土地进行了划分，一般将中国土地视为一个多级系统，并将其划分为生态区、生态区域和生态子区域。

1999 年，IGCAS 首先根据气候因素划分出第一个级别——生态区；然后根据水文因素划分出生态区内各个不同的区域；再根据地态因素划分出各个子区域。根据现有区域划分方案和中国西部生态系统综合评估报告（2005）的建议，本研究将中国划分成 8 个生态区，合并了中国西部生态系统综合评估报告（2005）为中国西部"生态建设"计划提出的 5 个生态区。这种划分方法同时考虑到了生态系统服务、环境的脆弱性和相似性，以及贫困分布情况等因素。表2.3 是对各生态区生态系统属性所产生的贫困风险进行的初步分析。

表 2.3　基于内在生态系统特征的中国生态区及其贫困风险

生态区	生态系统生产力	生态系统息作响应	生态系统转换风险	贫困风险 & 特殊生态系统管理技能需求
黄土高原	低	简单化	非常高	非常高
中国北部草原	低	简单化	高	高
中国西北部干旱地区	非常低	简单化	非常高	非常高
中国西南部卡斯特地区	中低	多样化	中	中
青藏高原	非常低	简单化	高	非常高
中国北部平原	高	多样化	中	低
中国东北部平原	高	多样化	中	中低
中国东南部山脉	高	多样化	低	低

一、黄土高原

黄土高原主要分布于陕西北部、山西西部、甘肃东部、宁夏以及内蒙古南部地区，总面积大约为 40 万平方千米。黄土高原地貌在风力作用下将厚层黄土搬走形成，呈现出沟壑纵横的特征。由于缺乏植被覆盖，降水量少，生态系统的转换风险非常高，且生态系统的息作响应呈现出简单化样式，黄土高原的生态系统极其脆弱，水土流失问题严重。这一地带农业生产效率低，基础设施建设不完善，教育落后，这一系列因素综合作用，使得黄土高原成为当今中国主要贫困区域之一。

重要定义

生态系统息作响应　不同生态系统对人类或大型动物的侵扰行为（作）或无侵扰行为（息）会作出不同的响应。有些类型的生态系统作出的息响应是使生态系统进程多样化，太阳能能量流更复合、更充沛，矿物与水循环、生物多样性动态化等。生态系统进程的多样性使得生态系统服务供给不断增加。而另一些类型的生态系统的息作响应方式是简化生态系统进程，最终导致荒漠化。一种生态系统的息作响应趋势是简化或是多样化取决于每年有机分解的时间比例。在全年温度和湿度都比较适宜于有机分解的生态系统中，其息作响应方式就是使得生态系统进程多样化；而如果可能发生有机分解的时间少于半年，则这样的生态系统进程就会被简化。因此，黄土高原、草原地带、中国西北干旱地区及青藏高原的生态系统进程有出现简化息作响应的倾向；而中国西南部的喀斯特地区、平原地带以及南部山区的生态系统进程则倾向于出现多样化息作响应方式。

转换风险　不同的生态系统在人为活动的影响下转换成另一种类型过程中有着或高或低的风险。例如，黄土高原草地就是一个高危生态系统，这里的农业活动很有可能导致其草地土壤裸露，这样的转换一旦出现，便超出了生态系统进程和生态系统服务供给运转的极限，很难再将其逆转。再比如，当湖泊中容纳过多的氮等营养物质而出现富营养化现象的时候，鱼类将无法在其中继续存活。

二、中国北部大草原

中国北部的草地面积大约有 60 万平方千米，主要集中在内蒙古地区。降水量低、水资源匮乏是北部大草原的主要特征，这里的草地生态系统正面临着逐渐退化的高风险。中国主要的草地区域位于西部干旱及半干旱地带，包括内蒙古高原、青海高原、陕西、甘肃以及新疆地区。由于长期的过度放牧及不当利用，超过 33％的草地已经严重退化（中国西部生态系统综合评估报告，2005）。该地区的主要经济活动是农业及畜牧业，然而受土壤风力侵蚀的影响，该地区成为沙尘暴之源，这一生态问题导致农业及牧业生产力急剧下降。

三、中国西北部干旱区域

中国西北部干旱区域分布在新疆、甘肃西部、青海西部以及内蒙古西部，覆盖面积约为 216 万平方千米。该区域的生态管理职责主要是应对荒漠化以及沙尘暴威胁。该区域水资源匮乏，沙尘暴频发，一些绿洲已经退化。甘肃省的河西走廊是中国荒漠化最严重的区域，祁连山区（位于甘肃与青海之间）是天然草地、森林及河流源头的重要生态保护区。

四、中国西南喀斯特地形区域

该生态区域主要包括中国西南的贵州、广西、云南东部，覆盖面积约为 37 万平方千米。该区域以石灰岩山地为主，土壤覆盖浅、水土流失严重、旱涝灾害频发，但其独特的地形地貌、民族风情和本土建筑风格远近闻名。

五、青藏高原

青藏高原生态区域气候寒冷而干旱、生产力低下，很容易退化，而且对全球气候的变化非常敏感。青藏高原总面积约为 250 万平方千米，占中国总面积的 1/4。最近几十年，人类对这一地区的主要开采利用活动包括放牧、伐木、采矿及采集草药等。人类的这些行为导致该区域的森林面积不断减少，草地开始退化甚至荒漠化，野生动物资源急剧减少，高原部分地区环境污染严重。柴达木盆地干旱少水，面临着严重的沙尘暴威胁。长江与黄河都发源于青藏高原，因此，青藏高原对中国的环境和经济安全有着极其重要的战略作用。该区域具有独特的文化传统、举世闻名的宗教庙宇、湖泊以及草地。卓尼县是位于甘肃省南部的少数民族聚居地，同时也是国家级贫困县之一。这里是重要的天然林业储备地之一，文化遗产丰富，包括齐家文化、寺洼文化、马家窑文化、吐蕃墓及一些唐代明代的文化遗迹等，发展当地旅游业，是该地区摆脱当前贫困的重要途径之一。

六、中国北部平原

中国北部平原主要包括北京、湖北、河南、山东、江苏等地区，总面积约为 60 万平方千米。该区域为粮食主产区，其粮食产量占全国粮食总产量的 57.25%。位于河南东南部的上蔡县是国家级贫困县，也是国家优质小麦生产基地之一。2005 年，小麦产业的产值占该地区 GDP 的 30%。

七、中国东北部平原

中国东北部平原覆盖辽宁、吉林和黑龙江省。由东北的三大平原——辽河平原、松嫩平原和三江平原构成，总面积约为 79 万平方千米。这里的土壤有机质含量居全国首位，是重要的玉米和大豆产区。尽管这里土地肥沃、降水丰富，但常年低温在很大程度上制约了农业生产。该区域的贫困县主要分布在种植季节短暂的北部。最近几十年，大量湿地转化为农田，土地覆盖状况发生了巨大变化。

八、中国东南部山区

中国东南部山区主要包括福建、浙江、江西以及湖南东部和安徽南部地区，总面积约为70万平方千米。与西部和中部地区相比，中国东南部地区经济相对发达。然而在一些山区，甚至在沿海地区，土地和养分流失现象极其严重，农业生产力低下，经济发展相当滞后，贫困依然存在。

要　点

由于中国各区域生态系统各异，通过管理生态系统来扶贫的可能性也大不相同。表1.4是本研究根据各生态系统的本质特性，对每个生态空间发生贫困的风险性进行了首次评估。分析发现，黄土高原、青藏高原以及中国西北干旱区域的贫困风险性非常高，中国北部草原地带的贫困风险性也比较高。这些贫困高风险区域主要是季节性降水的草地，要对它们进行可持续管理，就需要了解每一种草地类型的生态系统过程，以及基于这一生态系统过程而发展起来的生活实践活动。这些草地与大量的羚羊等其他食草动物的活动密切相关，而食草动物的数量及其地域分布则受其捕食者（例如狼）数量的影响。该地区许多本土居民过着游牧生活，集中放牧，他们必须适应年复一年的降雨量变化，降雨量在很大程度上决定了当地生态系统的生产力。随着现代草地荒漠化的进程加快，再加上鼠患、虫害等的影响，生态系统进程普遍受到严重破坏。学者 Da（2005）指出，牧民在内蒙古草原中围建牧场，生活方式实现了游牧到定居的转变，导致草地退化。其他草地类型对于这些管理活动会有不同的反应，而 ESPA 相关的调查研究还需要更多考虑到不同的草地生态系统及其他类型生态系统的不同特征。

参考文献

CCTG（Committee of Chinese Terms in Geography）．2006．Chinese Terms in Geography．2nd ed．Beijing：Science Publication House．

CSB（China Statistics Bureau）．2006．China Statistics Yearbook 2005．Beijing：China Statistics Publishing House．

Da L T. 1999. The National Physical Atlas of China. Beijing:China Cartographic Publishing House.

Da L T. 2005. Rethinking the theory and system of grassland desertification. Chinese Cross Currents, 2 (4):78-99.

Liang S M. 2006. The evolution of agricultural planting structure in China and its engine analysis. *In*:Qin F, Wang D Y. Annual Report on Economic and Technological Development in Agriculture 2005. Beijing:China Agriculture Press.

Liu G M. 1998. Physical Atlas of China. Beijing:China Cartographic Publishing House.

Lu X S. 2001. China National Land Use Master Plan. Beijing:China Land Press.

MAWEC. 2005. Integrated Ecosystem Assessment of Western China. Beijing:China Meteorological Press.

Ren H, Shen W, Lu H, et al. 2007. Degraded ecosystems in China:status, causes and restoration efforts. Landscape and Ecological Engineering, 3 (1):1-13.

SEI, UNDP. 2002. China Human Development Report 2002, Making Green Development a Choice. New York:Oxford University Press.

Shen X H. 2005. China's forests:their quality and sustainable management. Chinese Cross Currents, 2 (4):100-129.

Shi Z M. 2003. Biodiversity resources, economic values and conservation in China. Proceedings of The Workshop Forests for Poverty Reduction: Opportunities With Clean Development Mechanism, Environmental Services And Biodiversity. 27-29 August，2003.

State Forestry Administration of China. 2000. China Forestry Statistis Yearbook 1999. Beijing:China Forestry Publishing House.

State Forestry Administration of China. 2004. National Report of Forest Protection and Sustainable Management.

Zhou Y. 2002. Report on China's development and investment in land and water. Development Division of Department of Development and Planning Ministry of Agriculture, China (Internal data) .

本章作者：

Philip J. Bubb, 联合国环境规划署世界保护监测中心，email：philip. bubb@unepwcmc. org。

Zha Yan, 中国农业科学院农业资源和区域规划研究所，email：zhayan@caas. ac. cn。

Qin Zhihao, 中国农业科学院农业资源和区域规划研究所，email：qinzh@caas. net. cn。

Yang Zhengli, 中国农业科学院农业环境与可持续发展研究所，email：yangzl@ieda. org. cn。

第三章　中国生态系统服务供应的知识评估

本章主要从国家和区域两个层面对中国生态系统服务供应的知识现状进行总结与评估。中国许多的生态系统服务还没有经过系统的分析，这就形成了中国生态系统服务供应评估中主要的知识空白。《中国西部生态系统综合评估》作为联合国《千年生态系统评估报告》全球评估的一个子评估系统，是中国生态系统服务供应知识评估的主要信息来源之一。

第一节　供给性服务

一、森林生态系统

国家林业局第六次森林调查（SFA，2004）估算得出中国大约有 25.8 亿公顷林分（包括灌木林和森林），其中森林覆盖面积为 17.5 亿公顷，天然森林面积只占 5%（Ren et al.，2007）。虽然中国森林面积广阔，但是人均森林面积还不到 0.128 公顷，部分原因就是在经济改革初期，滥砍滥伐现象严重，森林资源大幅减少。随后几十年，政府逐渐意识到这一问题的严重性，采取限制采伐、植树造林等主要手段，使森林覆盖率得到了一定的提升（植树造林的贡献率为74.8%）。尽管如此，森林覆盖率的增速还是赶不上日益增长的林产品消耗速度（Ren et al.，2007）。2000 年，林业部门的产值为人民币 3187 亿元，占国内生产总值的 1%（Zheng et al.，2001）。

中国的林业资源集中分布在东北及西南各个省市（Fang et al.，1998）。其中，黑龙江、吉林、内蒙古、四川以及云南地区的森林面积最大、最集中，森林总储量约占全国的 52.4%。西北各省林业资源极其匮乏（Zheng et al.，2001）；西北地区的 5 个省、自治区的土地面积是全国总面积的 32.19%，而森林资源占有率却只有全国的 5.86%（国家林业局，2003，2004；Ren et al.，2007）。

（一）木材

近期估算数据显示：目前大约有 2.63 亿公顷的土地为林业用地，用材林的面积占森林总储量的 71%（Zheng et al.，2001）。虽然中国森林木材量为

1245.6 亿立方米，居世界第五位，但人均材积仅有 9.421 立方米，不到世界平均水平的 1/6（Ren et al.，2007；Li，2004）。20 世纪 90 年代初，由于人们大量砍伐成龄林，现在 78％的木材林还只是中幼龄林，造成大部分可用木材的品质低、单位森林面积的材积量小（Albers et al.，1998），而且，单位森林面积的材积量呈现不断降低趋势。

1998 年，中国年净消耗木材 3.7075 亿立方米，而 1949～1998 年，中国的年均木材生产量只有 4411 万立方米（国家林业局，2003），1990～1999 年，中国木材的进口量增加了 3 倍。预计到 2010 年，中国的木材需求量将达到 3.2 亿立方米，比预计供给量超出 7000 万立方米（Zheng et al.，2001）。位于中国西南部的云南省是中国主要的林区和重要的木材供应地（Weyerhaeuer et al.，2006），位于东北的吉林省（长白山区）是中国第二大木材供应地。

2003 年，中国的人工林覆盖面积居世界首位，达到 5.3 亿公顷，木材储量为 150.5 亿立方米（Ren et al.，2007）。全国 60％以上的人工林木材资源分布在中国的东部及中南部（Fang et al.，1998）。据估算，人工林每年可提供 1.5 亿立方米的木材（Jiang and Zhang，2003），然而，一些重要木材（如中国南部的杉木）的种植已大幅度减少，同时，连续轮作造成生物质储量骤减，对人工林的管理必须进行更加深入的研究。

（二）竹木

中国是世界上竹木资源最丰富的国家，竹林面积达 720 万公顷，占全国热带和亚热带地区森林总面积的 10％。过去几十年，天然竹木被视为优质的木材替代品而被过度采伐，致使 420 万公顷以上的天然竹木、阔叶或常绿针木混合林变成了单一树种森林（Jiang and Zhang，2003）。最近几年，人工竹林面积呈现出增长趋势，估计达到了 4.4 万～7 万公顷，现存生物量达到 9600 万吨以上（Feng，2001；千年生态系统评估报告，2005），竹木的消费需求也呈上升趋势。中国已使用 100 万吨以上的竹木替代木材，用作纸浆造纸。2002 年，竹木为中国带来了 3.29 亿英镑的出口收益（千年生态系统评估报告，2005）。中国竹林主要分布在长江以南地区（Fang et al.，1998）；广泛生长于一些生活条件落后的省（市、自治区），如云南、四川、广西、湖南、江西、贵州、重庆、河南、湖北、安徽、浙江、江西、福建、广东、西藏等地最不发达、条件最恶劣的地区。

（三）非木质林产品

为了防止木材资源进一步减少，国家实行了一系列限制措施，非木质林产品

（NTFPs）如水果、蘑菇、竹笋、藤条、观赏植物、药用植物等成为越来越重要的资源，它们对很多地区的经济而言甚至比木材资源更为重要（Yang et al.，2006）。中国作为一个主要的非木质林产品出口国，非木质林产品对于一些农村家庭来说，也是一种重要的食物资源和经济收入来源，但是在全国范围内，对非木质林产品的现状和供应情况缺乏详细统计。

在中国西南部，非木质林产品尤其重要，这里有 6000 多种药用植物，其中 80％生长在森林里。另外，横断山脉菌类资源极其丰富，产量占中国可食用和药用菌类总产量的 75％，对食物生产及传统中医的贡献非凡。松茸对于西藏地区的发展至关重要，其产量占全国总产量的 80％，为当地带来了 4400 万美元的出口收益（Yang et al.，2006），占地方税收的 30％（Weyerhaeuser et al.，2006）。然而这一资源也在持续减少，从 1954 年的 530 吨降至 2005 年的 272 吨（Weyerhaeuser et al.，2006）。长白山区为主要的人参产地，但是所储备的人参数量即将耗尽，抚松县曾产 141 千克野人参，但是现在人参产量不到 20 千克（Yang and Xu，2003）。

藤条也是中国主要的非木质林产品之一。森林面积的大量缩减是藤条供应减少的主要原因，导致经常使用木材作为其替代品（千年生态系统评估报告，2005）。树脂被广泛应用于各行各业，最好的树脂一般产自中国南方天然松木林带，中国每年出口树脂约 100 万吨，大约出口全世界树脂消耗量的一半。

（四）粮食生产

中国西部区域的林地面积占全国林地总面积的 49.6％，通过对该区域进行模型估算，发现该地区的森林能够产出 8.69×10^5 吨肉制品、8.68×10^7 吨饲料、9.42×10^6 吨蔬菜、3.59×10^6 吨油和 1.20×10^{12} 吨谷物，分别占全国总产量的 46.97％、50.74％、37.60％、17.60％和 25.15％（中国西部生态系统综合评估报告，2005）。这些主要来自于云南、广西、四川、内蒙古和西藏等产区。

（五）薪材

中国的薪炭林面积占全国森林总面积的 3％，薪材储备量占全国林木总储备量的 6％。据估算，薪材作为中国农村主要的能源之一，大约占农村家庭燃料来源的 40％，但中国西部地区的薪材需求量远远超过其供应量（中国西部生态系统综合评估报告，2005）。1997～1999 年，全国薪炭产量减少了 15％，关于全国薪炭及生物燃料的使用情况，尚无可靠信息，但是国家统计局 2006 年的数据显示，2005 年中国油料作物的人均产量为 23.6 千克（中国国家统计局，2006）。

二、湿地生态系统

中国的湿地生态系统覆盖面积占全国陆地总面积的 3.8%，但估计要提供 54.9%以上的生态系统服务（An et al.，2007）。20 世纪下半叶，湿地生态系统规模出现大幅度削减的趋势，湖泊面积减少了 130 万公顷。在湖北省，湿地面积减少了 50%以上。一份关于三垟湿地的分析报告显示：现有生态服务系统的价值仅实现其潜在价值的 10.5%，据报道，三江平原作为中国面积最大的湿地，1980~2000 年，其生态系统服务功能减少了 40%，主要是因为 53.4%的湿地已经消失。三江平原是中国主要粮食生产基地之一，满足 23 个县市的粮食需求（Wang et al.，2006）。

（一）淡水

中国的人均可用水量大约为 2300 立方米，是全世界平均水平的 1/4（中国国家统计局，2006）。据统计，中国有 2 亿人口很难获取清洁的饮用水，全国 47%的人口用水紧张（年人均可用水量低于 750 立方米）。中国水资源主要集中在南部和西南地区，分布极不均匀。西南地区的土地面积仅占全国总面积的 26.48%，而其淡水资源却占全国淡水资源的 46.4%，即 1.27×10^{12} 立方米，相当于中国西部地表淡水资源的 83.7%（中国西部生态系统综合评估报告，2005）。南方河流流域人均可用水资源量为北方河流流域的 4 倍。相反，西北地区的土地面积占全国总面积的 42.35%，其淡水资源却只有全国总淡水量的 10%（中国西部生态系统综合评估报告，2005）。在中国北方，地表水和地下水资源被过度开采，利用率分别达到了 66%和 90%（Stern，2006）。在中国其他地区，如祁连山区，其冰雪融水量只占内陆直接供水量的 22%（Liu et al.，2005），却要为 2.5 亿人提供生态服务（Stern，2006），河水是祁连山区居民主要的生活及灌溉用水资源，然而河流的流量在很大程度上取决于山地生态系统中的水循环状况，换句话说，该地区的河流流量会随着区域降水量和永久冰冻区域的融雪量变化而变化（Wang et al.，2007），该地区的气候变化已经开始影响该地生态系统。

水文模型的数据显示，中国主要河流的径流和支流流量呈现出不断减少的趋势（Lin et al.，2007；Wang et al.，2007；Huo et al.，2007；Guo and Gan，2002）。长江以北地区的水资源极度匮乏，黄淮海流域的经济活动收益占据全国 GDP 的 35%，却只享有全国 7%的水资源（Stern，2006）；黑河流域近 80%的水资源用于创造经济收益，其余的 20%用于生态系统建设。长江水资源总量约为 9610 亿立方米（Zhang et al.，2007a），但是由于河流源头区域的草地已经开始退化，加上河流流经的山区森林采伐现象严重，导致了极度侵蚀现象，水资源总量因而显著减少。自 1950 年以来，已经有大约 2/3 的流域土地退化或者转型为其他类型的用地。

北方主要河流流域的地下水位下降，很多河流受到严重污染。即便耗尽含水层的水资源，也只能勉强满足 2/3 的水资源需求，但由于过度开采导致土地下沉，海水入侵，很多地下水无法再用作生活饮用水（Zhang et al.，2007b）。

中国将 75％的淡水资源用于农业生产（千年生态系统评估报告，2005），而将旱地转化为稻田又消耗了更多的淡水资源，也进一步降低了地下水位（Liu and Diamond，2005），加剧了东北水资源匮乏现象。中国农业水资源的主要特征就是人均占有量低；伴随区域、季节性分布不均匀，土壤有效水分含量低。缺水导致年均农业产量减少 3500 万吨（Zhang et al.，2007b），同时干旱、洪涝等灾害频繁发生，致使农业生产不稳定，水资源供求不平衡。近年来，农村地区水资源遭到严重污染，农田施肥、牲畜及家禽养殖、生活垃圾处理等产生的污染物在很大程度上污染了水资源，加上农村地区大量浪费生活用水，集水区的水体质量已经受到严重威胁（Wang et al.，2006）。

（二）渔业与水产业

中国是全球水产养殖产品的主要生产国。2005 年，10 000 万吨淡水中养殖水产品产量达 2269.3 万吨（国家统计局，2006）。水田、水池/水塘、湖泊、河流和河渠为鱼类养殖提供水资源，1970～2000 年，中国内陆水产养殖量每年平均以 11％的速率上涨，而同一时期世界其他地区的增长率为 7％（联合国粮食与农业组织，2004；中国西部生态系统综合评估报告，2005），1981～1997 年，水产养殖需求量增加了 10 倍（千年生态系统评估报告，2005）。中国西部的淡水鱼类要超过 600 种，这里热量充足，光照充分，适合鱼类及其他水生生物的生长（中国西部生态系统综合评估报告，2005）。据估计，澜沧江流域内消费的鱼类以及其他水生动物高达 200 万吨（其中有 150 万吨鱼类和水生动物是来自天然湿地（Sverdrup-Jensen，2002）。

中国西部适于养鱼的水田面积达到了 2.34 万平方千米，其中有 93％位于西南部。虽然中国西部鱼类的供应量只有全国供应总量的 18％，但其鱼类养殖量却是全国鱼类养殖总量的 25％（中国西部生态系统综合评估报告，2005）。长江流域是中国淡水渔业最发达的区域（Chen et al.，2004），人们从该流域内捕获的淡水鱼种占据全国所有淡水鱼品种的 60％。但淡水鱼捕获量急剧下降，据记载，长江淡水鱼捕获量的最高纪录出现在 1954 年，达 45 万吨，但这一数量在过去 10 年里减少到了 10 万吨，捕鱼总量减少了 75％。2003 年，该地区渔业歇业。同样，珠江的渔业产量与之前相比已经微不足道了（千年生态系统评估报告，2005）。能够带来可观经济效益的鱼种主要有：鲤鱼、武昌鱼、白鱼、鲶鱼、中国鲥鱼、凤尾鱼等。长江流域的鱼群分布不均匀，主要集中在中下游地区（Chen et al.，2004）。

中国水资源管理领域对养殖业造成重大的影响。例如，"南水北调"工程把长江水引入黄河中去，然而这可能会降低长江下游的鱼类供给能力；再比如，三峡大坝等防洪建设项目对环境有着巨大影响（千年生态系统评估报告，2005），这些影响需要从"多元化生态系统服务"的角度进行评价。三峡大坝对多种鱼类（如中华鲟等）的产卵地构成了一定程度的威胁（Chen et al.，2004）。如今，许多渔场都已经被转变成了水稻种植地，其原因在于种植水稻能够在短时间内带来更加可观的经济效益。

三、草地生态系统

中国的草地覆盖总面积为 39.9 亿公顷，占全国土地总面积的 41.6％，其中 27.8 亿公顷的草地集中分布在中国西部地区。在全国草地面积中，有 49.2％是牧区，14.9％的草地为半农半牧区，30.8％的草地为农业及林分地，余下 5.1％的草地位于湖泊、河流及沿海地带（Ren et al.，2007）。全国 61.6％的草地生产力低下，只有 13.5％的草地生产力相对较高。此外，草地出现大面积退化的现象也非常明显，从 20 世纪 50 年代初以来，中国每公顷牧草的产量下降了 40％。全国大概有 2/3 的草地年均干草生产能力不足 1000 千克/公顷，这样的草地就是低产草地。在西藏、内蒙古、新疆、青海、四川、甘肃以及云南等草地主产区，生活标准低于国家贫困线标准的农村人口数量分别占地区人口总数的 10％、9％、27.4％、17.7％、7％、22.7％和 22.9％，而全国的平均水平只有 6.3％。在中国，尤其是在中国西部地区，水土流失是导致中国草地生态系统退化的主要原因（Wang et al.，2005）。

中国西部地区的肉类供应量是全国肉类供应总量的 68.57％，理论上，中国西部干草的年产量能达到 5.7×10^{12} 吨，牲畜供应量能达到 4.49×10^{12} 头（相当于 1.5×10^7 吨肉）（中国西部生态系统综合评估报告，2005）。中国西部能为人类提供食物的草地主要集中分布在内蒙古东部、青藏高原东部（包括四川北部及西部）、云南东部和西部地区，而青藏高原北部、新疆、内蒙古西部地区草地生产能力较低下（中国西部生态系统综合评估报告，2005），中国北部和西部有 30％的牧区草地（7000 万公顷草地）都已经退化（Ren et al.，2007）。中国的猪肉生产量占全国肉类生产总量的 70%，占世界肉类总产量的 50%（千年生态系统评估报告，2005），中国南部、西南以及东部地区的猪肉产量占了全国猪肉总产量的 80%。

四、农业生态系统

中国的耕地总面积大约有 13.3 亿公顷（Ren et al.，2007），然而人均耕地面积却只有 0.1 公顷，为世界平均值的 40%（Zhou，2002）。一级耕地面积仅占全国耕地总面积的 40%，中国 90% 以上的耕地都分布在东部地区（Ren et al.，2007）。

（一）粮食生产

在过去 50 年里，中国主要农产品的生产力水平不断上升。2000 年，中国的粮食、棉花、肉类、鱼类产量分别达到 46 亿吨、44 亿吨、6 亿吨和 4.3 亿吨（Zhou，2002），到 2005 年，中国人均粮食、棉花、肉类、鱼类产量分别达到了 371.26 千克、4.38 千克、47.2 千克和 39.2 千克（国家统计局，2006）。

与全国水平相比，中国西部地区粮食总产量与单位面积粮食产量都相对较低，粮食总产量仅为全国的 27%，单位面积粮食产量为 7.75×10^3 千克/公顷，低于全国平均水平的 9.76×10^3 千克/公顷（中国西部生态系统综合评估报告，2005）。不同地区的食品供应能力差异较大，中国西部地区每年的粮食潜在供应能力为 3.23×10^{12} 吨。四川省、广西壮族自治区、云南省、贵州省、陕西省、内蒙古自治区、重庆市 7 个省（市、自治区）的潜在粮食产量远远超过整个西部地区的平均水平，他们的粮食供给能力平均超过 2.0×10^7 吨，食品总产量达 2.93×0^{12} 吨，约占中国西部地区粮食总产量的 95.27%。四川省潜在的食品产量最高为 7.88×10^7 吨，几乎是整个西部食品总产量的 1/4，相反，西藏、青海、甘肃、宁夏以及新疆等省（区）的潜在粮食供应量还不到整个西部地区的 5%。

中国西南部地区气候适宜，且水资源富足，适宜农业生产，该地区的粮食产量要远远高于西北地区。

总的来说，1986～2000 年，中国的耕地面积一共扩大了 270 万公顷（Deng et al.，2006），然而同一时期，全国食物生产力却下降了 5.855 万亿千卡（下降比例为 0.3%），中国北方一些省市（例如北京、天津等地）的生产力下降幅度最为明显。

（二）棉、麻、丝

棉花是中国主要的纤维作物。2000 年，中国棉花产量占全球棉花总产量的 23.7%（千年生态系统评估报告，2005），每公顷棉花产量明显高于世界平均水平。据估算，中国有 5000 万农户种植棉花，棉花生产和粮食生产就需要竞争土地、水、时间和能量（千年生态系统评估报告，2005）。

丝绸长期以来一直是中国生态系统服务的主要产品之一。近年来，全球丝绸生产主要集中在中国。据报道，2000 年，中国丝绸产量占全世界丝绸总产量的 73%（联合国粮食与农业组织，2003；千年生态系统评估报告，2005）。当年中国丝绸生产量达到了 7800 万吨，超过了 1980 年世界丝绸生产的总量（6800 万吨）。

五、沙漠生态系统

中国沙漠生态系统覆盖总面积为 128 万平方千米，占中国土地总面积的 13.3%（Ren et al.，2007）。荒漠主要分布在中国北部以及东部地区，覆盖新疆维吾尔自治区、青海省、甘肃省、宁夏回族自治区、内蒙古自治区、陕西省、辽宁省、吉林省以及黑龙江省。

位于新疆维吾尔自治区南部塔里木盆地的塔克拉玛干沙漠是中国最大的沙漠，也是世界上第二大流动沙漠，近几十年来，塔克拉玛干沙漠的面积仍然保持着持续扩大的趋势。

沙漠化现象日趋严重，已经成为困扰中国的一大难题。目前，除了有一些有关沙漠化对其他主要生态系统带来的负面影响之外，尚未有其他有关中国沙漠生态系统服务的可靠信息。

六、生物多样性与遗传资源

从冰山到热带雨林，从高原旱地到河流湿地，中国的生态系统复杂多样，可分为 133 个生态区域。同时，不同性质的栖息地，产生了极其丰富的生物资源。中国作为一个资源超多样性的大国，共有生物物种 8.3 万种（表 3.1），占世界生物物种总数的 7.5%，其中有 3 万种高等植物，占世界高等植物种类总量的 10.5%。

表 3.1　中国特有的动植物物种（或属）

品种	已知物种（或属）的数量	特有物种（或属）的数量	特有物种（或属）所占比例（%）
哺乳类动物	581 物种	110 物种	18.9
鸟类	1244 物种	98 物种	7.9
爬行动物	376 物种	25 物种	6.7
两栖动物	284 物种	30 物种	10.6
鱼类	3862 物种	404 物种	10.5
苔藓植物	494 属	13 属	2.0
蕨类植物	224 属	6 属	2.3
裸子植物	34 属	10 属	29.4
被子植物	3123 属	246 属	7.5

资料来源：Shi，2003。

　　中国西南山区的生物多样性极其丰富，维管植物超过了1.2万种，其中30%属于地方性物种；脊椎类动物物种同样极为丰富，包括淡水鱼类92种，爬行类92种，鸟类611种，两栖类90种，哺乳类237种；秦巴山区栖息着超过6000类物种，被称为"生物基因库"（Guo and Gan，2002）；长白山区生长有800多种药用植物。

　　中国的经济林树种有1000余种，是许多野生果树和种植果树的发源地和集中分布区（Shi，2003），同时拥有药用植物1.1万余种。此外，家养动物种类繁多，根据目前的统计信息，中国有1938种家养动物，主要包括地方性经济动物和昆虫两大类（Shi，2003）。云南省和青藏高原有着特定的生物遗传多样性，然而这两个地区15%～20%的物种却濒临灭绝（中国西部生态系统综合评估报告，2005）。中国的湿地众多，是候鸟的主要栖息地（An et al.，2007）。

第二节　调控性服务

　　在生态系统管理方面，中国历来的土地利用政策忽视了生态系统的调控性服务功能，但这个现状正在改变，生态系统的调控服务功能逐渐受到重视并被利用于现实的生态建设中。例如1998年长江流域灾难性洪水之后，森林生态系统的水流调节服务功能开始受到重视，在长江流域启动了多项天然林保护工程来加强防风固沙能力，建设面积占整个森林面积的17%，流域森林储量占全国森林总储量的22%（Zheng et al.，2001）。天然林保护工程（天保工程）涵盖中国17个省市的主要河流流域；同时启动"退耕还林，退耕还草"工程，目的在于将农地转化为森林或草地，减少水土流失、增强水资源调控能力并保护水源。目前，中国政府并没有针对生态系统的调控服务作出系统的评价，因此人们只能通过借鉴一些有关局部生态系统调控特性的研究成果来寻找案例。需要特别指出的是，要对生态系统的服务功能作出评价，必须根据不同的实际情形采取可行的评价方法。

一、控制水土流失

中国面临水土流失的严峻问题，中国每年的土壤流失总量大约为50亿吨，其中有一半发生在长江流域。此外，每年大约有16亿吨土壤和泥沙被带入黄河中严重影响生态系统提供鱼类、食物、淡水等资源的服务。这一问题使得针对中国如何减少自然水流域水土流失的评估研究逐渐兴起（Zheng et al.，2001）。中国已开垦坡地农田606.7万公顷，而陡坡地农耕被认为是造成水土流失的主要原因之一（Wang et al.，2005），这也表明对生态系统服务功能进行土地管理能够产生广泛影响，其重要性不可小觑。

据估算，"天保工程"实施之后，保护区每年的森林水土流失量将会减少15.05亿吨，保持住15.05亿千克氮、10.53亿千克磷和60.18亿千克钾（Zheng et al.，2001）。据报道，位于长江和淮河分水岭的鹞落坪国家自然保护区每年能减少144万吨的水土流失量（Xu et al.，2003）；密云水库是中国产沙量最低的松木林，研究显示，其荒坡地产沙量却是其他水源保护林产沙记录的4～44倍（Liu and Zhang，2002），但在中国的松木林中产沙量最小。随着中国的森林覆盖面积逐渐扩大，针叶林覆盖面积的比例却在不断减少（Ren et al.，2007）。据估计，兴山县的森林可降低水土流失高达4220万吨、降低泥沙流失1660万立方米，每年能阻止683万立方米的土壤流入水系（Guo et al.，2011）。

对于草地在水土流失的控制作用方面，尚缺乏相关研究信息。而对中国经济十分重要的流域，如长江和黄河流域是中国经济的重要流域，它们的源头都是草地（Zhang et al.，2007a），草地退化被认为是各流域水土流失的主要原因。据估算，每0.06公顷的草地转化为农田，就有0.47公顷的土地变成荒漠（Wang et al.，2005）。

二、水资源调节

中国生态系统易受频发的洪水灾害影响，很大程度上是由季风气候及土地利用不合理造成的。中国洪水平均每年会使1亿人受灾（千年生态系统评估报告，2005）。1998年爆发的长江洪水灾害主要是由森林的过量砍伐以及土地退化所致，这就充分证明了生态系统对水资源调节功能的重要作用。尤其是在北方地区，季节性降雨导致旱季的可用水资源非常珍贵，天然生态系统的水资源调节功能在经济活动中至关重要。一项关于湖北省兴山县集水区的研究报告指出，兴山县集水区在雨季能够储存 8.68 亿立方米淡水，从而减少长江水流流量，降低洪水发生率，减少洪灾带来的影响。在旱季，兴山县集水区大约有 8000 万立方米淡水流出，从而增大河流流量。由于生态系统的水资源调节功能，葛洲坝水电站的发电量大幅度增加，其发电量价值甚至高于 1994 年森林年总收益的 42 倍（Guo et al.，2000）。有关对兴山县集水区的进一步研究显示，其滞留水量是香溪河流量的 36%，该研究结果强调，生态系统水资源调节能力大小的决定因素是空间分布格局，而非森林面积大小，然而这一点曾经一度被人们忽视（Guo and Gan，2002）。

通常人们会认为湿地能够提供宝贵的防洪服务，有些地方人们在认识到这一点，开始放缓了将湿地转化为耕地和城市用地的速度，但是，也很少有人针对湿地的防洪能力开展细致的研究。据估计，吉林省莫莫格自然保护区的湿地土壤每年所缓解的洪水达 7.15×10^4 立方米，相当于每年每公顷湿地创造 5700 美元的经济收益。虽然中国已认识到草地对水资源调节的重要作用（Zhang et al.，2007b），但相关的研究信息非常稀少。

三、水资源保护

学者 Guo 等（2001）通过对湖北省兴山县森林的水资源保护功能进行调查研究，将树冠、树叶和土壤中保持的雨水考虑在内，计算出每年大约有 2500 万立方米的水资源得到了保护。其研究模型显示，该区域的森林生态系统保护了本地区 42% 的水资源。据估算，"天保工程"中的天然森林能够保持 250 亿吨水资源（Zheng et al.，2001）。安徽省鹞落坪国家自然保护区的记录资料显示，那里的森林每年储存的水资源量大约有 1.24×10^8 立方米（Xu et al.，2003）。据估算，在黑龙江省，通过森林保护工程所增加的水资源量有 230 亿立方米，占该省水资源总量的 36%（Cai et al.，1996）。在中国北方地区，生态系统对水资源的保护发挥着极其重要的作用。目前，大多数的学术研究都将注意力集中在森林生态系统对水资源保护的价值之上。然而值得注意的是，中国西北部地区主要由草地构成，水资源极其缺乏，因此，更多地进行关于草地生态系统对水资源保护的研究将会对这些地区的发展更加有利。与草地生态系统类似，湿地系统虽然容纳了 82% 的淡水资源，但对其在水资源保护上所起到的作用，仍缺乏量化研究。

大坝、沟渠等一些人为的洪水调控设施虽然能够有效地调节并保护水资源，但也因其河水分流和降低流速等行为对下游造成很大的影响，不仅降低了那里的水源净化能力及疾病防控能力，同时也降低了其他生态系统对水资源的调节能力。

四、水资源净化

2000 年，中国的废水排放量呈现下降趋势，但总量仍达 4.151 亿吨左右，化学耗氧量（COD）达 14.455 亿吨，有很大一部分水资源由于受到污染无法被利用，使得中国的缺水现象更加严峻（国家统计局，2006）。

调查表明，我国在实施"天保工程"之后，森林面积不断扩大，大面积的森林覆盖面每年能够吸收 4.39 亿吨溶解物，防止这些溶解物流入水资源系统。据估算，每升雨水中森林能够减少 0.068 毫克硝酸盐、0.056 毫克铵、0.2 毫克钾、0.031 毫克锰、0.003 毫克铜以及 0.68 毫克锌。此外，根据"天保工程"中的地下水抽样推算发现，森林地区每升水中含铅 0.047 微克、镉 0.047 微克，而非林区每升水中的铅和镉含量分别为 4.12 微克和 0.17 微克（Zheng et al.，2001）。

据估算，中国的湿地系统能够吸收掉现有水资源中 4.6×10^{12} 克氮和 0.6×10^{12} 克磷（An et al.，2007）。然而整个中国地域范围内湿地面积在不断减少，由此会导致湿地系统对氮磷的吸收量分别下降 2.8×10^{12} 克和 0.4×10^{12} 克，水资源的净化程度因此而降低，吸收的氮磷含量分别是 2000 年总排放氮和磷数量的 151.4% 和 64%（不包括农业排放量）。

五、气候调节

生态系统通过隔离或释放温室气体 CO_2 对全球气候产生的影响，CO_2 在土壤以及植被中以单价碳（C）的形式存在。可能是由于采用的数据不同，学者们对中国土壤中有机碳含量（SOC）的估算有着很大的差异（Xie et al.，2007），得出的土壤中有机碳含量分布结果也不同（Zhao et al.，2006），学者们的估算数据介于 $50 \times 10^{15} \sim 185 \times 10^{15}$ 克之间（Xie et al.，2007），由于数据有限且估算方法不一致，这些数据必须谨慎对待。最近一项有关中国土壤中有机碳含量的分析研究考虑到了不同的生态系统类型以及地区差异性，其研究结果显示，在 9.6 亿公顷土壤中，其有机碳的含量为 98.77×10^{15} 克，与 Yu 等（2007）估算的有机碳含量值 89.1×10^{15} 克接近（Xie et al.，2007）。在中国西北和西南地区，土壤中的有机碳含量非常高（Xie et al.，2007；Yu et al.，2007）。

据估算，森林土壤和草地土壤中的有机碳含量最高，分别为 $34.23×10^{15}$ 克和 $37.71×10^{15}$ 克（Xie et al.，2007）。然而，这一数据却比 Yu 等（2007）估算的草地土壤的有机碳含量值低了很多，这很有可能是因为估算时将沙化草地也包含在了草地生态系统之中，而没有将灌木地计算在内（表 3.2）。中国的泥炭地面积有 1.3 万平方千米，其中大部分泥炭地都分布在青藏高原，那里碳的储存量为 $0.35×10^{18}$ 克。有一些研究在估算草地有机碳含量时并没有将这些因素考虑进去，所以很难将这些研究结果进行系统的比较。在中国，湿地土壤中的有机碳含量最高，平均值为 109.9 吨/公顷，荒漠生态系统中的有机碳含量最低，只有 29 吨/公顷（Yu et al.，2007）。此外，河流集水区土壤中的有机碳含量也相对比较高。

表 3.2　生态系统土壤有机碳的分布情况

生态系统	面积（10^3 平方千米）	有机碳密度（吨/公顷）	有机碳库存量（10^{15} 克）
林地	1500.3	143.3	21.50
灌木地	2216.0	115.3	25.55
草地	1376.2	82.4	11.34
耕地	1323.2	92.2	12.20
湿地	727.9	167.5	12.20
沙漠地	2124.1	29.0	6.16

资料来源：Yu et al.，2007。

植被中的储碳量比土壤中的储碳量要低。研究表明，中国所有的草地植被储碳总量为 $3.32×10^{15}$ 克，其中有 56% 都集中在青藏高原，18% 集中在北部温带草原（Fan et al.，2008）。从地方角度看，据统计，兴山县的森林每年可固定16.6413 万吨二氧化碳，提供12.2513 万吨氧气（Guo et al.，2001）；长白山生物圈保护区（CMBR）的森林每年的储碳量为 4.3 万吨（Xue and Tisdell，2001）；"天保工程"中的森林每年能够吸收 31.263 吨二氧化硫（SO_2）、15.88 万吨二氧化氮（NO_2）以及 91.95 吨一氧化碳（CO）（Zheng et al.，2001）；人工树林中每年平均每公顷林地碳含量为 $3.75×10^7$ 吨（Fang et al.，2007）。

过去 20 年的趋势表明，林地是中国主要的碳汇（Xie et al.，2007）。有的研究过程中不仅考虑到了有机碳含量，还考虑到了地表生物量，指出了相同的趋势，即林地是中国的主要碳汇（Wang et al.，2007；Ni，2004；Pan et al.，2004）。中国东北以及西南地区的碳固存量最大（Wang et al.，2007），研究估测东北地区每年的森林储碳量为 $0.021×10^{15}$ 克（Fang et al.，2001），西南地区每

年的森林储碳量为 0.019×10^{15} 克（Piao et al.，2005），这些研究发现与过去林地研究发现一致。随着种植林逐渐生长成熟，有望在未来的 10 年内继续保持这一趋势（Zhao and Zhou，2005）。然而中国广袤的草地正在不断退化，特别是青藏高原的草地退化现象非常严重，这就导致草地土壤成为碳的净释放源之一，有机碳释放量达到 3.56×10^{15} 克。一些研究显示，耕地也是碳的释放源之一（Li et al.，2003），据估算，土壤作为中国碳的净释放源之一，随着土壤不断流失，共损失了 2.86×10^{15} 克有机碳（Xie et al.，2007）。中国国土面积广阔，地域差异非常大，东部以及北部地区是主要的碳汇，西北部地区是主要碳释放源，东北部以及西南部地区为次级碳释放源，青藏高原是森林有机碳含量损失最严重的地区，因此从气候的角度考虑，设法增加该地区碳储备量是至关重要的任务（Xu et al.，2004），显然还需要对该地区进行更进一步的研究。

在全球范围内，湿地的碳固存能力非常大，尽管如此，中国除了对高密度有机碳固存（SOC）进行了估算之外（表 3.2），有关这方面研究的其他资料非常匮乏（Zedler，Kercher，2005）。高山草甸湿地系统、水体系统等一些湿地系统在其退化的过程中会释放甲烷（CH_4）、二氧化碳（CO_2）和一氧化二氮（N_2O），并将其反馈于气候系统。中国的三江平原、青海省等西南地区的一些湿地面积已经开始不断缩小，并且非常容易受到海水倒灌的威胁（Li et al.，2007）。中国的稻田种植总面积居世界第二，是重要的粮食生产地，这些稻田也通常被认为是温室气体的释放源之一。然而最近一份研究（Xiao et al.，1998）显示，每年每公顷稻田的氧气净释放量为 25 365～32 612 千克，每年每公顷稻田的二氧化碳固存量为 705～2656 千克，所表现出来的数据差异性主要取决于尿素的使用情况。尽管稻田也会释放甲烷和二氧化氮，但稻田仍然还是主要的碳汇。江苏省学者对稻田的研究结论也与此相似。

六、疾病管控

中国有关生态系统对疾病管控的研究资料还非常少，但也有一些发现。例如，关于管制血吸虫病方面，提出了确保河水径流通畅、快速，能有效管制血吸虫病。然而令人担忧的是，随着防洪水坝的不断兴建，将导致中国寄生虫病的发生率随之上升（Chen et al.，2004）。另外，有研究表明，在稻田中饲养食用鱼类并将稻田中的硝酸盐含量维持在一个较低的水平，可以显著降低疟疾病的发病率。可是另一方面，稻田也被公认为是乙型脑炎病毒萌芽的摇篮（千年生态系统评估报告，2005）。

七、害虫管制

同样，中国有关生态系统害虫管制的研究资料也很匮乏。但已有的研究表明，森林结构的变化在一定程度上造成了森林虫灾，已经在带来了 1000 万立方米以上的木材损失（Li，2004）。

第三节 支持性服务

生态系统的支持性服务为生态系统的调节服务及供给服务奠定了基础，支持性服务的提供在很大程度上决定了生态系统其他服务的水平。然而与其在中国及中国经济中的高度重要性相比，这些服务的受关注程度还远远不够。

一、初级生产

（一）净初级生产量（NPP）

据估算，中国大陆地区碳的总净初级生产量大约为 22.35 亿吨，平均值为 235.2 克/（厘米^2·年）（不包括开放水体）（Feng et al.，2007）。中国净初级生产量的地域分布不均匀，西南部地区的西藏、四川和云南三省（自治区）的净初级生产量最高，西部其他地区的净初级生产量都普遍偏低（Li et al.，2003；Feng et al.，2007）。对青藏高原的深入研究得出同样的分布模式，即青藏高原净初级生产量由东南地区向西北地区呈现出递减趋势（Luo et al.，2002）。其中，碳的净初级生产量最高的是森林区，达到 922×10^6 吨，其次是耕地区，为 624×10^6 吨，第三是草地区，为 357×10^6 吨，而排在最后的荒地区，碳的净初级生产量仅有 26×10^6 吨（Feng et al.，2007）。由于在计算过程中所采用的支撑理论有所不同，加上净初级生产量模型的不确定性，不同研究对中国净初级生产量的估算结果也不尽相同（Xiao et al.），但显示的净初级生产量分布的总体模式基本一致。

不计山区的影响，中国森林区的净初级生产量呈现出由北向南递减、由西向东递增的总趋势。西部热带森林区的净初级生产量最高，针叶林区的净初级生产量最低。生物密度大的地区与西南和东北成熟林区的碳密度基本一致（Wang et al.，2007）。中南部地区的森林多为人工林，树龄低，其净初级生产量也相对较低（Zhao and Zhou，2005）。过去 29 年，中国森林生物总量呈上升趋势，碳生

产量从 $5.62×10^{15}$ 克上升到 $5.99×10^{15}$ 克（Piao et al.，2005）。同样，在过去一个世纪里，中国森林的净初级生产量增加了 21%，最高纪录出现在 20 世纪80 年代，当时正在实行大规模的植树造林和禁止滥砍滥伐计划（Wang et al.，2007）。

从土地退化程度的遥感数据可以明显看出，青海的东部、四川的西部、西藏的北部、甘肃的东南部、内蒙古的东北部以及新疆的西部净初级生产量最高，而其他地区的净初级生产量相对较低。土地退化严重减少了该地区的净初级生产量，也因此对整个草地生态系统的服务功能造成了一定影响。

（二）净生态系统生产量（NEP）

据统计，1981～2000 年，中国的碳净生态系统生产量在 $0.32～0.25×10^{15}$ 克/年之间反复变化（Cao et al.，2003）。

中国净生态系统生产量的分布规模相当不稳定，最高值集中在中国的中部、南部以及西南部地区，西北部以及许多沿海地区的净生态系统生产力处于中等水平，而北部和东北部地区的净生态系统生产力则相当低。

二、养分循环与土壤形成

有关中国陆地生态系统养分循环与土壤形成服务的研究资料极为有限。普遍认为，由于人们对土地的破坏性使用，土地退化严重，加上在农田生态系统中大量使用化肥等，土壤质量逐年下降。尤其是，随着草地沙漠化不断加剧，草地生态系统土壤质量严重下降。据估计，1995 年，中国陆地生态系统养分循环的价值为人民币 3240 亿元，有机质产量价值约为人民币 23.3 万亿元。

土壤有机质含量高的地区与林地、草地生态系统等高产地区的分布情况一致，而农田的土壤有机质含量相对较低。

目前，多数森林生态系统的养分循环服务研究仍然局限于在局部范围。长白山生物圈保护区（CMBR）每年的净养分含量大约为 1.7 万吨（Xue and Tisdell，2001），而鹞落坪国家自然保护区的阔叶林与针叶林每年主要养分（氮、磷、钾）的净含量分别为 247.17 吨和 455.08 吨。根据一项有关中国人工杉木林生态系统储水能力的研究估算，林冠截留水量为 267 毫米/年（Kang et al.，2007），在水分与养分循环中起着巨大作用，每年每公顷林地能够提供 143 千克养分。此外，水流能导致养分流失，通过阻止水流每年每公顷人工林能减少 9 千克的养分流失。

第四节　文化性服务

虽然中国的文化极其丰富多元，但有关中国的生态系统文化性服务，即在精神与宗教价值观、知识体系、教育与审美价值观、社会关系、文化遗产价值观、娱乐与旅游等方面的服务功能却鲜有研究记录，现实生活中，这些价值往往被人们忽略（千年生态系统评估报告，2005）。然而，现有的一些轶事资料还是凸显了生态系统对于中国文化的重要性。

一、精神与宗教价值观、文化遗产、知识体系

中国原住民的种植历史悠久，如哈尼族种植藤和茶；苗族种植柿子；云南省的瑶族、哈尼族、基诺族种植药草等。除此之外，中国还有很多珍贵的园林（Xu and Melick，2007），但是目前还没有足够的信息来确认这些园林的总体数量及分布状况。以云南省为例，境内分布有 26 个民族（Pei，2005），云南省因此也一致被认为是文化多样性的集中之地，拥有圣林、庙宇、圣山等很多重要的文化景观（Luo et al.，2005）。另外，在西藏，几个世纪以来，西藏宗教遗址的地域分布范围非常广泛，这对于保存整个西藏地区自身的文化体系有着极其重要的作用。在宗教遗址的地区范围内，人类活动受到严格控制。与藏传佛教的圣山之一——云南省的最高峰卡格博峰一样，位于西藏东南部的"药山"也是西藏重要的文化遗址之一，一直以来，人们把这里视作众多神灵的家园，周围被 100 多个宗教遗址围绕（Xu et al.，2006）。

联合国教科文组织颁布的 30 个中国文化遗址中有 6 个就位于中国西南部地区，这些地区文化多样性与生物多样性之间的联系非常紧密（Xu et al.，2006），这些文化遗产包括九寨沟、丽江大峡谷文化、古代灌溉系统、云南三江并流等。纳西族人对"树"非常崇拜，他们认为"树"是大自然灵魂的象征，傣族神话传说中的"神"就居住在神圣的树林之中（Pei，2005）。西双版纳是傣族人的聚居地，在这 1000～1500 公顷的土地上大约有 250 座圣山、558 座佛教庙宇，庙宇附近还有无数圣林（Hu，2005），傣族人认为圣山中的所有动植物都是神圣的。云南省境内大约聚居了 125 万哈尼族人，这些哈尼族人同样崇拜山林，他们相信每一座山林都有属于它们自己的灵魂，不得在山林中进行任何人类活动。而在西藏的游牧民族看来，草地也是富有灵性的一道别致景观，整个西藏有超过 15 座圣山，藏民们一致认为是山上的神灵管理着人类与自然（Xu et al.，2006）。

生态系统中文化的重要性不仅在中国西南部地区有充分体现，在位于中国西北部的新疆维吾尔自治区也有明显的体现，这里的宗教与文化同样丰富多样，当地维吾尔族人民也把"树林"与"水源"当作崇拜和敬仰的对象。（Liu and Diamond，2005）。

二、旅游

有关中国自然生态区旅游的可用研究信息也不多，但毋庸置疑，中国生态旅游的发展潜力巨大。例如，1997年，到兴山县森林旅游的游客数量就达到8万人（Guo et al.，2001），创造了人民币580万元的收入。另外，自20世纪80年代以来，长白山自然保护区每年都会吸引10万余名游客前来观光旅游（Xue and Tisdell，2001）；同时，湿地的旅游发展前景也比较可观，2000年，兴凯湖自然保护区就吸引了50万名游客前来参观。

三、非供应性服务的重要性及其对管理战略的影响

从以上概述中可以看出，关于中国生态系统服务，主要的研究信息都是针对供应性服务所带来的最大即时经济与物质效益。然而，大量生态系统价值研究报告指出，与生态系统所提供的供应性服务相比，其所提供的调节性及支持性等非供应性服务的价值更高（Xu and Tisdell，2001；Xu et al.，2003）。对农田生态系统供应性服务的研究应该考虑到这些生态系统相对缺乏的调节性及支持性服务等因素。

显然，中国生态系统的供给性服务不是在减少，就是在增速上满足不了社会需求，主要原因很可能是由于中国先前的土地利用政策过于强调供给性服务，而忽略了生态系统的调节性与支持性服务功能。在制定管理规划的过程中，同样未能对这些生态系统的各项服务进行综合评估。例如在西双版纳勐仑县，那里的橡胶生产为当地所带来的经济收益占当地经济总收入的30%，然而尽管近期勐仑县的橡胶种植规模有所扩大，其生态系统提供的供应性服务增值了3%，但是在养分循环价值、侵蚀防治价值、气候调节方面的价值却分别下降了16%、5%和4%，这样下去不可能实现可持续发展（Hu et al.，2007）。再如，青藏高原的居民在泥炭地里放牧耕作，导致泥炭流失，造成当地草地严重退化，气候的调节能力不断下降（千年生态系统评估报告，2005）。

中国当前面临可利用水量这个主要的环境问题。可利用水量关系到全国农作物生产、饮用水和生态系统的水循环等各方面，然而为了防洪而修筑水坝，明显

忽视了湿地的供给性服务价值。近年来，随着污染日益严重，土地利用格局也在不断变化，尤其是草地和湿地的转化引发了大规模的退化现象。认识到这些问题的严峻性，政府才能尽快出台新的土地管理政策及管理方案，以保护中国自然资源。新政策和方案能否取得成效关键在于县、区级政府能否进一步了解各项生态系统服务之间的关联性，尤其是能否考虑全球气候持续变化这个大背景。

五、知识空白与研究需要

由于存在以下几个方面的知识空白，因此很难对中国生态系统服务进行全面的综合评估。总体而言，对生态系统的支持性服务，尤其是养分循环及土壤形成知之甚少。尽管在中国净初级生产量方面已经有了很多相关数据源，但是这些数据很有局限性，一是缺乏标准化的方法，二是缺乏科学的评估空间尺度。生态系统的支持性服务决定了其供给性和调节性能力的大小，是评估生态系统运行状况的基础。中国许多生态系统都已经高度退化，需要从更广的区域范围内来判定哪些地方的生态系统供应和调节能力正在下降或面临下降风险。尽管中国文化丰富多样，但无论是环境在宗教信仰与宗教活动中的重要作用，还是生态系统的文化性服务功能都一度被严重忽视。

目前，中国生态系统服务的调节能力现状还不大为人所知。相应的知识与研究仍只停留在一些地区性研究以及广义的水土流失和水资源调节之上，显然，有关生态系统在当前状况下如何提供服务及如何管理当前生态系统、提升供给性服务能力等方面的研究还远远不够。例如，大面积种植的人造林（大部分树木都是单一树种），不可能具备与天然林同样的调节水资源和形成土壤的能力。同时，对于人造林应该如何按照重要的水资源供应地和脆弱的水资源生态地进行合理分布等用于指导造林实践方面的知识相对匮乏。此外，有关湿地生态系统服务能力下降的案例还不在少数，但不管是在地区还是在国家层面上，都还没有对湿地生态系统服务功能下降问题带来的影响进行调查研究。

就空间分布格局来说，许多有关生态系统调节能力研究的地域对象主要集中在长江流域和中国西南部地区，研究主要聚焦于森林生态系统。此外，中国东部的农业生态系统也是研究的重点之一。可见针对中国北部和西部地区，尤其是西北地区生态系统的相关研究相对较少。

中国的草地覆盖面积最大，但草地生态系统却是极其脆弱的生态系统之一，中国西北部地区的草地生态系统尤为脆弱。因此令人惊讶的是，即便中国西北部水资源普遍紧张，很少针对中国西北部各个地区的土壤形成、养分循环以及水资源调节情况等方面进行研究。同样，湿地对粮食生产以及水资源调节也有着重要意义，却很少有研究予以关注。此外，人们对于荒漠生态系统的知识不够，了解不深。

可能最明显的知识空白还在于对生态系统与生态系统服务的关联研究。如上所提，中国的土地利用格局发生了很大的变化，需要对生态系统服务方面的利弊进行全面细致的评估。要对生态系统服务进行管理，必须掌握区域生态系统对贫困人口的意义等社会经济数据。例如，退耕还草、退耕还林等政策可能会增强生态系统服务供给性和调节性能力，但却会断绝农村地区人口重要的经济来源；在某些地区，草地的退化可能会使大批农村贫困人群面临洪灾威胁，降低水资源供应水平。对于一些贫困省市来说，非木质林产品在其经济中的作用尤其重要，但是迄今为止，这些非木质林产品资源的现状及分布情况在很大程度上都还不为人所知。

参考文献

Albers H, Rozelle S, Guo L. 1998. China's forests under economic reform: timber supplies, environmental protection, and rural resource access. Contemporary Economic Policy, 16:22-33.

An S, Li H, Guan B, et al. 2007. China's natural wetlands: past problems, current status, and future challenges. Ambio, 36 (4):335-342.

Bass S, Steele P. 2006. Managing the environment for development and to sustain pro-poor growth. Asia 2015 Session 2: Challenges and Risks to Development in Asia Parallel Group 2A: Topic Paper 1.

Berry I. 2003. Land and degradation in China: its extent and impact. ftp://ftp. fao. org/agll/docs/lada. pdf.

Cai T J, Li C H, Li S L, et al. 1996. Economic evaluation of water conservation benefit of forest in helongjiang province. Journal of Northeast Forestry University, (2):14-19.

Cao M, Prince S, Li K, et al. 2003. Response of tenestrial carbon update to climate interannal varialbility in China. Global Change Biology, 9 (4):536-546.

Chen D, Duan X, Liu S, et al. 2004. Status and management of fishery resources of the Yangtze River. http://www. ibcperu. org/doc/isis/5209. pdf.

Deng X, Huang J, Rozelle S, et al. 2006. Cultivated land conversion and potential agricultural productivity in China. Land Use Policy, 23 (4):372-384.

Fan J, Zhong H, Harris W, et al. 2008. Carbon storage in the grasslands of China based on field measurements of above- and below-ground biomass. Climatic Change, 86 (3):375-396.

Fang J Y, Chen A P, Peng C H, et al. 2001. Changes in forest biomass carbon storage in China between 1949 and 1998. Science, 292:2320-2322.

Fang J Y, Wang G, Liu G H, et al. 1998. Forest biomass of China: an estimate based on the biomass-volume relationship. Ecological Applications, 8 (4):1084-1091.

Fang S, Xue J, Tang L. 2007. Biomass production and carbon sequestration potential in poplar plantations with different management patterns. Journal of Environmental Management, 85 (3):672-679.

Feng X, Liu G, Chen J, et al. 2007. Net primary productivity of China's terrestrial ecosystems from a process model driven by remote sensing. Journal of Environmental Management, 85 (3):563-573.

Guo Z W, Xiao X M, Li D M. 2000. An assessment of ecosystem services: water flow regucation and hydroelectric power production. Ecological Applications, 10 (3):925-936.

Guo Z, Gan Y. 2002. Ecosystem function for water retention and forest ecosystem conservation in a watershed of the Yangtze River. Biodiversity and Conservation, 11:599-614.

Guo Z, Xiao X, Gan Y, et al. 2001. Ecosystem functions, services and their values: a case study in Xingshan County of China. Ecological Economics, 38:141-154.

Harkness J. 1998. Recent trends in forestry and conservation of biodiversity in China. The China Quarterly, 156:911-934.

Hu H. 2005. Sacred Natural Sites in Xishuangbanna, South-Western China. Proceedings of the International Workshop on the Importance of Sacred Natural Sites For Biodiversity Conservation, Kunming and Xishuangbanna Biosphere Reserve, People's Republic of China, 17-20 February 2003. http://unesdoc. unesco. org/images/0013/001333/133358e. pdf.

Hu H, Liu W, Cao M. 2007. Impact of land use and land cover changes on ecosystem services in Menglun, Xishuangbanna, Southwest China. Environ Monit Assess, DOI 10. 1007/s10661-007-0067-7.

Huang J K, Hu R F, Cao J M, et al. 2006. Non-point source agricultural pollution: issues and implications. *In:* OECD. Environment, Water Resources and Agricultural Policies: Lessons From China and OECD Countries. Paris:267-272.

Huo Z, Feng S, Kang S, et al. 2007. Effect of Climate Change and Water-related Haman Activities on annual Stream flows of Shiyang River Basin in Ariol Northwest China. Beijing: Hydrological Press.

Jiang L P. 2007. Valuating ecological fanctions of Chinese grassland using remote sensing technology. Reprint.

Jiang Z H. 2003. Bamboo and Rattan in the World. Shenyang: Liaoning Science and Technology Publishing House.

Jiang Z, Zhang S Y. 2003. China's plantation forests for sustainable wood supply and development. Proceedings of the 12th World Forestry Congress.

Jun H, Weyerhaeuser H. 2006. Strengthening farmers access to forests for sustainable use of non timber forest products: lessons based on community managed Matsutake mushroom and bamboo shoot collection in Yunnan province, Southwest China. Proceedings of Sino-German Symposium 2006.

Kang E, Lu L, Xu Z. 2007. Vegetation and cabon sequestration and their relation to water resources in an inland river basin of Northwest China. Journal of Environmental Management, 85 (3):702-710.

Ke B. 1998. Industrial livestock production, concentrate feed demand and natural resource requirements in China. , FAO corporate document repository, www. fao. org/wairdocs/LEAD/X6146E/X6146E00. HTM.

Li C, Zhuang Y, Frolking S, et al. 2003. Modeling soil organic carbon change in croplands of China. Ecological Applications, 13 (2):327-336.

Li R Q, Dong M, Cui J Y, et al. 2007. Quantification of the impact of land-use changes on ecosystem services: a case study in Pingbian County, China. Environmental Monitoring and Assessment, 128 (1-3):503-510.

Li W J, Zhang Q A, Liu C Y, et al. 2006. Tourism's impacts on natural resources: a positive case from China. Environmental Management, 38 (4):572-579.

Li W. 2004. Degradation and restoration of forest ecosystems in China. Forest Ecology and Management, 201 (1):33-41.

Li W, Zhao Y. 2004. The role of community forestry in poverty alleviation efforts — increasing farmers' income through the development of home-garden forestry and family forest farms. Proceedings from IUFRO Group 03-08-2000 Symposium: Human Dimensions of Family, Farm and Community Forestry. Washington State University, Pullman:263-265.

Li Z. 2003. A policy review on watershed protection and poverty alleviation by the grain for green programme in China. Proceedings of the workshop Forests for Poverty Reduction: Opportunities with Clean Development Mechanism, Environmental Services and Biodiversity. 27-29 August 2003, Seoul, Korea.

Lin E, Xu Y, Wu S, et al. 2007. China's national assessment report on Climate Change (ii): Climate change impacts and adaptation. http://www. law. berkeley. edu/centers/envirolaw/capandtrade//in9020 Erda%202-5-07. pdf.

Liu J, Diamond J. 2005. China's environment in a globalizing world. Nature, 435 (7046):1179-1186.

Liu J, Xiao H, Lei F, et al. 2005. Highly pathogenic H5N1 influenza virus infection in migratory birds. Science, 309:1206.

Liu M, Jiang G, Li L, et al. 2004. Control of sandstorms in Inner Mongolia, China. Environmental Conservation, 31 (4):269-273.

Liu X, Zhang G. 2002. Ecosystem services and assessment of water protection forests. 12th ISCO Conference in Beijing.

Luo P, Wu N, Yan Z, et al. 2005. Sacred sited in Northwest Yunnan, China, http://unesdoc. unesco. org/images/0013/001333/133358e. pdf.

Luo T, Li W, Zhu H. 2002. Estimated biomass and productivity of natural vegetation on the Tibetan Plateau. Ecological Applications, 12 (4):980-997.

MA (Millennium Ecosystem Assessment). 2005. Ecosystems and Human Well-being: Synthesis. Washington, DC: Island Press.

MAWEC. 2005. Integrated Ecosystem Assessment of Western China. Beijing: China Meteorological Press.

Miao G, West R A. 2004. Chinese collective forestlands: contributions and constraints. International Forestry Review, (6):282-298.

Mishra H R. 2000. Asia's challenge - linking mountain conservation with water and food security, Pyramids for Prosperity or Peaks of Poverty? Conserving Asia's Mountains for Food and Water Security', Report on Interactive Session 1 Iucn World Conservation Congress 2000.

National Bureau of Statistics of China. 2006. China Statistical Yearbook 2006. Beijing: China Statistics Press.

Ni J. 2004. Forage yield-based carbon storage in grasslands of China. Climatic Change, 67:237-246.

Pan Y, Luo T, Birdsey R, et al. 2004. New estimates of carbon storage and sequestration in China's forests: effects of age-class and method on inventory-based carbon estimation. Climatic Change, 67 (2):211-236.

Pei S. 2005. The role of Ethnobotany in the Conservation of Biodiversity. http://unesdoc. unesco. org/images/0013/001333/133358e. pdf.

Piao S, Fang J, Zhu B, et al. 2005. Forest biomass carbon stocks in China over the past 2 decades: estimation based on integrated inventory and satellite data. Journal of Geophysical Research, 110:G01006.

Ren H, Shen W, Lu H, et al. 2007. Degraded ecosystems in China: status, cauces and restoration efforts. Landscape and Ecological Engineering, 3 (1):1-13.

Reynolds S G. 2001. Sustainable development of grassland ecosystems: two case studies from China. Presentation for the International Symposium on Sustainable Development of Grassland

Ecosystems, Xilinhot, Inner Mongolia, China.

RSDCBS (Rural Survey Development of China Bureau of Statistics). 2006. Rural Poverty Monitoring Report of Rural China 2005. Beijing:China Statistics Press.

Ruiz-Perez M, Belcher B, Fu M, et al. 2003. Forestry, poverty and rural development:perspectives from the bamboo subsector. *In*:Hyde W F, Belcher B, Xu J T. et al. China's Forests: Global Lessons and Market Reforms. Washington :Resources for the Future and CIFOR:151-176.

Schuyt K. 2005. Freshwater and poverty reduction:serving people, saving nature:an economic analysis of the livelihood impacts of freshwater conservation initiatives. WWF International.

SEI, UNDP. 2002. China Human Development Report 2002:Making Green Development a Choice. New York:Oxford University Press.

SEPA (State Environmental Protection Agency). 2005. China's third national report on implementation of the convention on biological diversity. Goverment document.

SFA (State Forestry Administration of China). 2004. National Report of Forest Protection and Sustainable Management.

Shi Z M. 2003. Biodiversity resources, economic values and conservation in China. Proceedings of the workshop forests for poverty reduction:opportunites with clean development mechanism, environmental services and biodiversity. 27-29 August 2003.

State Forestry Administration of China. 2003. China Forestry Statistics Yearbook 2002. Beijing:China Forestry Publishing House.

Stern N. 2006. The Economics of Climate Change:The Stern Review. Cambridge:Cambridge University Press.

Sverdrup-Jensen S. 2002. Fisheries in the Lower Mekong Basin:status and perspectives. MRC Technical Paper No. 6. Mekong River Commission, Phnom Penh. http://www. mrc-mekong. org.

Tong C, Feagin R A, Lu J, et al. 2007. Ecosystem service values and restoration in the urban Sanyang wetland of Wenzhou, China. Ecological Engineering, 29 (3):249-258.

Wang S, Chen J M, Ju W M, et al. 2007. Carbon sinks and sources in China's forests during 1901-2001. Journal of Environmental Management, 85 (3):524-537.

Wang X L. 1999. Study on mechanisms causing flood and waterlogging disasters and ecological countermeasures reducing disasters in the lake areas of Jianghan Plain. Journal of Central China Normal University (Nat Sci), 33 (3):445-449.

Wang X, Han J, Dong Y. 2005. Recent grassland policies in China:an overview. Outlook on Agriculture, 34 (2):105-110.

Wang Y. 2000. Integrated pest management (IPM) and green farming in rural poverty alleviation in China. Proceedings of the Regional Workshop on Integrated Pest Management and Green Farming in Rural Poverty Alleviation Suwon. Republic of Korea.

Wang Z, Zhang B, Zhang S, et al. 2006. Change of land use and ecosystem services values in Sanjiang Plain. Northeast China's Environmental Monitoring and Assessment, 112 (1-3): 69-91.

Weyerhaeuser H, Wen S, Kahrl F. 2006. Emerging forest associations in Yunnan, China. Implications for livelihoods and sustainability, IIED Small and Medium Forest Enterprise Series No. 13. International Institute for Environment and Development, Edinburgh, UK.

White A, Sun X, Canby K, et al. 2006. China and the global market for forest products: transforming trade to benefit forests and livelihoods. Washington: Forest Trends.

Wu G, Xiao H, Zhao J Z, et al. 2002. Forest ecosystem services of Changbai Mountain in China. Science in China. Series C-Life Sciences, 45 (1): 21-32.

Wu X Q, Long H L, Gao J X, et al. 2005. Analysis of the relationship between declining functions of wetland and increas-ing frequency of flood and waterlog in Jianghan Plain. Ecology and Environment, 14 (6): 884-889.

Xiao X, Melillo J M, Kicklighter D W, et al. 1998. Net primary production of terrestrial ecosystems in China and its equilibrium responses to changes in climate and atmospheric CO_2 concentration. Acta Phytoecologica Sinica, 22 (2): 97-118.

Xie Z, Zhu J, Liu G, et al. 2007. Soil organic carbon stocks in China and changes from 1980s to 2000s. Global Change Biology, 13 (9): 1989-2007.

Xu H, Qian Y, Zheng L, et al. 2003. Assessment of indirect use values of forest biodiversity in Yaoluoping National Nature Reserve, Anhui province. Chinese Geographical Science, 13 (3): 277-283.

Xu J, Ai X, Deng X. 2005. Exploring the spatial and temporal dynamics of land use in Xizhuang watershed of Yunnan, southwest China. International Journal of Applied Earth Observation and Geoinformation, 7 (4): 299-309.

Xu J, Melick D R. 2007. Rethinking the effectiveness of public protected areas in southwestern China. Conservation Biology, 21 (2), 318-328.

Xu J, Yin R, Li Z, et al. 2006. China's ecological rehabilitation: unprecedented efforts, dramatic impacts, and requisite policies. Ecological Economics, 57 (4): 595-607.

Xu X, Ouyang H, Cao G, et al. 2004. Nitrogen deposition and carbon sequestration in alpine meadows. Biogeochemistry, 71 (3): 353-369.

Xue D, Tisdell C. 2001. Valuing ecological functions of biodiversity in Changbaishan mountain biosphere reserve in northeast China. Biodiversity and Conservation, 10 (3): 467-481.

Yang X, Xu M. 2003. Biodiversity conservation in Changbai Mountain biosphere reserve, northeastern China: status, problem, and strategy. Biodiversity and Conservation, 12 (5): 883-903.

Yang Y, Stark M, Kleinn C, et al. 2006. Research on non-timber forest products: a rewarding subject for joint projects between Chinese and German research institutions Sino-German Symposium. The Sustainable Harvest of Non-Timber Forest Products in China Strategies to Balance Economic Benefits and Biodiversity Conservation Symposium Proceedings.

Yang YL 2004. Disparities between rural and urban areas and between different regions of China. *In:* OECD China and the Global Economy: Income Disparities in China: An OECD Perspective. Organisation for Economic Co-operation and Development, OECD, Paris: 49-63.

You M S, Liu Y F, Hou Y M. 2004. Biodiversity and integrated pestmanagement in agroecosystems. Acta Ecologica Sinica, 24: 117-122.

Yu X Z, Shi D S, Wang H J, et al. 2007. Regional patterns of soil organic carbon stocks in China. Journal of Environmental Management, 85 (3): 680-689.

Zedler J, Kercher S. 2005. Wetland resources: status, trends, ecosystem services, and restorability. Annual Review of Environment and Resources, 30: 39-74.

Zhang X Q, Miko U F K, Hou Z H, et al. 2004. Carbon stock changes in successive rotations of Chinese fir (Cunninghamia lanceolata (lamb) hook) plantations. Forest Ecology and Management, 202 (1-3): 131-147.

Zhang W, Hu Y, Zhang J, et al. 2007a. Assessment of land use change and potential eco-service value in the upper reaches of Minjiang River, China. Journal of Forestry Research, 18 (2): 97-102.

Zhang W, Liu L, Chen Y. 2007b. Water resources and social-economical development in China. J Dev Sus Agr, 2: 66-69.

Zhang Z. 1999. IPM and ecological pest management in forestry. Journal of Beijing Forestry University, 21: 116-118.

Zhao M, Zhou G. 2005. Estimation of biomass and net primary productivity of major planted forests in China based on forest inventory data. Forest Ecology and Management, 207 (3): 295-313.

Zhao Y, Shi X, Weindorf D C, et al. 2006. Map scale effects on soil organic carbon stock estimation in north China. Soil Sci Soc Am J, 70 (4): 1377-1386.

Zhao Y, Xu J, 2004. A practical approach to sustainable community forestry in Anhui province, China: Proceedings of Human Dimensions of Family, Farm, and Community Forestry International Symposium. Pullman: Washington State University.

Zheng K H, Zhang X S, Zhou G S. 2002. Agricultural sustainability in a sensitive environment: a case analysis of Loess Plateau in China. Journal of Environmental Sciences, 14 (3): 357-366.

Zheng Z, Yang J, Liu C, et al. 2001. China: timber trade and protection of forestry resources.

Prepared for the 5th Meeting of the 2nd Phase of CCICED Working Group on Trade and Environment Chinese Academy of International Trade and Economic Cooperation August 2001.

Zhihao Q, Huajun T, Jianjun Q, et al. 2007. Impact of agro-drought on cropland soil organic carbon storage and food security in China. *In:* Tang H. Cropland Soil Carbon and Food Security. Beijing: China Meteorology Press.

Zhou L S. 1993. The Theory and Practice of Agricultural Regionalization of China. Beijing: China Science and Technology Press.

Zhou Y. 2002. Report on China's development and investment in land and water. Development Division, Department of Development and Planning Ministry of Agriculture, China.

Zhu Y Y, Chen H R, Fan J H, et al. 2000. Genetic diversity and disease control in rice. Nature, 406:718-722.

本章作者：

Philip J. Bubb，联合国环境规划署世界保护监测中心，email：philip. bubb@ unepwc-mc. org。

Alison C. Campbell，联合国环境规划署世界保护监测中心，email：alison. campbell@ de-fra. gsi. gov. uk。

第二篇　中国生态系统和贫困问题的决策及驱动因素变迁

第四章　影响生态扶贫的间接因素

　　影响生态扶贫的间接因素包括：国家制定的土地利用、农业、能源、人口等方面的政策，其中最重要的是经济发展政策。学术研究可以从科学和技术两个领域影响生态扶贫。由于劳动力的综合素质在不断提升，教育将不可避免地逐步迈向更高水平，会对生态扶贫产生一定的间接影响；基础设施建设通过开采资源和刺激当地经济发展等方式，在生态扶贫过程中也扮演着重要的角色。此外，与国家土地和水资源管理机制与政策一样，环境保护与生态服务补偿等措施也将对生态扶贫产生一定影响。

第一节　人口变迁

　　20 世纪 70 年代以来，特别是改革开放以后，中国制定并全面实施了计划生育的基本国策，以降低中国的人口出生率，提高人民健康指数，提升人民教育水平。政府鼓励晚婚晚育，提倡"一对夫妻只生一个孩子"，允许符合条件的夫妻在遵守相关法律法规、适当延长生育二胎的间隔的前提下生育二胎。在少数民族地区也执行计划生育政策，全国各省、自治区以及直辖市根据当地条件制定了相应的政策和法规（译者注：2015 年 10 月，《中国共产党第十八届五中全会公报》发布，普遍二孩政策在各省市自治区逐步放开）。

　　经过近 30 年的不懈努力，中国在应对人口问题上设计出了一套适合本国特殊国情的全面成功的应对办法。人口的过度增长得到了有效控制，年均人口增长率从 1970 年的 2.88% 下降到了 2007 年的 0.55%（表 4.1），由于人口出生率在逐步下降，中国的人口出生率开始低于人口更替率，成为目前世界上人口出生率极低的国家之一。虽然中国的经济还处于欠发达水平，但在改变人口再生产模式方面取得了举世瞩目的罕见成效，在相对较短的时期内，成功实现了从高出生率、低死亡率的高人口增长率国家向低出生率、低死亡率的低人口增长率国家的转变。这样的转变在发达国家往往需要几十年甚至上百年的时间才能完成。

表 4.1　1965～2050 年中国人口增长情况

年份（年）	人口数量（万人）	人口增长率
1965	72 538	0.028 9
1970	82 992	0.028 8
1975	92 420	0.017 2
1980	98 705	0.011 9
1985	105 851	0.014 3
1990	114 333	0.014 5
1995	121 121	0.010 6
2000	126 742	0.006 6
2005	130 756	0.005 9
2006	131 448	0.005 3
2007	132 168	0.005 5
2010	134 346	0.004 9
2015	137 236	0.003 9
2020	139 583	0.003 1
2030	143 049	0.002 0
2050	146 903	0.000 9

资料来源：《中国统计年鉴》（1996～2008）；Liang，2008。

中国国民经济增长迅速，甚至呈现出猛烈增长的趋势，综合国力显著增强，人民生活水平大幅度提高。计划生育政策实行后，减少了至少 3 亿新生人口，为全社会节省了一大笔儿童养育上的支出，同时也缓解了人类与自然资源和环境的整体压力，进一步促进了中国经济社会发展，提高了人民生活水平。正是这些成功的举措让中国人民的平均寿命由 1975 年的 65 岁达到 2010 年的 73 岁，达到许多中等发达国家水平。预计到 2020 年，中国人口的平均寿命将提高到 76 岁。

1970 年，中国的人口为 8.3 亿，2007 年增长到 13.2 亿。预计 2020 年中国的人口将增至 14 亿，2050 年将达到 14.7 亿。随着经济的快速增长，城市化进程也相应提速，1975 年，中国的城市人口占全国总人口的比例达到 17.8%，其中非农业人口所占的比重仅为 15.4%。到 2007 年，这两个比率分别提升到了45.4% 和 33.8%。照此增速估算，到 2020 年，城市人口和非农人口所占总人口的比例将会分别达到 59.8% 和 47.9%，到 2050 年这一比例将会分别进一步达到74.2% 和 64.8%，届时，中国将会成为一个完全发达的城市化国家（表 4.2）。

表4.2 中国的城市化进程（1965～2050年）

人口及城市化 预测年度	人口总数 （万人）	城市人口 数量（万人）	城市化率	非农人口数量 （万人）	非农人口率
1965	72 538	13 010	0.179	12 122	0.167
1970	82 992	14 736	0.178	12 660	0.153
1945	92 420	16 417	0.178	14 278	0.154
1980	98 705	19 765	0.200	16 801	0.170
1985	105 851	25 097	0.237	21 478	0.203
1990	114 333	30 195	0.264	23 887	0.209
1995	131 131	35 174	0.290	28 563	0.236
2000	126 743	45 906	0.362	32 613	0.257
2005	130 791	56 245	0.430	40 935	0.313
2007	132 168	60 042	0.454	44 638	0.338
2010	134 346	66 042	0.492	50 110	0.373
2020	139 583	83 470	0.598	66 871	0.479
2030	143 049	96 049	0.671	80 104	0.560
2050	146 903	109 067	0.742	95 285	0.648

资料来源：《中国统计年鉴》（1996～2008）；Liang，2008。

中国政府清楚地意识到了人口与发展之间的激烈矛盾，并承认依然存在许多困难与挑战，主要体现在如下几个方面：

（1）在未来十年，甚至是更长时间，中国的人口每年将净增长1000万以上，这样的增长速度尽管相对于40年前已有明显的下降，但是依然会对经济、社会、资源、环境和全面可持续发展带来巨大压力；

（2）中国的整体生活质量水平依然偏低，不可能在短时间内实现完全令人满意的转变，这种现状与当前中国科技的迅速发展极不相称。

（3）劳动力的急剧增长对就业市场造成了巨大压力；

（4）在经济相对欠发达的背景下，随着出生率的下降，人口老龄化问题日益突出，建立全民社会保障体系更加困难；

（5）地区间经济社会发展严重不平衡的现象还将持续很长一段时间；

（6）流动人口的增加，农村人口向城市迁移及不同地区的人口再分配等现象将对传统经济、社会管理体系和人口政策产生巨大影响；

（7）根除贫困的任务极其艰巨。

因此，在完善社会主义市场经济体制的过程中，各种各样的矛盾与问题将会浮现出来，复杂的人口与发展问题仍然是今后棘手的问题（国务院新闻办公室，2000）。

政府已经针对国家人口与发展纲要，提出了明确目标，具体如下：

（1）到 2010 年，将人口数量控制在 14 亿以内，使全国人民的生活质量水平得到显著提高；

（2）在发展中国家行列中，成为享有受教育年限较长的国家之一，同时各地方政府要制定明确的措施，延长受教育的时间；

（3）普及基本医疗卫生保健及计划生育医疗服务，根据个人意愿，采取知情的避孕措施，使出生的性别比例逐渐达到平衡；

（4）全力应对人口老龄化问题，在全国范围内建成相应的社会保障体系。

第二节　经济发展

1978 年以来，中国的经济发展指标如下：

（1）长期快速增长：1979～2006 年，中国的平均实际 GDP 增长率为9.75％，2006 年的实际 GDP 高出 1978 年实际 GDP 的 13.34 倍（表 4.3）；

表 4.3　中国经济增长情况（1978～2006 年）

年份	GDP（亿元）	GDP 净毛率（％）	指数	人均 GDP（元）	人均 GDP 净毛率（％）	人均 GDP 指数
1978	3 645.2	111.7	100.0	381.2	110.2	100.0
1980	4 545.6	107.8	116.0	463.3	106.5	113.0
1985	9 016.0	113.2	192.9	857.8	111.9	175.5
1990	18 667.8	104.1	281.7	1 644.0	102.3	237.3
1995	60 793.7	109.3	502.3	5 045.7	109.7	398.6
2000	99 214.6	108.6	759.9	7 857.7	107.6	575.5
2001	109 655.2	108.1	823.0	8 621.7	107.5	618.7
2002	120 332.7	109.5	897.8	9 398.1	108.4	670.4
2003	135 822.8	110.6	987.8	10 542.0	109.3	733.1
2004	159 878.3	110.4	1 087.4	12 335.6	109.4	802.2
2005	183 867.9	111.2	1 200.8	14 103.3	109.8	880.7
2006	210 871.0	111.1	1 334.0	16 084.0	110.5	972.9

资料来源：《中国统计年鉴》（1996～2008）。

（2）过去 30 年里，经济稳定，通货膨胀率低：1978～2006 年，中国平均通货膨胀率为 6.08％，而 1997～2006 年，通货膨胀率仅为 2.09％；

（3）人均实际 GDP 近年增长迅速：1979～2006 年，中国人均实际 GDP 增长率为 8.5％，2006 年人均实际 GDP 高出 1978 年人均水平的 9.72 倍。按照当前的汇率计算，中国的人均实际 GDP 为人民币 16 084 元。

人们对于中国经济增长的期待值比较乐观。国际货币基金组织以购买力平价为标准计算的数据显示，1992 年中国的人均国内生产总值为 1692 美元，2000 年为 3913 美元，2005 年上升到 6771 美元，预计到 2010 年，中国的人均国内生产总值将达到 12 817 美元（与巴西和墨西哥水平相当），到 2015 年，中国的人均国内生产总值将达到 21 092 美元（与俄罗斯和马来西亚水平相当），到2020年，中国的人均国内生产总值将达到 36 503 美元（与阿根廷和葡萄牙水平相当）。以购买力平价为标准，1995 年，中国与美国的人均国内生产总值比例为1：11，2005 年，两国人均国内生产总值比例为 1：6，预计到 2020 年，该比例将达到1：2（表 4.4）。

表 4.4　国际货币基金组织有关中国及其他主要国家的经济增长*（1992～2020 年）

年份	美国	英国	日本	德国	阿根廷	俄国	中国
1992	24 233	18 505	20 942	19 580	9 357	7 293	1 692
1995	27 258	21 503	22 878	21 424	10 474	5 947	2 495
2000	34 139	26 950	25 793	25 466	12 210	7 067	3 913
2005	41 124	33 623	30 858	29 525	14 513	11 010	6 771
2010	49 798	42 491	37 561	36 780	20 343	15 954	12 187
2015	60 828	53 528	44 179	43 819	25 241	19 830	21 092
2020	74 301	67 431	51 963	52 206	31 318	24 647	36 503

*按国内生产总值、同等购买力、人均国内生产总值计算。

资料来源：国际货币基金组织，世界经济展望数据库，2007 年 10 月；Liang（2008）预测。

《中华人民共和国国民经济和社会发展第十一个五年规划纲要》（中华人民共和国，2006）提出了以下推动区域发展的总体战略：推进西部大开发；振兴东北地区等老工业基地；促进中部地区崛起；鼓励东部地区率先发展；支持革命老区、民族地区和边疆地区发展；健全区域协调互动机制；形成合理的区域发展格局。

一、推进西部大开发

西部地区要加快改革开放步伐，通过国家支持、自身努力和区域合作，增强自我发展能力。坚持以线串点，以点带面，依托中心城市和交通干线，实行重点开发。加强基础设施建设，建设出境、跨区铁路和西煤东运新通道，建成"五纵七横"西部路段和 8 条省际公路，建设电源基地和西电东送工程。

巩固和发展退耕还林成果，继续推进退牧还草、天然林保护等生态工程，加强植被保护，加大荒漠化和石漠化治理力度，加强重点区域水污染防治。加强青藏高原生态安全屏障保护和建设。

支持资源优势转化为产业优势，大力发展特色产业，加强清洁能源、优势矿产资源开发及加工，支持发展先进制造业、高技术产业及其他有优势的产业。

建设和完善边境口岸设施，加强与毗邻国家的经济技术合作，发展边境贸易。

落实和深化西部大开发政策，加大政策扶持和财政转移支付力度，推动建立长期稳定的西部开发资金渠道。

二、振兴东北地区等老工业基地

东北地区要加快产业结构调整和国有企业改革改组改造，在改革开放中实现振兴。发展现代农业，强化粮食基地建设，推进农业规模化、标准化、机械化和产业化经营，提高商品率和附加值。建设先进装备、精品钢材、石化、汽车、船舶和农副产品深加工基地，发展高技术产业。

加强东北东部铁路通道和跨省区公路运输通道等基础设施建设，加快市场体系建设，促进区域经济一体化。扩大与毗邻国家的经济技术合作。加强黑土地水土流失和东北西部荒漠化综合治理。支持其他地区老工业基地的振兴。优先发展东北地区，以东北地区为示范，带动中国其他老工业基地实现复苏。

三、促进中部地区崛起

中部地区要依托现存的制造业作为基础，提升产业层次，推进工业化和城镇化，在发挥承东启西和产业发展优势中崛起。

加强现代农业特别是粮食主产区建设，加大农业基础设施建设投入，增强粮食等大宗农产品生产能力，促进农产品加工转化增值。

支持山西、河南、安徽加强大型煤炭基地建设，发展坑口电站和煤电联营。加快钢铁、化工、有色、建材等优势产业的结构调整，形成精品原材料基地。

支持发展矿山机械、汽车、农业机械、机车车辆、输变电设备等装备制造业以及软件、光电子、新材料、生物工程等高技术产业。

构建综合交通运输体系，重点建设干线铁路和公路、内河港口、区域性机场。加强物流中心等基础设施建设。

发展其他领域的基础设施，完善市场体系。

四、鼓励东部地区率先发展

东部地区在以下领域应当起到带头作用：率先提高自主创新能力；率先实现经济结构优化升级和增长方式转变；率先完善社会主义市场经济体制；率先发展

和改革中带动帮助中西部地区发展。

加快形成一批自主知识产权、核心技术和知名品牌，提高产业素质和竞争力。优先发展先进制造业、高技术产业和服务业，着力发展精加工和高端产品。促进加工贸易升级，积极承接高技术产业和现代服务业转移，提高外向型经济水平，增强国际竞争力。

优先发展先进制造业、高新技术业与服务业，在发展进程中着重于最佳实践，包括系统与机制升级、生产高质量产品等。

加强耕地保护，发展现代农业。提高资源特别是土地、能源利用效率，加强生态环境保护，增强可持续发展能力。

继续发挥经济特区、上海浦东新区的作用，推进天津滨海新区开发开放，支持海峡西岸和其他台商投资相对集中地区的经济发展，带动区域经济发展。

五、支持革命老区、民族地区和边疆地区发展

对于这些经济发展处于劣势的区域，其发展计划应当包含以下措施：增加对工业的资金支持与金融投资，促进经济发展；确保环境得到保护；改善基础设施；发展教育行业，尤其是学前教育和义务教育；支持发展民族特色产业、民族特需商品；发展民族医药产业；优先解决少数民族贫困问题，扶持人口较少民族的经济社会发展；继续执行支援西藏、新疆以及新疆生产建设兵团发展的政策。

六、健全区域协调互动机制

健全市场机制，打破行政区划的局限，促进生产要素在区域间自由流动，引导产业转移。健全合作机制，鼓励和支持各地区开展多种形式的区域经济协作和技术、人才合作。

七、形成合理的区域发展格局

因地制宜，采取不同发展模式，解决当务之急。在欠发达的西部地区采取以东带西的发展模式；在东部、中部和东北部应采取更自主的支持性发展模式。

根据良性互助机制的基本原则，发达地区要承担更多责任支持欠发达地区，通过社区活动、社会捐助等方式帮扶欠发达地区，国家继续在经济政策、资金投入和产业发展等方面，加大对中西部地区的支持。按照公共服务均等化原则，加大国家对欠发达地区的支持力度。

第三节　土地利用变更

一、中国土地资源利用概况

1996 年，国家对土地利用情况进行了第一次全面普查，目前正在进行第二次全国普查。根据 1996 年国家土地利用普查数据及 2002 年编制的新的土地利用分类数据，中国农业用地总面积为 6.5904 亿公顷，城镇与农村建筑用地面积为2925 万公顷，其余土地尚未被利用。

中国的农业用地分为：耕地（1.3004 亿公顷）、园地（1002 万公顷）、林地（2.2761 亿公顷）以及牧草地（2.6606 亿公顷）。城市和农村建筑用地面积包括居民住宅用地和采矿用地（2408 万公顷）、交通运输用地（165 万公顷）以及水利设施用地（352 万公顷）。

2005 年，中国的农业用地面积减少到了 6.5704 亿公顷，抛荒地面积减少到了 2.6171 亿公顷，而建筑用地面积却增加到了 3193 万公顷。农业用地中，可耕地面积减少到了 1.2208 亿公顷；园地面积增加到了 1155 万公顷；林地面积扩大到了 2.3574 亿公顷；牧场面积减少到了 2.6214 万公顷。建筑用地中，居民住宅面积以及采矿用地面积增加到了 2602 万公顷；交通运输地面积扩大到了 231万公顷；水利设施面积增加到了 360 万公顷。

据此，1996～2005 年，用地面积的增长幅度按递减顺序可排列为：林地、居民住宅和采矿用地、园地、交通运输用地、其他农业用地、水利设施用地，用地面积的缩减幅度按递减顺序可排列为：耕地、牧草地、荒置地（表 4.5）。

表 4.5　中国土地利用变更情况（1996～2005 年）

项　目	1996 年（万公顷）	2005 年（万公顷）	变化量（万公顷）	增长率	1996 年比率（%）	2005 年比率（%）	比率变化量（%）
总面积	95 068	95 068	0	0.000	1.000	1.000	0.000
林地	22 761	23 574	813	0.036	0.239	0.248	0.855
住宅及地表开采用地	2 408	2 602	194	0.081	0.025	0.027	0.205
园地	1 002	1 155	153	0.152	0.011	0.012	0.161
交通运输用地	165	231	66	0.398	0.002	0.002	0.069
其他农业用地	2 530	2 553	23	0.009	0.027	0.027	0.024
水利设施用地	352	360	8	0.023	0.004	0.004	0.009
荒置地	26 239	26 171	−68	−0.003	0.276	0.275	−0.072
草地	26 606	26 214	−392	−0.015	0.280	0.276	−0.413
耕地	13 004	12 208	−796	−0.061	0.137	0.128	−0.837

资料来源：Li，2006。

二、土地利用特征

中国的土地利用特征可以简单概括为：农村人口众多，农田面积骤减，资源
匮乏，建筑用地供应紧张。这种土地利用状况严重影响中国粮食产量稳定增长，
妨碍国民经济持续、快速、健康发展（Lu，2001）。

（一）人均土地占有面积少、质量低，土地资源分布不均匀

中国的人均可开垦土地面积仅有 0.106 公顷，人均林地面积只有 0.186 公
顷，人均草地面积仅有 0.217 公顷，分别是世界平均水平的 44%、18% 和 35%，
更严重的是，中国土地资源的整体质量不高。1997 年，中国农田灌溉率仅为
39.8%，森林面积仅占林地总面积的 70.5%，50% 的草地质量低劣。中国的土
地资源地理分布极其不均匀。土地资源分布与水资源区域分布不匹配，使得中国
土地资源的地理分布状况更加复杂，严重削减了土地的生产效率。中国长江流域
以南地区耕地面积只占国家耕地总面积的 38%，水资源拥有量却超过了全国水
资源总量的 80%；而淮河流域以北的地区拥有全国 62% 的可耕地，却只能靠
20% 的全国水资源来维持当地耕地的用水需求。

（二）可耕地面积大幅减少

2000～2005 年，中国的耕地面积减少了 616.1 万公顷，其中，达 109.8 万公
顷的耕地被转用于土地开发，99 万公顷耕地被用于调整农业结构，33.1 万公顷
耕地被用于土地规整，28.8 万公顷耕地被用于土地改良，125.7 万公顷耕地转变
成了建筑用地，614 万公顷耕地被转为生态利用。中国农业结构的调整导致全国
可用地减少了 211.8 万公顷，同时自然灾害又摧毁了 31.6 万公顷土地。由于被
转化用于生态利用的耕地质量不高，占用耕地进行建筑开发是导致中国农田面积
不断缩减的主要原因。2000～2005 年，中国的建筑用地面积增加到了 192.7 万
公顷，其中有 125.7 万公顷来源于耕地，占新增建筑总面积的 65.2%（表 4.6）。

表 4.6　中国可耕地变化一览表（2000～2005 年）（单位：万公顷）

项目	2000 年	2001 年	2002 年	2003 年	2004 年	2005 年	2000～2005 年累计变化
年初耕地面积	12 920.5	12 824.3	12 761.6	12 593.0	12 339.2	12 244.4	−676.1
耕地面积增长量	60.4	26.6	34.1	34.4	53.0	62.3	270.8
土地整理	4.2	4.4	5.2	6.4	5.7	7.1	33.1

续表

项目	2000 年	2001 年	2002 年	2003 年	2004 年	2005 年	2000~2005 年 累计变化
土地复垦	6.6	2.4	3.5	3.3	6.0	7.1	28.8
土地开发	18.4	13.5	17.3	21.4	22.8	16.5	109.8
农业结构调整	31.3	6.3	8.0	3.3	18.5	31.6	99.0
耕地面积减少量	156.6	89.3	202.7	288.1	147.8	98.5	−983.1
建设用地	16.3	16.4	19.6	22.9	29.3	21.2	−125.7
自然灾害摧毁	6.2	3.1	5.6	5.0	6.3	5.4	−31.6
转为生态利用	76.3	59.1	142.6	223.7	73.3	39.0	−614.0
农业结构调整	57.8	10.8	34.9	36.4	38.9	32.9	−211.8
年终耕地面积	12 824.3	12 761.6	12 593.0	12 339.2	12 244.4	12 208.3	−616.1

资料来源：国土资源部，2001~2006 年。

三、土地利用开发的可能性与局限性

目前，中国潜在可开垦为农田的土地面积只有 666.67 万公顷，可用作农田耕作的荒地主要集中于西北部和东北部地区，在很大程度上制约了中国土地的开发与利用。

（一）土地利用率低，出产率低

近年来，由于建筑用地不断扩张，导致建筑用地供应加大，然而这些建筑用地的实际利用率却非常低下。城市土地的扩张趋势远远超过城市居民人口的增长率。1986~1996 年的 10 年之间，中国的城市人口增长了 59.7%，然而同期，中国城市的土地面积却扩大了 106.8%。农村土地包括农村居民居住区、荒芜村落以及很多的闲置土地。在农村，人均享有土地面积为 182 平方米，高出全国平均水平 32 平方米。

盲目开发占据了城市大面积的土地，大量农田被闲置抛荒。1997~2007 年，新建城市开发区的人口密度持续减少。

农业用地的利用水平不断下降，生产力持续降低，运河、农渠及道路所占面积与可耕地所占面积的比率分别为 1∶25、1∶10 和 1∶20，分别是国家中度精耕土地利用率的 1.5 倍、1 倍和 2 倍。然而在 1996 年，中国国内农田粮食产量为 4.89 吨/公顷（2006 年为 5.32 吨/公顷），果园产量为 5.95 吨/公顷（2006 年为 17 吨/公顷），林地产量为 1.39 米^3/公顷（2006 年更少），农田、果园、林地产量均低于发达国家的平均水平。

（二）土地退化破坏严重，生态环境恶化

目前，全国有 1/5 的可耕地遭到了工业废水、固体垃圾、工业排放物以及农药等的严重污染；1.35 亿公顷的草地已经退化、荒漠化和高度盐碱化，并且还在以每年 200 万公顷的速度持续增长。3.67 亿公顷的土地被侵蚀（大约占全国被侵蚀土地总量的 38%），并且还在以每年 100 万公顷的速度持续扩大。全国的荒漠面积现在扩大到 2.62 亿公顷，每年的扩大量高达 24.6 万公顷。由于生态系统的严重失衡，中国每年干旱和洪涝灾害频发，严重的自然灾害导致每年有 10 万公顷的可耕地遭到破坏。1996 年，采矿导致 280 万公顷土地遭到破坏，而且这些土地的再利用率仅达到 12%，远远要低于发达国家的平均再利用水平。

第四节　农业发展

从改革开放初期到 1984 年这段时期之内，中国的粮食生产出现了供不应求的局面。1977～1984 年，中国的粮食消费量以及粮食生产量都有了显著提升，粮食生产量不断提升主要是由于中国粮食的单位面积产量有了大幅提高，但是粮食价格的上涨速度非常缓慢。到了 1984 年之后，中国粮食生产不再出现供不应求的局面，粮食生产和粮食消耗量交替式提升，使中国食品经济形成了一个动态平衡的格局，其特征就是通过多方面扩大或缩小播种面积，从而引起价格波动，以这样的方式来调节粮食生产，最终致使价格波动成为粮食需求的决定因素。基本的调节周期为：需求量增加导致价格上涨，价格上涨导致供应量增加，供应量增加导致价格下降，结果导致消费量和供应量同时都得到提升，完成价格波动的循环。

动态平衡经济格局与供不应求经济格局的主要区别在于，后者的农产品价格会随着农产品供应和需求的增加而有所上升，然而在动态平衡经济格局中，农产品价格会随着供应与需求的交替变化而有所波动。自从 1984 年以来，中国主要的粮食价格周期为 1984～1991 年、1991～2002 年，以及 2002～2007 年的局部循环，在这三个不同的时间周期内，中国粮食价格最低的年份出现在 1984 年、1991 年以及 2002 年，粮食价格最高的年份出现在 1989 年、1995 年以及 2007 年（Liang，2006）。

在 2004 年至 2007 年的四年间，中国的粮食种植面积不断扩大，粮食持续增产。到 2007 年，中国的粮食价格提高了 6.3%，粮食产量达到了 5.015 亿吨，几近占全国粮食总消费量（5.275 亿吨）的 95％。根据以上中国粮食周期变化规律及时下的价格情况分析，到 2008 年，中国的粮食价格还会继续上涨。由于中国政府鼓励并奖励粮食生产，因此中国单位面积的粮食产量、粮食播种面积以及粮食总产量在未来两到三年内有望更进一步增长，直到出现粮食盈余，价格下降为止（表4.7）。

表 4.7 1977～2007 年中国粮食动态平衡表

年份	粮食作物播种面积（万公顷）	粮食价格指数（1977 年＝100）	粮食产量（千克/亩）	粮食总产量（百万吨）	粮食消耗趋势（百万吨）
1977	12 040	100	156.6	282.7	293.8
1984	11 288	199	240.5	407.3	377.8
1989	11 220	350	242.1	407.6	426.8
1991	11 231	306	258.4	435.3	443.9
1995	11 006	712	282.6	466.6	473.6
1998	11 379	467	300.1	512.3	492.0
1999	11 316	413	299.5	508.4	497.4
2000	10 846	356	284.1	462.2	502.5
2001	10 608	353	284.5	452.6	507.1
2002	10 389	348	293.3	457.1	511.5
2003	9 941	356	288.8	430.7	515.4
2004	10161	450	308.0	469.5	519.0
2005	10 428	456	309.4	484.0	522.2
2006	10 549	468	314.4	197.5	525.0
2007	10 689	498	316.0	501.5	527.5

资料来源：《中国统计年鉴》（1996～2008）；《中国农业年鉴》（1996～2008）。

第五节 能源领域的发展

一、中国能源开发现状

从中国能源现状白皮书及中国能源政策（国务院新闻办公室，2007）中可以解读出中国能源的以下特征：

（1）总体来看，中国能源资源丰富。中国化石能源以煤炭为主，资源十分丰富。2006 年，中国拥有煤炭资源 10 345 亿吨，可开采的煤炭储量为世界煤炭总量的 13％，位居世界第三。探明的石油、天然气的储量相对不是很充足，但是页岩油、煤层甲烷以及其他非传统的化石能源储量有很大的开采前景。相比化石能源资源，中国拥有更多的可再生能源资源，理论上，中国潜在的水力发电量有61 900 亿千瓦时，占据世界水力发电总量的 12％，位居世界第一。

（2）能源资源的人均占有量低。中国人口数量庞大，人均资源拥有量相对于世界其他地区来说处于较低水平。中国人均煤炭资源和水资源的拥有量为世界平均水平的 50%；石油资源和天然气资源的拥有量仅为世界平均水平的 6%～7%；可耕地资源的人均拥有量低于世界平均水平的 30%，这在很大程度上制约了中国生物能源的发展。

（3）能源资源分布不均。中国的能源资源分布范围极其广泛，但是非常不均匀，煤炭资源主要集中分布在北方和西北地区；水资源主要集中分布在西南地区；石油和天然气资源主要集中分布在东部、中部、西部地区以及海洋区域。由于资源差异和能源消耗的地域差异，中国的能源消耗相应主要集中在东南部沿海经济发达的地区。中国能源一个主要特征是大规模、大面积的能源流动，形成了北煤南运、北油南运、西气东输、西电东送等主要能源配置模式。

（4）能源资源开发更具挑战性。从世界范围看，中国煤矿资源的地质开采条件比较落后，绝大多数地方的煤矿开采是以挖矿井的方式进行，露天矿井非常少。石油和天然气资源的地质条件复杂，资源埋藏深，探测、开采和利用技术设备要求高。未开发的水电资源主要集中在远离中心城市的西南山区，开发非常困难，且耗费成本高。非传统能源的开采水平低，经济效益差，缺乏竞争力。

改革开放以来，中国能源领域发展迅速，呈现如下几个主要特征。

（1）供给能力显著提高。煤炭资源是中国的基本能源，2006 年，标准煤总产量达到 22.1 亿吨，位居世界第二，其中，原煤产量高达 23.7 亿吨，居世界首位。同年，原油产量达到 1.85 亿吨，位居世界第五；天然气产量剧增，从 1980 年的 143 亿立方米上升到 2006 年的 586 亿立方米；发电装机容量和发电量分别达到 6.22 亿千瓦和 2.87 万亿千瓦，世界排名第二。与此同时，能源综合运输系统发展迅速，运输能力显著增加，建造了西煤东运铁路和港口、北油南运的石油运送管道网络、西气东输的天然气运输管道、西电东送及国家电网等基础设施。

（2）节能成果显著。1980～2006 年，中国每年的能源消耗量增幅达 5.6%，以此带动中国经济以每年 9.8% 的增长率发展。2005 年，在固定价格之下，每 1 万 GDP 的标准煤消耗量从 1989 年的 3.39 吨下降到了 2006 年的 1.21 吨，年均节能 3.9%。

（3）能源消耗结构得到优化。煤炭在基本能源消耗中所占的比例从 1980 年的 72.2% 下降到了 2006 年的 69.4%，同期，其他能源在基本能源消费中所占的比例从最初的 27.8% 上升到 30.6%，可再生能源和核能在基本消耗中所占比例从 4.0％增加到了 7.2％。

二、能源发展的战略目标

中国能源战略的基本原则是：坚持节约优先、立足国内、煤为基础、多元发展；强调能源科学与技术发展；重视环境保护；强化国际交流合作；构筑稳定、经济、清洁、安全的能源供应体系，实现可持续新能源开发，服务经济社会稳定发展。

2010 年，《中华人民共和国国民经济和社会发展第十一个五年规划纲要》就明确提出：每单位国内生产总值的能耗要在 2005 年的基础上降低 20％，节能以及能源有效利用是未来中国能源消费要面临的最主要的问题。

鉴于农村地区的能源供应直接影响到中国的生态扶贫，相关规划如下。

（1）继续执行农村绿色能源计划，推进农村地区沼气开发项目；

（2）建立 50 个绿色能源示范县；

（3）通过电网延伸、风电、小水电、太阳能光伏发电等技术解决 350 万无电人口的用电问题；

（4）到 2010 年，使用沼气池的家庭从 2006 年的 2200 万户增加到 4000 万户，这将会大约占潜在开发户数的 30％，甲烷的产量将达到 155 亿立方米，到 2015 年，将有 6000 万住户用上沼气池，甲烷的产量届时将会达到 233 亿立方米（农业部，2007）。

第六节　科技与教育发展

最近几十年以来，中国的科学技术和教育行业发展迅速。2006 年，中国政府投入科学研究领域的经费支出是 1990 年的 12 倍，科研支出占政府总支出的 4.24％，这一比率从 2000 年的 3.6％增加到了 2006 年的 4.2％（表 4.8）。

表 4.8　中国政府用于科研的经费支出表（1990～2006 年）

年份	政府总支出（亿元）	政府用于科研的经费支出（亿元）	科研支出所占总支出比例（％）
1990	3 083.6	139.1	4.5
1991	3 386.6	160.7	4.7
1992	3 742.2	189.3	5.1
1993	4 642.3	225.6	4.9
1994	5 792.6	268.3	4.6
1995	6 823.7	302.4	4.4

续表

年份	政府总支出（亿元）	政府用于科研的经费支出（亿元）	科研支出所占总支出比例（%）
1996	7 937.6	348.6	4.4
1997	9 233.6	408.9	4.4
1998	10 798.2	438.6	4.1
1999	13 187.7	543.9	4.1
2000	15 886.5	575.6	3.6
2001	18 902.6	703.3	3.7
2002	22 053.2	816.2	3.7
2003	24 650.0	975.5	4.0
2004	28 486.9	1095.3	3.8
2005	33 930.3	1334.9	3.9
2006	40 422.7	1688.5	4.2

资料来源：《中国统计年鉴》（1996～2007）。

到 2006 年，中国已经拥有世界上最大规模的教育体系，初中在校生注册总数量为 5937 万人，比 1978 年多了 942 万；起步于 20 世纪 80 年代的职业中等教育，2006 年注册学生人数达到了 676 万；高中在校 2515 万人，比 1978 年多了 962 万；普通高校注册学生人数为 1739 万，比 1978 年高出 20 倍（表 4.9）。

表 4.9　学生注册情况一览表（1978～2006 年）

年份	初中（A）（万人）	职业中学（B）（万人）	高中（C）（万人）	普通高等学校（D）（万人）	(B+C)/A	D/C
1978	4995	0	1553	86	0.311	0.055
1980	4538	45	970	114	0.224	0.118
1985	3965	230	741	170	0.245	0.230
1990	3869	296	717	206	0.262	0.288
1995	4658	448	713	291	0.249	0.407
1996	4970	473	769	302	0.250	0.393
1997	5168	512	850	317	0.264	0.373
1998	5363	542	938	341	0.276	0.363
1999	5722	534	1050	413	0.277	0.394
2000	6168	503	1201	556	0.276	0.463
2001	6341	466	1405	719	0.291	0.512
2002	6604	512	1684	903	0.332	0.536
2003	6618	528	1965	1109	0.377	0.564
2004	6475	569	2220	1334	0.431	0.601
2005	6172	626	2409	1562	0.492	0.648
2006	5937	676	2515	1739	0.537	0.692

资料来源：《中国统计年鉴》（1996～2007）。

中国学龄儿童的净入学率从 1990 年的 97.8% 增长到了 2006 年的 99.3%；从

小学升初中的学生入学率从 1990 年的 74.6% 达到 2006 年的 100%；从初中升入高中的学生入学率从 1990 年的 40.6% 达到 2006 年的 75.7%；高中毕业生升入大学的学生比率从 1990 年的 27.3% 上升到了 2006 年的 75.1%。

一、科技与教育政策

根据《中华人民共和国国民经济和社会发展第十一个五年规划纲要》（中国农业年鉴，2006）要求，中国科技与教育政策的主要内容包括如下几点。

（1）以自主创新、重点跨越、支撑发展、引领未来为指导原则实施国家中长期科学和技术发展规划；

（2）加快建设国家创新体系，不断增强企业创新能力；

（3）加强教育与经济、科技的紧密结合；

（4）全面提高科技综合实力和产业技术水平。

二、大力推进自主创新

加强基础研究、前沿技术研究和社会公益性技术研究，着眼长远，发展信息、生命、太空、海洋、纳米及新材料等领域技术，集中力量，加大投入，力争取得重大突破。

以服务国家重大战略需求为目标，启动一批重大科技专项，加强能源、资源、环境、农业、信息、健康等领域的关键创新技术攻关，实现核心技术集成创新与跨越。

实施重大产业技术开发专项，促进引进技术消化吸收再创新。建设科技支撑体系，全面提升科技创新能力，巩固技术创新在企业中的支配地位。

加快建立以企业为主体、市场为导向、产学研相结合的技术创新体系，构建自主创新的基本体制架构。

推广并巩固义务教育至关重要。重点加强农村义务教育，努力降低义务教育阶段农村学生特别是女性学生、少数民族学生和贫困家庭学生的辍学率，使全国初中三年保留率达到 95%。推进城乡、地区间义务教育均衡发展。

教育发展重点项目

2004～2007 年，加强西部地区农村寄宿制学校建设；国家提供资金 100 亿元，重点支持尚未实现"两基"的西部农村地区，新建和改扩建 7700 所农村寄宿制学校。

2003~2007 年，中央和地方政府共同发放资金 100 亿元，发展农村中小学现代远程教育。

所有地方政府组织应该确保农民工子弟能够享有同等的义务教育权利，发展职业教育需求，将招生规模扩大到 800 万人。提高高等教育发展教学质量，优化教学结构等，加强研究与实践，培养学生的创新精神和实践能力。各级政府应当加大对职业教育，尤其是农村地区职业教育的投资力度。

教育的财政拨款应当明显高于经常性收入的增长率，目标是在 2012 年能够达到 GDP 的 4%。保证普及义务教育，通过中央和省政府为贫困地区学校提供额外的资金保障。

教育公平公正是教育体制走向成熟的标志。要按照公平公正的原则向农村地区、中部和西部地区、贫困地区、少数民族地区的学校，以及其他一些教育基础薄弱的学校，进行教育资源投入。

参考文献

Editor Group. 1996-2008. China Agricultural Yearbook (1996-2008). Beijing：China Agriculture Press.

Li Y. 2006. Land Resources of China. Beijing：China Land Press.

Liang S M. 2006. The evolution of agricultural planting structure in China and its engine analysis. *In*: Qin F, Wang D Y. Annual Report on Economic and Technological Development in Agriculture 2005. Beijing：China Agriculture Press.

Liang S M. 2008. China's Urban Development and Food Equilibrium Strategy. Beijing：China Agriculture Press.

Lu X S. 2001. China National Land Use Master Plan. Beijing：China Land Press.

Ministry of Agriculture. 2006. 11th five-year national agricultural and rural economy development plan. http://www. ahnw. gov. cn/2006zcfg/html/200608/%7B7C73B9CE-1518-4B6E-A227-E436CEC2CAA8%7D. shtml.

Ministry of Agriculture. 2007. Agricultural biomass industry development plan 2007-2015. http://www. csh. gov. cn/article. asp? id=67479&ArPage=1.

Ministry of Communications. 2005. National rural highway construction plan. http://www. chinahighway. com/news/2005/117601. php.

Ministry of Communications. 2006. 11th five-year national highway and waterway transportation development plan. http://www. China. com. cn/policy/txt/2007-05/09/content _

9252659. htm.

Ministry of Land and Resources. 2001-2006. China Land and Resources Yearbook（2001-2006）. Beijing：Geological Publishing House.

Ministry of Railways. 2006. 11th five-year national railway network plan. http://www. China-mor. gov. cn/tllwjs/tlwgh＿2. html.

Ministry of Railways. 2008. Adjustment on medium and long-term national railway network plan. http://www. itdzs. com/Res/PayPDF/PDF/200958950217717. pdf.

National Bureau of statistics of China. 1996-2008. China Statistical Yearbook 1996-2008. Beijing：China Statistics Press.

State Council Information Office. 2000. China's population and development in the 21st Century. http://www. chinanews. com. cn/2000-12-19/26/62210. html.

State Council Information Office. 2001. China's rural poverty alleviation and development. http://www. people. com. cn/GB/shizheng/16/20011015/581724. html.

State Council Information Office. 2007. China's energy situation and policy. http://politics. people. com. cn/GB/1026/6701442. html.

State Development and Reform Commission. 2007. 11th five-year national comprehensive transportation system development plan. http://www. sdpc. gov. cn/nyjt/nyzywx/W02009060 5645385452091. pdf.

State Development and Reform Commission, Ministry of Water Resources, Ministry of Construction. 2007. 11th five-year national water conservancy plan. http://www. China. com. cn/policy/txt/ 2007-06/08/content＿9252703. htm.

State Environmental Protection Administration. 2006. 11th five-year national ecological preservation plan. http://www. China. com. cn/policy/txt/2006-11/08/content＿9252600＿ 4. htm.

State of People's Republic of China. 2006. People's Republic of China national economic and social development program outline for the 11th five-year plan. http://www. acsi. gov. cn/ WebSite/ACSI/UpFile/File46. pdf.

Tang J. 2006. Research on China's Farmland Preservation System and Policy. Beijing：China Social Science Press.

Transport Planning and Research Institute. 2004. National express highway network plan. http://www. China. com. cn/policy/txt/2006-11/20/content＿7381133. htm.

本章作者：

Liang Shumin，中国农业科学院农业资源和区域规划研究所，email：liangsm@caas. net. cn。

Zhu Lizhi，中国农业科学院农业资源和区域规划研究所，email：zhulz@caas. net. cn。

第五章　中国生态扶贫决策

第一节　政府基本政策

根据《千年生态系统评估报告》和《中国西部综合生态系统评估报告2005)》，政府政策是中国土地利用、生态系统服务和扶贫格局变化的主要驱动力量。目前中国建立了一套完整的立法、规划、战略与纲领体系，应对环境和发展问题，这些在政府白皮书中均有概述。[①]

一、土地利用政策

中国的土地利用政策要求严格保护农田不被用作其他用途，保护并改善生态环境，确保土地可持续利用。目前，中国的国土空间被划分为四类主体功能区，分别是优化开发区域、重点开发区域、限制开发区域和禁止开发区域。为了保护生物多样性和生态功能，控制水土流失和土地荒漠化，中国一共设立了22个限制开发主体功能区。禁止开发区域是指依法设立的各类自然保护区域。政府制定了财政和投资政策确保限制开发区域和禁止开发区域的公共服务及生态服务建设。

中国土地利用的基本原则如下。

（1）立足于中国人口基数大、土地资源有限的基本国情，继续执行"十分珍惜、合理利用土地和切实保护耕地"的基本国策；

（2）合理利用土地，严格保护基本农田，控制非农业建设占用农用地；

（3）提高土地利用率，探索潜在可用土地资源；

（4）统筹安排各类、各区域用地；

（5）保护和改善生态环境，保障土地的可持续利用；

（6）占用耕地与开发复垦耕地相平衡。

中国现行的耕地保护政策包括以下几方面。

---

① http：//China. org. cn/english/MATERIAL/170393. htm。

（1）土地用途管制制度：分类确定土地用途，确立土地利用总体规划，农用地转用审批；

（2）基本的农田保护制度：划定基本农田保护区，严禁占用基本农田；

（3）耕地占补平衡制度：省级评定，建立补充耕地储备制度，将荒地转化为耕地；

（4）土地开发与复垦政策；

（5）农用地管理政策：调整播种结构，保护耕地，以利于生态恢复；

（6）鼓励农民种粮政策：取消农业税，提高粮食生产补贴（Tang, 2006）。

执行国家第十一个五年规划，推动主体功能区建设将会对中国生态扶贫产生重大的间接影响。如上所述，中国的国土空间被划分为四个主体功能区：优化开发区、重点开发区、限制开发区和禁止开发区，该决策充分考虑到了国家的自然资源和环境承载能力、现有开发密度和发展潜力、人口分布和经济发展格局等因素，按照主体功能定位调整完善区域政策和绩效评价，规范空间开发秩序，形成合理的空间开发结构。

（一）优化开发区域的发展方向

优化开发区域是指国土开发密度已经较高、资源环境承载能力过度扩张并开始减弱的区域。要改变依靠大量占用土地、大量消耗资源和大量排放污染实现经济较快增长的模式，把提高增长质量和效益放在首位，提升参与全球分工与竞争的层次，继续成为带动全国经济社会发展的龙头和中国参与经济全球化的主体区域。

（二）重点开发区域的发展方向

重点开发区域是指资源环境承载能力较强、经济和人口集聚条件较好的区域。要充实基础设施，改善投资创业环境，促进产业集群发展，壮大经济规模，加快工业化和城镇化，承接优化开发区域的产业转移，承接限制开发区域和禁止开发区域的人口转移，逐步成为支撑全国经济发展和人口集聚的重要载体。

（三）限制开发区域的发展方向

限制开发区域是指资源环境承载能力较弱、大规模集聚经济和人口条件不够好，并关系到全国或较大区域范围生态安全的区域。要坚持保护优先、适度开发、点状发展，因地制宜发展资源环境可承载的特色产业，加强生态修复和环境保护，引导超载人口逐步有序转移，逐步成为全国或区域性的重要生态功能区。

（四）禁止开发区域的发展方向

禁止开发区域是指依法设立的各类自然保护区域。要依据法律法规规定和相关规划实行强制性保护，控制人为因素对自然生态的干扰，严禁不符合主体功能定位的开发活动。

中国的城市化政策对中国生态扶贫也有重大影响。为了形成一个合理的城镇化空间格局，应该创建城市群来提升城镇化水平。这些城市群能够逐渐形成一个高效、合作、可持续的空间格局，以沿海地区，北京—广州、北京—哈尔滨沿线为纵轴，以长江及陇海铁路为横轴，以主要城市群为依托，以其他城市及小城镇为点，连接永久性可耕地及生态功能区。那些人口分散、资源贫乏、不具备发展城市群的地区，要把现有的的城市、县、镇等作为区域性经济发展、公共服务及人口集聚的中心。

二、中国农业政策

中国农业政策的核心是建造一个社会主义的新农村（农村社区），以城市农村经济合作，社会协调发展为基础，推进城镇化及农村发展进程，从而提高农村居民的教育、医疗、卫生和经济福利，改善农村居民生活水平。

与中国生态扶贫相关的农业政策包括以下几方面。

（1）坚持粮食基本自给，稳定发展粮食生产，要确保国家粮食安全，粮食综合生产能力需要达到 5 亿吨左右。依法保护农田，确保基本农田总量不减少、质量不下降。加强以小型水利设施为重点的农田基本建设，改造大型灌区，加快中低产田改造，提高耕地质量和农业防灾减灾能力。

（2）提高农业科技创新和转化能力。改革传统耕作方式，推行农业标准化，发展节约型农业。科学使用化肥、农药和农膜，推广土壤检测、配方施肥、平衡施肥、缓释氮肥、生物病虫害防治等适用技术。推广先进适用农机具，提高农业机械化水平，在干旱地区发展节水农业。推动农业服务组织和机制创新，鼓励引导农民发展各类专业合作经济组织，提高农业组织的等级，加速农产品批发市场的建设与转型，提高农产品分级和包装质量。

（3）优化农业结构。在保证粮、棉、油稳定增产的同时，提高养殖业比重。加快发展畜牧业和奶业，因地制宜发展经济林业和花卉产业。发展水产养殖和水产品加工。优化农业产品结构，发展高产、优质、高效、生态、安全农产品。重点发展优质专用粮食品种及高效经济作物。优化农业区域布局，提高华北平原、长江中下游平原和东北平原的粮食综合生产能力。适应气候条件，建设经济作物产业带。发展农区、农牧交错区畜牧业、南方草山草坡和西南岩溶及草山地区发展畜牧业。

（4）增加农民收入。积极发展附加值高的优势农产品。延长农业产业链条，让农民在农业开发中获得更多收益。发展农产品加工、保鲜、储运和其他服务。支持发展农业产业化经营，培育带动力强的龙头企业，提高农民收益，健全企业与农户利益共享、风险共担的机制。扩大养殖、园艺等劳动密集型产品和绿色食品生产。鼓励优势农产品出口。发展休闲观光农业。推动乡镇企业机制创新和结构调整。扶持县域经济发展，注重发展就业容量大的劳动密集型产业和服务业，壮大县域经济。健全就业信息服务体系，引导富余劳动力向非农产业和城镇有序转移，保障进城务工人员合法权益，增加农民务工收入。继续实行对农民的直接补贴政策，加大补贴力度，完善补贴方式。稳定农产品价格，建立农业支持、保护制度。禁止向农民乱收费、乱摊派。

（5）改善农村面貌。着力加强农民最急需的生产生活设施建设。加快实施农村饮水安全工程。加强农村公路建设，基本实现全国所有乡镇通油（水泥）路。积极发展农村沼气、秸秆发电、小水电、太阳能、风能等替代性可再生能源，完善农村电网。广泛建立电信服务基金，加强农村信息通信网络建设，发展农村邮电服务，基本实现村村通电话、乡乡能上网。加强以乡镇卫生院为重点的农村卫生基础设施建设，健全农村三级卫生服务和医疗救助体系。有条件的地方要建立农村最低生活保障制度。建立新型农村合作医疗制度。

（6）培养新型农民。着力普及和巩固农村九年制义务教育。对农村义务教育阶段学生免收学杂费，政府向贫困家庭学生免费提供课本和补助寄宿生生活费。支持新型农民科技培训，提高农民务农技能和科技素质。加强农村文化设施建设，扩大广播电视和电影覆盖面。

（7）增加农业和农村投入。调整国民收入分配格局，增加国家对农业和农村的投入。中央和地方各级政府基础设施建设投资的重点要放在农业和农村。鼓励、支持金融机构增加对农业和农村的投入。

第二节　土地管理

一、基本情况

中国国土面积约为 960 万平方千米，其中耕地、林地、草地、建筑用地、水域以及未开发的土地面积分别占国土总面积的 13.8%、20.7%、27.55%、2.95%、3.8% 和 31.3%。中国是一个多山国家，山地丘陵面积占国土总面积的 2/3。同时，中国人口基数大、人均耕地面积少。中国人均土地面积只有 0.9 公顷，人均耕地面积仅有 0.11 公顷，仅为世界平均水平的 1/3。近年来，耕地面积以每年成百上千公顷的速度消失，农业用地的需求与城市化用地的需求矛盾日益明显。草地过度开垦、过度放牧、乡镇企业占用土地、土壤污染和侵蚀严重、城市化速度加快导致中国的国土资源破坏严重，品质恶化。

　　众所周知，中国的人均可用土地资源非常少，土地数量与质量持续下降。由于人口数量不断增长，工业化和城镇化进程不断加速，人们对土地的需求量也大幅度增加。土地资源的短缺成为制约中国经济社会可持续发展的主要因素。中国政府已经意识到，建立一套高效有力的土地管理和法律体系对中国目前以及未来的土地资源发展至关重要。

　　现在的国土资源部是在前地质矿产部、原国家土地管理局、原国家海洋局、原国家测绘局的基础上组建起来的国务院下属行政机关，是中国土地资源利用综合管理的领导部门，负责土地、矿产和海洋资源的规划、管理和保护工作。

二、综合管理土地资源

　　中国土地资源主要是由各省、自治区、直辖市政府进行管理。实行土地综合管理政策，其内容主要包括以下几方面（图 5.1）。

　　对土地资源进行调查、监管及规划，在全国范围内加强农业、工业以及城市住房用地的开发和利用管理。对土地资源、土地使用、土地利用与开发所产生的影响进行宏观评估，加强邻近区域土地开发的宏观管理。分类管理耕地，控制耕地向非农业用地转化，鼓励在大规模建设项目之间跨区域土地配给上开展综合管理与合作，制定各级土地使用整体规划。加强对山区土地资源的调查与适应性评估，制定可持续土地利用政策，建设适合山区发展的可持续发展示范工程，防止自然灾害的侵袭，加强山地土地资源的综合管理。

　　中央土地管理部门以及立法机构负责审核并完善土地立法及规范的相关要求，起草法律法规，规范土地市场，实行土地有偿使用。地方政府要根据当地市场经济实际情况，依照国家相关法律，采取符合市场经济规律的条例措施，推动管理机构对土地市场进行有效管理。地方政府应当完善土地市场规范、土地使用权转移规范、土地登记与资产管理规范，组织开展基准地价普查，建立一套因地域而异的基本土地价格体系。

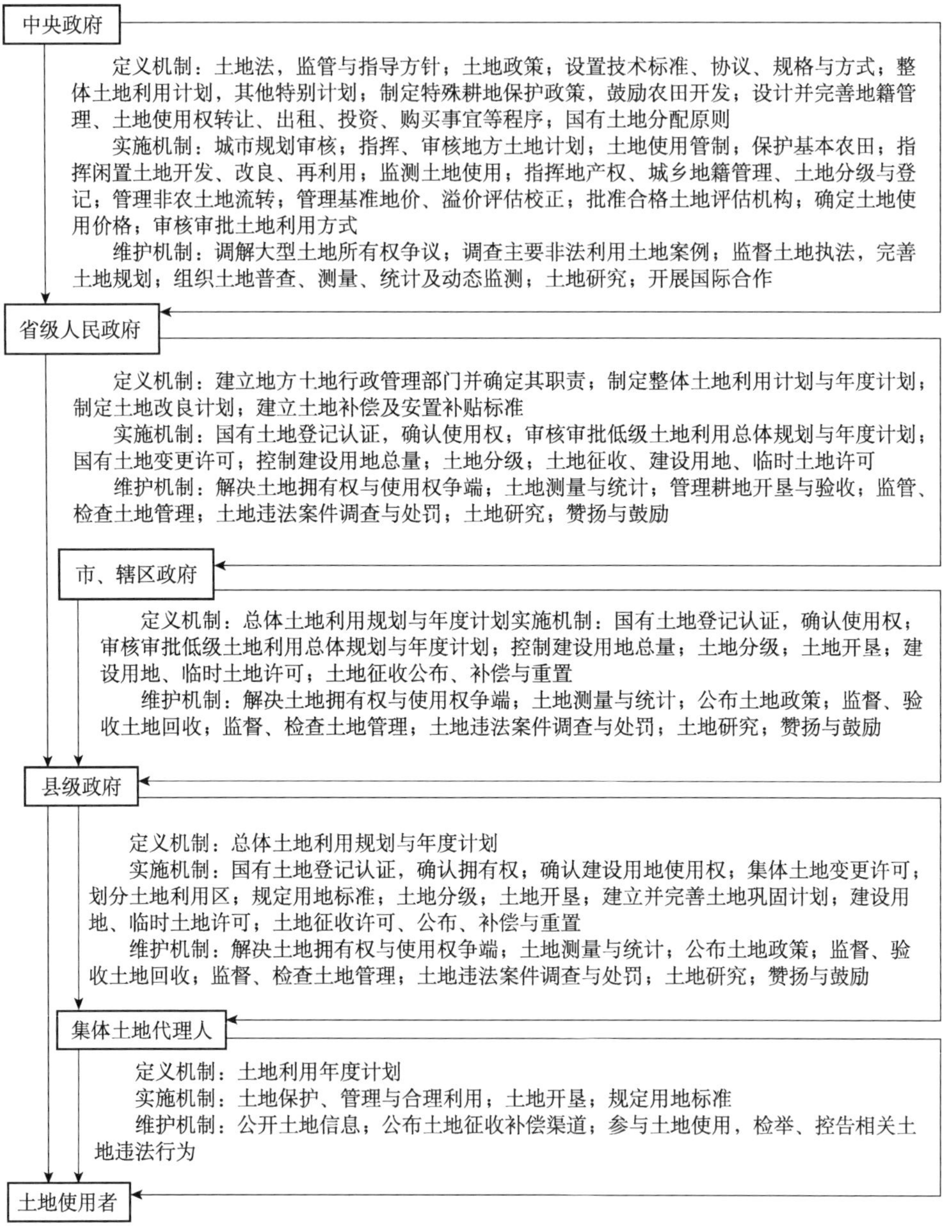

```
┌─中央政府──────────────────────────────────────────┐
│     定义机制：土地法，监管与指导方针；土地政策；设置技术标准、协议、规格与方式；整│
│ 体土地利用计划，其他特别计划；制定特殊耕地保护政策，鼓励农田开发；设计并完善地籍管│
│ 理、土地使用权转让、出租、投资、购买事宜等程序；国有土地分配原则│
│     实施机制：城市规划审核；指挥、审核地方土地计划；土地使用管制；保护基本农田；指│
│ 挥闲置土地开发、改良、再利用；监测土地使用；指挥地产权、城乡地籍管理、土地分级与登│
│ 记；管理非农土地流转；管理基准地价、溢价评估校正；批准合格土地评估机构；确定土地使│
│ 用价格；审核审批土地利用方式│
│     维护机制：调解大型土地所有权争议；调查主要非法利用土地案例；监督土地执法，完善│
│ 土地规划；组织土地普查、测量、统计及动态监测；土地研究；开展国际合作│
└──────────────────────────────────────────────────┘
┌─省级人民政府──────────────────────────────────────┐
│     定义机制：建立地方土地行政管理部门并确定其职责；制定整体土地利用计划与年度计划；│
│ 制定土地改良计划；建立土地补偿及安置补贴标准│
│     实施机制：国有土地登记认证，确认使用权；审核审批低级土地利用总体规划与年度计划；│
│ 国有土地变更许可；控制建设用地总量；土地分级；土地征收、建设用地、临时土地许可│
│     维护机制：解决土地拥有权与使用权争端；土地测量与统计；管理耕地开垦与验收；监管、│
│ 检查土地管理；土地违法案件调查与处罚；土地研究；赞扬与鼓励│
└──────────────────────────────────────────────────┘
┌─市、辖区政府──────────────────────────────────────┐
│     定义机制：总体土地利用规划与年度计划实施机制：国有土地登记认证，确认使用权；│
│ 审核审批低级土地利用总体规划与年度计划；控制建设用地总量；土地分级；土地开垦；建│
│ 设用地、临时土地许可；土地征收公布、补偿与重置│
│     维护机制：解决土地拥有权与使用权争端；土地测量与统计；公布土地政策；监督、验│
│ 收土地回收；监督、检查土地管理；土地违法案件调查与处罚；土地研究；赞扬与鼓励│
└──────────────────────────────────────────────────┘
┌─县级政府──────────────────────────────────────────┐
│     定义机制：总体土地利用规划与年度计划│
│     实施机制：国有土地登记认证，确认拥有权；确认建设用地使用权；集体土地变更许可；│
│ 划分土地利用区；规定用地标准；土地分级；土地开垦；建立并完善土地巩固计划；建设用│
│ 地、临时土地许可；土地征收许可、公布、补偿与重置│
│     维护机制：解决土地拥有权与使用权争端；土地测量与统计；公布土地政策；监督、验│
│ 收土地回收；监督、检查土地管理；土地违法案件调查与处罚；土地研究；赞扬与鼓励│
└──────────────────────────────────────────────────┘
┌─集体土地代理人──────────────────────────────────────┐
│     定义机制：土地利用年度计划│
│     实施机制：土地保护、管理与合理利用；土地开垦；规定用地标准│
│     维护机制：公开土地信息；公布土地征收补偿渠道；参与土地使用，检举、控告相关土│
│ 地违法行为│
└──────────────────────────────────────────────────┘
┌─土地使用者─┐
└────────────┘
```

图 5.1　中国土地资源管理体制

地方政府还应当设立相关机构对各区、市（州）、县的土地投资效益进行综合评估，以规范土地市场，逐步统一全国城镇农村土地市场运行机制。各个市州的土地管理机构要完善土地利用的整体规划，设计土地利用计划项目，包括城市住房、公共土地使用、工业和非农土地使用储备用地等。

三、土地信息管理

中国对土地资源信息进行多次调查，收集了大量数据。然而在其调查的过程中，由于调查理论、方法和数据管理都落后于世界先进水平，因此对制定政策决策的用途不大，土地动态监管缺乏效力。需要提高政府机构的土地管理能力，建立现代化信息管理模式，为政府土地资源决策提供可靠、实用的依据。

（一）湿地管理

湿地是一种特殊的土地资源，在生态系统中具有独特的价值。中国有2500 万公顷湿地，其中沼泽、河口湿地分别占 1100 万公顷和 210 万公顷。中国的湿地保护长期被忽视，很多湿地被转化成耕地或改造成鱼虾等水产养殖场，有的甚至因过度挖掘而导致其最终干涸。在许多地区，野生动物被大量捕杀，生态环境明显恶化。近年来，由于建立了一些特定湿地保护区以及其他自然湿地保护区，湿地资源环境有所改进。虽然中国于 1992 年加入了《关于特别是作为水禽栖息地的国际重要湿地公约》（简称《湿地公约》），但湿地破坏现象仍然普遍存在，究其原因，主要是由于没能及时倡导湿地保护，没有认识到湿地保护的重要性，缺乏统一的规划和管理体系。

目前以及未来对湿地资源的利用与管理措施包括下面几方面。

（1）对现有湿地管理的重点放在阻止居民在湿地随意耕作，如要在湿地耕作，需要走法律程序，取得法律的认可方可耕种；

（2）在重要地区依法成立相关组织，起草法律法规，利用合法手段保护湿地；

（3）有关湿地保护的国家战略和行动计划开始执行之后，这些湿地的利用与保护政策将成为国家整体规划以及国土资源利用与保护不可或缺的重要成分。如若某一防洪堤坝影响了正常的排涝，或者破坏了一个湖泊或者一条河道的自然风景和生态景观，再比如如果一片再生的湿地是某种珍贵水鸟的繁殖地，那么就必须将这个堤坝迁移出这片区域，从而恢复该区域的原有样貌；

（4）中国将积极参与湿地资源科学调查，确定湿地的数量，掌握湿地分布状况，了解湿地质量，探讨各种类型湿地的潜在利用价值，研究出一套管理湿地资源的最佳方案。

（二）农田管理

自从 1988 年中国政府颁布实施《土地复垦条例》以来，中国在回收利用荒废土地领域成果丰硕。数据显示，163 300 公顷的废弃土地已经得到重新利用和开发，其中 75％的土地被用作农业用途。1995 年，国家煤炭工业部门按计划实施了 10 个重点示范项目，例如，在山西、陕西毗邻地区以及内蒙古中部地区每年复垦土地 4500 公顷（占据同年因采煤挖井而塌陷土地的 22.5％），1770 公顷矿渣山恢复露天钻井采矿（占据同年开采矿渣山区土地的 33％），从 20 世纪 90 年代开始，安徽省淮北市就着手设法对因钻井而塌陷的土地进行恢复利用，累计恢复 4700 公顷的塌陷土地，恢复率超过 50％。

1989 年，中国就已经开始建立基本农田保护区，到 1996 年年底，2100 个县成功完成基本农田保护区的建设工作，65％的农田得到了有效保护。从某种程度上来说，滥用农田问题基本得以解决。

1996 年，国家土地管理局首次雇佣了大量的检查员，对国有土地进行监察管理，并建立一套社会监督体系，强化监察管理土地法。

政府动员农民在 10 000 个土壤侵蚀严重的流域综合经营山地、河流、农田、森林和道路。1991～1995 年，每年都有 30 000 平方千米土壤流失土地和 10 000 平方千米风蚀土地得以控制。为了奖励农民们为此作出的努力，政府通过家庭承包、企业共享、租赁、拍卖土地利用权以及其他管理办法来对他们实施奖励。通过这样的方式，既保护了农民的合法权利，也激励农民积极治理荒山秃岭，同时也给他们带来了可观的经济效益。

对土地利用实施年度计划、五年计划和整体规划，其主要内容就是要建立一个宏观调控系统。政府已经设立了一套基本土地分区系统用以保护农田，正在建立一套土地利用管理系统。与此同时，中国政府还制定了一套土地利用和管理控制系统，帮助农村地区以及其他建设区域进行位置规划。除此之外，中国政府还实施了建筑用地管理方案，将重心放在土地规模和项目分配之上，如此一来，不适合用作农用地的土地就可以被高效利用于建设用途。实施土地利用审批制度，将重心放在农村集体土地所有权、土地回收、土地开发之上，鉴定土地所有权、产权登记、确保实名认证。

已经建立 25 个主要土地侵蚀控制区，在全国七大河流流域实施土壤与水资源保护计划，累积控制土壤侵蚀面积达到 6700 万公顷，综合管制黄土高原 1500 万公顷侵蚀土壤，30% 的被侵蚀土壤在一定程度上得以控制，每年流向黄河的淤泥减少了 3 亿吨。

在有些地区，很多宝贵农田都被用于非农用途，政府针对这一现象进行试验，选取部分地区补偿农田被占用的农民。在保证原有的基本农田保护区的质量和数量前提之下，复垦同等质量和数量的新农田，填补被占用农田的空缺。如果没有复垦条件，那么农民可以上交一份土地管理计划，申请土地培养费，基于此，所有农田都将得到更好的利用。

到 2000 年年底，中国将出台国家、省、区、市级土地测量与土地利用总纲。之后，还会阐明土地利用的整体方向、目标和任务；平衡土地需求；改善土地利用模式；完成各地政府的土地管理信息系统建设；建立土地利用监管网络；关注土地状况的动态变化；实现土地管理现代化。

四、土地市场管理

在中国的市场经济环境下，土地资源是不可替代的生产要素之一，且其重要性还在不断加强。中国在建立并完善市场机制、政策、规则，实现土地管理现代化问题上还存在一定困难。在土地资源配置的过程中，市场机制发挥着极其重要的作用。政府的干预将加快实现高效、公平、稳定的土地资源利用目标。

不论是从土地整体覆盖面积来考虑，还是从土地的整体价值来考虑，中国的土地市场正在发展成为世界上极大的土地市场之一，这是中国实现经济腾飞的一个重要基础，同时也是推进整个国家现代化进程的驱动力。中国的土地市场不能被其他任何行业所替代，土地市场的成功与失败在很大程度上决定了整个经济的成功与失败。基于这个原因，中国土地市场已经成为国内外关注的焦点。

中国土地市场的形成是为了满足社会主义市场经济的发展需求，是改革开放的成果，且已经形成了一套完整的体系。

（一）中国土地市场的五种类型

（1）国有土地使用权出让市场。该类型市场也称为土地一级市场，由土地管理部门代表国家将土地使用权让与土地使用者，并由土地使用者支付土地出让金。具体方式有协议出让、招标出让和拍卖出让。

（2）国有土地使用权转让市场。该类型市场也称为土地二级市场，开发商和管理者在获得土地使用权之后，依法发展、销售、转让土地。该市场类型属于完全竞争市场类型。

（3）土地金融市场。资金运作进入土地市场便形成了土地金融市场。有了土地金融市场，土地使用权的出租、抵押和流转便有了资金支持；开发商、管理者以及土地使用者可购买保险，保险公司将降低他们可能会遇到的风险，由于需要业务联系，土地金融市场可能会被划分为土地使用权租赁市场和土地使用权抵押信贷市场两个部分。

（4）涉外土地市场。该市场主要是针对外商投资项目占用土地时，土地使用权的获得方式运作。包括外商为了发展需求，在中国租用土地使用权；外国企业家租用或购买工厂建筑或者民用设施等。这些土地市场特殊类型的成形有助于满足外国人和非内地企业的需求。

（5）土地中介服务市场。该市场主要是面对土地使用权的中间流通，具体形式有土地交易磋商、土地信息服务、土地评估、土地登记和土地仲裁等。如果没有中介服务系统，就不可能建成一个有效的市场机制。

（二）中国土地市场的五大体系

（1）土地资源配置体系。通过实施土地利用规划，实行土地用途管制，使土地资源得到最佳配置。开发商开发土地必须遵循总体规则，且需要有足够的资金和资源支撑。土地收购、土地开发以及房地产转化都应当遵循国家相关法律，走法律程序依法进行，包括进入土地市场也需要有合法程序，通过合理、有序、高效的方式进行土地交易。这样做的目的是为了在维持土地资源供求平衡的同时作出及时、高效的调整，合理安排土地用途与功能，适应经济社会发展需求，提高人们生活水平，创造更好的生态环境。当前人们还需要大力扩展土地处置的范围，尽可能多地将商业用地资源处置推向市场。城市、乡镇以及外商投资企业（部分外商或所有外商）等建筑项目用地需求还在不断增长，因此应当依法逐渐将这些用地需求转入土地市场。成立农村信用合作社，为土地市场建设工程创造条件。城市居民（包括已经城市化的农民）的住房需求，应当得到国家正确的引导。为了实现这些目标，有必要通过拍卖与竞标等方式来扩大土地使用权的销售规模，与此同时，区域监督工作也需要加强，从而打开隐性市场，降低土地资源交易时犯错误的概率。

（2）土地价格管理体系。价格管理体系通过规范土地评估机构和从业人员资质等，合理确定土地基准价格，使土地价格评估公正合理，防止土地以低价出让和土地投机。土地价格在土地市场中扮演着非常特殊的角色，对信息交流、土地资源处置、改善管理、促进技术进步都发挥着稳定作用。当前，受市场和底层销售价格引导的土地价格系统正在成形，将底价作为强化土地价格管理的基础。提高土地价格鉴定效率，弄清中国土地资源总量，完善底价法规，实现底价透明化，建立土地价格稳定机制，调节并控制市场规律。土地价格监管系统应当防止价格过低或者投机情况出现，更加标准化和规范化价格评估的官方行为或个人行为。

（3）土地收益分配体系。收益分配体系建立的前提是做好土地产权明晰工作，在此基础上，处理好中央与地方，国家、企业和个人之间的利益关系，提高各个部门的主动性和积极性。设定合理的土地租金利率、土地税率和土地费用，防止国有土地资源税收流失，确保对土地使用者和开发商合理征税。改革征税方式，改善征税和收费方式。对新增的税收类型如增值税需要更加谨慎地执行，设定合理的税率，发挥其在土地资源配置中的重要作用，限制投机活动。

（4）土地市场法律体系。市场经济需要法制，通过建立健全土地管理法律法规体系，使土地管理依法进行。从一定程度上来说，现行法律规范的约束力并不具备较强的系统性，并且缺乏连续性。问题就在于，这些法律法规由于缺乏法律实施信息网络，甚至都没有严格执行任务。

（5）市场中介服务体系。政府职能转变后，原本由政府管理的事务都交由市场中介去做，如土地信息服务、土地评估、土地使用权交易等，另外，市场中介还提供咨询服务、经纪人业务、经济事务、法律相关业务、国家政策服务以及技术服务等。服务中介以及提供服务的个人需要持有专门的证件，达到相关要求，通过正规程序获取经营许可证方能提供服务。服务体系不论是在有形市场还是在无形市场都是最活跃的因素。尽管服务体系的行为需要通过多种方式进行规范，但这一体系在当今社会也发展迅速。

土地市场的重要作用在于通过其在实际操作过程中取得的积极成就证实自己的存在。可以说，中国的土地市场已经成形，并且取得了一定成效。土地市场发展迅速，总体上给全国经济发展带来了巨大动力。在最初的发展阶段，土地市场就已经向外界展示了其活力以及潜在力量。有数据显示，1993 年年底，通过土地市场一共转让 44 000 个土地使用权，转让土地面积达到 79 000 公顷，增加人民币 1231 亿元国家税收收入。在一些城市，销售土地所带来的收益达到财政总收入的 25％甚至 50％。以广东省为例，其 1992 年的收益额是人民币 94 亿元，占同年财政总收入的 45％。随着土地使用权转让交易在土地市场中的地位越来越高，土地使用权转让以及房地产开发交易规模不断扩大，其创造的收益也日渐增加。

基于地理位置优势以及极好的基础设施，且易于开发，承诺可快速看见成果并取得高效益，那些地区的土地资源备受开发商和使用者的青睐。在短期内取得如此快速有力的进展，对中国整个国民经济都起到了巨大的推进作用。连续几年，中国的国民经济都取得了突破性进展。

五、中国土地管理法律法规与政策手段

中国政府颁布的土地管理法律法规包括：《土地管理法》《土地管理法实施条例》《基本农田保护法》《土地恢复法》《土地增值税暂行条例》《建设用地管理办法》等。1998 年 8 月 29 日，国务院召开第九届全国人民代表大会常务委员会，会中修订了《中华人民共和国土地管理法》。新的土地管理法符合宪法对于强化土地管理、保护和开发土地资源、更好地利用土地、高效保护耕地，促进社会与经济可持续发展的要求。同时，将非法使用土地纳入修订后的《中华人民共和国刑法》（1997 年发布）。可以说，中国的土地监管审查系统正在逐步成形，将土地管理列入法律管理行列。

近年来，中国政府颁布并施行了《中华人民共和国水土保持法》《中华人民共和国水土保持法实施条例》，为管理水土流失提供法律保障。

国家为了落实土地管理法，正在起草相关的法律法规。土地管理法修订之后，保护基本农田的土地管理法律法规落实办法、建设用地审查办法都相继提交国务院申请批准，获准之后颁发执行。与此同时，国土资源部还相继颁发了 5 项行政规章制度以及超过 30 项的规范性文件，包括土地使用年度管理计划条例、审查管理条例、建设用地申请与获准条例、闲置土地处理办法、新增建设用地征收与土地使用费管理办法等，同时，各地政府还出台了相关地方性法律法规。通过这些法律法规来正确管理土地，为强化土地管理、保护耕地与土地资源集约利用提供了强有力的法律保障。

严厉执法，严格监管，土地管理秩序在全国范围内不断得到提升。例如，1999 年，调查、仲裁了大约 745 起与土地纠纷相关的法律案件，83％的案例成功起诉，105 名干部受到行政制裁。

六、牧场管理

牧场提供资源与生态服务，在社会中所占地位非常重要。在全世界范围内，牧场面积占据约一半世界土地总面积。在中国，牧场构成最大的陆地生态系统，

同时也是三个极其重要的食品生产地之一（Li and Zheng，1997）。然而，中国90％的牧场都在遭受不同程度的退化，严重影响中国农业生产、农村发展以及环境保护（Li，2004）。在中国西部，牧场是三条主要河流——黄河、长江、澜沧江的发源地，且由于其巨大的储水量被称为"中华水塔"，牧场的退化不仅影响了当地田园生产和生活，同时也给其他地区带来诸多的环境问题。

牧场是非常重要的自然资源，为牲畜养殖提供基地，遵守环境规则，维持自然景观，在生态系统中发挥多元化功能角色。有科学证据显示，草地具有环境功能，譬如维持生物多样性、调节生态系统中物理和化学通量、减少污染等。同时，草地还具有保护自然景观的价值，能够美化市容，保护自然文化遗产。

（一）文献综述

目前有关草地退化的研究主要集中在技术方案上面，很少有人注意到牧民行为受到国家政策和制度驱动所带来的环境影响（Ren，1992；Zhu，1997；Liu et al.，1998；Wang and Wang，1999；Huang and Wang，1992；Li and Zheng，1997；Wang et al.，2003；Yang and Shao，2000；Hu et al.，2002）。这也许就能解释为什么中国政府已经采取很多不同方式控制草地退化，但是草地退化面积还在以每年200万公顷的速度持续扩大（Ho，2000，Chang，2006）。由于一些自然因素如全球环境变化，以及一些社会经济因素如产权和其他制度管理等，草地退化的程度被划分为很多级别。当前有关牧场的研究也已经开始着手于退化和管理这些方面。

在全世界很多不同的国家，前人已经对牧场管理作过很多研究，想以此来减少牧场退化。社会经济研究方向的文献可以大致分为三类：①产权、集体行为、牧场管理；②牧场管理实践活动和牧场退化；③牧场管理建模。做这样一个文献回顾的主要目的在于帮助读者更好地了解牧场管理的互动关系，表明进行本研究的初衷以及研究目的。

许多研究者（Solomon et al.，2006；Jiang，2005；Ngaido，2005）已经开始对审查牧场管理实践活动与牧场退化之间的关系产生极大兴趣，通过调查发现不同的牧场管理模式会引起不同的环境效应。

牧场管理是环境管理的一种，以其复杂性、目标多元化、利益相关者多元化以及不确定性为主要特征。

在中国，一些研究牧场管理的成果已经解释了导致牧场退化的因素，并提出减缓退化的应对方案。全球气候变化等生物物理因素，人口政策、价格政策、产权变等社会经济因素都有可能导致牧场退化（Erdenzhab，2002）。为了减少牧场退化，政府在过去十年里采取了一系列灌溉、施肥、人工种植等技术措施（Ho，2000）。现有的研究显示，从 20 世纪 80 年代改革开放后的几十年里，采取技术措施来减缓退化已经由单一模式发展成为一个综合系统（Ren，1992）。通过实施生态工程建设（Zhu，1997），对已经退化的草地进行植被修护，恢复退化草地（Liu et al.，1998），草地和牲畜之间的相互作用（Wang and Wang，1999）等措施，草地退化现象得以明显改善。在中国西北部，针对土壤水分动态、集水过程中的水土侵蚀、植被和土壤保护（Yang and Shao，2000）、旱地耕耘（Hu et al.，2002）等问题，依据以上一些措施，很多工作已经投入实践（Huang and Wang，1992；Li and Zheng，1997；Wang et al.，2003）。

　　然而，即使中国政府在管理牧场退化问题上想方设法已经付出了巨大努力（Nan，2005），可是全国牧场退化面积仍然在以每年 200 万公顷的速度增加（Chang，2006）。除了自然原因以外，决策人、研究者、商家、非政府组织以及牧民之间缺乏沟通也是导致牧场退化的原因之一。有人认为要解决牧场退化问题，唯一的出路便是要同时将技术、法律、制度问题都考虑进去，结合这三者的力量解决问题（Ho，2000）。然而，现如今很难获得将牧场管理视为一个系统，把牧民看作这个系统的主要利益相关者的实证研究资料，来检验牧场退化的驱动因素。目前面临的挑战是要设计并实施高效可行的政策，将生态、经济、文化要素都考虑进去，构成中国西部牧场制度的特征。牧场作为食品基地和生态安全屏障，其重要地位可想而知，为了实现其长期稳定发展，应当适当减少牧民，高效管理牧场。

　　（二）中国过去几十年间的牧场管理概况

　　牧场是否退化在一定程度上取决于牧场管理方式。有效的牧场管理如同其他自然资源的管理一样，需要平衡利益权利和产权责任之间的关系。很多政府部门都没能对自然资源系统实施高效管理，于是就开始分散和转移项目，将资源管理的责任推向地方政府和使用群体（Meinzen-Dick et al.，2005）。在中国西部，其牧场管理模式由传统模式转向现代化放牧模式（Chen and Fang，2003）。这些因素，当然还包含其他因素，在某种程度上也会导致牧场退化。

　　在过去，牧场一般是有势力的地主家庭或者僧侣才拥有的财产，允许游牧民放养、管理牲畜，以一种田园社区的管理模式来管理牧场，有迁徙制度、半定居放牧制度和递延放牧行为制度来对牧民行为进行约束，大量生产畜禽产品，满足自用需求和市场需求。20 世纪 50 年末，游牧民开始了准现代化放牧方式。在随后的人民公社制度中，牲畜变成国家公有财产，并被圈养在国有土地之上。就在这样的体制之下，牧民向季节性牧场迁徙的传统现象依然存在。大约在 20 世纪 80 年代实行家庭承包制之后，牲畜被分配到了个体牧民家庭，但是牧场仍然属于国有资源，由社区进行管理。牲畜所有权的私有化推动了牧场管理向现代化放牧模式发展，牧民们因此而更有动力，购买更多的牧场，提高牲畜产量。但是在这个时期，牧场依然还是属于国家所有，对村落里每一户人家开放，这一政策削弱了传统制度对于放牧的管制，在很大程度上导致牧场退化，造成"共同的悲剧"。

大约在 20 世纪 90 年代中期，牧场被分配给了每一个牧民家庭，他们有权力在承包期限内决定如何管理牧场。后来，现代化的放牧模式逐渐兴起，财产权非常明确，属于投入高、出产也高的牧场管理模式，具备高工业化水平，管理更加科学化（Chen and Fang，2003）。各个乡镇、县市、省级单位都已经了解了有关如何放牧的政策和方法，这些政策和方法应当基于区域社会经济条件以及当地政府官员的思维模式执行。比如在青海省的达日县，如何放牧取决于牲畜的数量，而甘肃省的夏河以及碌曲县，放牧规模取决于其家族的大小。一般而言，根据草地质量（生产潜能、地形、取水性能等）将草地划分为好、中、差三个等级，分别分配给牧民家庭（Wu and Richard，1999）。在很多高原地区，每一户家庭都至少拥有两块草地，一块是冬春草地，紧邻其居住地；另一块是夏秋草地，远离其居住地。

在现代社会，相对于土地投资来说，人们对草地的投资额度非常小，数据（Erdenzhab，2002）显示，从 20 世纪 50 年代到 90 年代，人类对于草地的投资每年每公顷还不到 0.15 元。20 世纪 90 年代初，每年对于典型草原的投资为每公顷 0.75 元，每年产出为每公顷 28.5 元，投入和产出比例高达 1∶38。这导致那些投入产出比例非常大的地区出现了生态赤字的现象。比如说内蒙古，内蒙古的年生态赤字是 GDP 增长的 7～8 倍。现如今，中国政府已经启动多项计划来资助牧民投资草地，例如修建围栏、种植人造草皮、实施灌溉施肥等（Yang and Hou，2005），帮助牧民管理牧场，减少牧场退化。

（三）土地管理过程中的牧民家庭决策体系

气候变化、牧场退化等现象的产生在很大程度上归根于牧民家庭在现有的产权制度、政策（如人口政策、"粮食生产第一"等）及市场条件下的管理行为。同样，牧民在采取一系列措施减缓牧场退化的同时，也会受到其家庭谷物生产、放牧、基础设施建设以及畜禽生产等行为的影响。牧民家庭行为的驱动因素、决策以及可能出现的环境影响之间的相互作用在图 5.2 中有所表述。图中指出，在现有产权制度基础之下，牧民家庭基于众多实际行为来作出决策，需要考虑到作物生产（如种植草地、食品/经济作物等）、基础设施建设（如建设围栏、棚舍等）、放牧（决定养多少牲畜、是否在禁牧区放牧等）等一系列行为因素，同时还应当考虑制度、政策、家庭资源（人力、土地资源等）、可能引起的环境问题等制约因素。

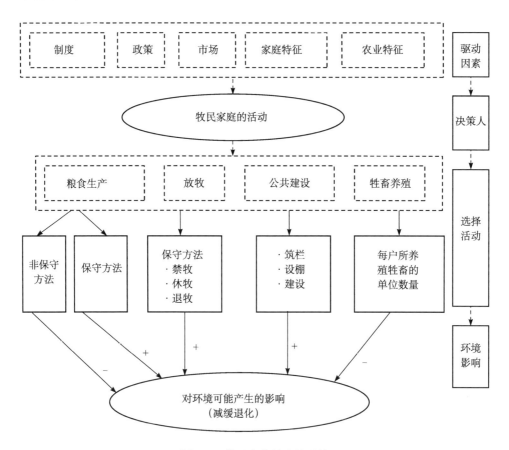

图 5.2　牧民家庭的决策系统

第三节　水资源管理

一、中国水资源概况

中国淡水资源总量只有世界平均水平的 1/4（中国人均淡水资源占有量是 2210 立方米，世界平均水平是 8513 立方米）。根据世界银行所给出的标准，人均水资源拥有量低于 2000 立方米即被认为是水资源短缺，尽管这一数据隐含了很明显的区域差异，但并没有将中国拉入水资源短缺国家行列。中国大部分水资源集中在南方，北部和西部地区相对干旱。巨大的环境压力、人口增长和工业需求加剧了对稀缺水资源的竞争，造成地方和省际冲突。中国政府已经把国家日益严重的缺水问题作为一个亟须解决的关键问题，以满足整个国家的发展规划。水资源匮乏削弱了扶贫成效，逐渐成为环境问题的主要因素。在中国很多地区，工业飞速发展，规模不断扩大，城市人口逐渐增多，有限的水资源对农村地区的农民生活构成很大的威胁，影响粮食增产。

中国南部省份地理条件优越，气候条件适宜，即使如此，由于个人和工业用水需求居高不下，导致南方地区也频繁遭受水资源短缺困扰。因此，原来是为了缓解水资源紧张的南水北调工程也可能引起省际矛盾。武汉以及其他南方省市担心水资源被调走会减少自身供给，而北京作为国家首都，则可以享受到优先待遇。可以预见，南水北调工程可能会增加城乡水资源冲突。姜河由于刚刚开始实施调水计划，其与周边其他省市之间的矛盾明显要少很多。根据新的省际协议，姜河上流水资源丰富地区可将富余水资源出售给下游干旱地区。相关省市认为，这种调水工程远比之前中央政府自上而下的解决办法要公平得多。

20 世纪 90 年代，由于干旱及各地区水资源需求量日益增长，漳河流域原先平息的水资源冲突再次爆发。1991 年，漳河流域各个村庄的引水管道相通，然而在次年，有一个村庄毁坏了一条引水渠道，从而激起其他村庄怨恨，造成群众冲突不断。10 年后，冲突炙热化最终爆发，在冲突中近 100 名村民受伤。下面内容描述了黄河流域的水资源冲突情况。

黄河流域水资源冲突

黄河贯穿中国北部和东部，全长 5464 千米，流经 9 个省市，注入黄海。过去50年里，每到灌溉季节，各省市之间不断发生小规模纠纷，1978年之后经济不断发展，加上近年来的频繁干旱，各省市之间用水关系更加紧张。

20世纪90年代，干旱减少了黄河流域所有省的河流流量，1997年打破历史纪录，全年干旱天数达到226天。2002年，持续干旱使得黄河流域最东部的山东省不得不请求中央政府进行干预。尽管已经在全流域中设立了分配指标，中央政府还是同意了山东省的请求，也严格限制上流用水量以保证到达山东省的用水需求量，这就需要河流上游地区关闭灌溉闸口，如此一来，内蒙古、宁夏等省（市、自治区）的农业生产遭到了严重影响（预计造成经济损失人民币30亿元）。

黄河流域绝大多数省市所需用水量已经超过了国家1987年规定的配额许可。虽然近期因旱灾频发，但超额用水且各省之间缺少水资源交易规划来补偿需求差异，加剧了水资源紧张局面。各省市同时也缺乏节水动力，不管是否需要，均提取全部用水配额，要是真实需求反映不出来，水资源的再分配就面临困难。不解决浪费问题，民生将继续恶化，省际紧张也将继续存在。

（资料来源：Wang，2004）

二、中央政府水资源管理

在过去的50年里，中国构建了一个庞大而复杂的机构来管理水资源（图5.3～图5.5）。最终国家水利部制定并理论上由其执行水资源政策（MWR，2000）。从20世纪90年代开始，中国加速水资源管理改革进程，修改后的《中华人民共和国水利法》于2002年10月1日颁布，标志着一套完整的水管理与分配体制已经建立。

国家水利部的职责是制定并施行全国价格政策和分配政策，通过为地方政府机构提供技术指导、颁布法律法规，监督水利投资。国家政府负责投资开发大江大湖，修建跨上水利工程，而地方政府负责本辖区内水利工程。尽管中国绝大多数的水资源仍被利用在了农业之上，但国家的水资源政策正逐渐将重点转向工业用水。水利部以《水利法》为指导，在分配水资源时优先考虑家用及工业部门（优先于农业部门）。省级政府也有权根据地方发展重点优先分配水资源，许多省市都给予了工业特别优先权。

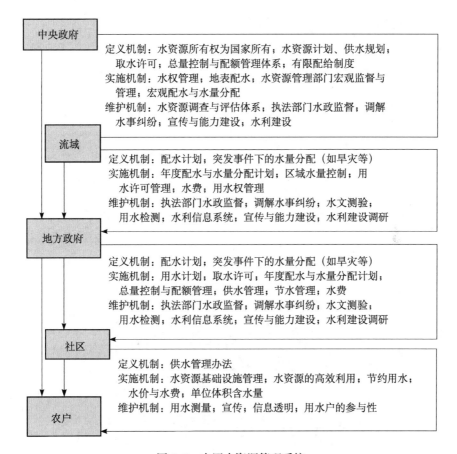

图 5.3　中国水资源管理系统

　　2002 年的《水利法》规定，水利部不再是唯一负责所有水资源相关政策的机构，国内其他部委也有权对城市以及农村地区的水资源政策施加影响。水资源用途多样，水资源管理部门目标和利益各异，难免相互冲突，造成水资源利用效率低下。如农业用水由水利部和农业部（MOA）共同管理，主要负责制定当地供水计划，推广节水技术。在城市地区，城市建设委员会（或城建局）管理城市工业以及当地居民供水，同时还负责管理城市土地的地下水资源。而城市与农村的地下水则由地质矿产部（MGM）及其下属地方机构联合监测。从理论上来说，在颁发地下水抽取许可证的时候，应该采纳地质矿产部提供的地下水水文信息，而我们的田野调查发现，当地水务部门往往不去使用这些信息。中国国家环境保护局（SEPA）负责管理工业废水及城市污水处理。最后，在定价方面，水利部

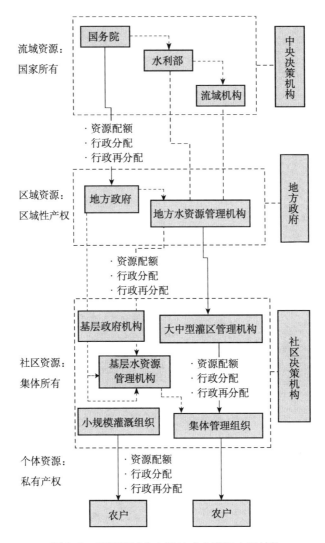

图 5.4 黄河流域中上游地表水灌溉水权结构

与国家物价局在国务院指导下，共同出台省级价格指导意见。国家水利部和物价局下属各局在地方政府领导的指导下，根据当地供求形势以及其他经济政治因素，确定最终价格水平。除了中央政府外，还有许多下级国家水资源管理机构影响水资源政策。水利部设在北京，主要靠中央政府投资拨款，垂直设立的各省（区）、市（州）和县级政府水利局，在县乡、镇地区叫水利站。从形式上来说，地方机构负责执行国家权威部门提出的政策法规，然而实际上地方水利局负责人

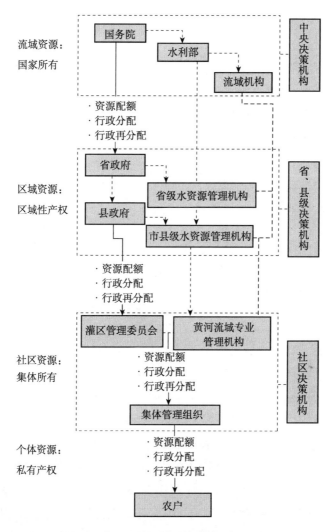

图 5.5　黄河流域下游地表水灌溉水权结构

由所在辖区领导（省长、县长等）任命，对其负责。这种横向纽带关系通常主导着垂直纽带关系，因此，水利局也是基于辖区内的需求制定并执行水资源政策与法规，使得区域范围内水资源政策差异较大。大部分县政府都在各个乡镇建立了水利站，与当地村镇实现互动。传统上大多数村委会主任或者村委会水务干部负责村级水资源管理系统，对水费进行估价。

　　河流、湖泊以及含水层分布往往与行政区划界限不一致，因此也设立了一些跨区水资源管理机构。中国七大主要河流流域各自有一个国家流域委员会（NBRC）来管理该流域的水资源。国家流域委员会直接隶属于国家水利部，在其成立之初就被赋予了权利，在国家水利部的指导下决定是否批准省级水利厅提出的从管辖的流域干流中抽取水资源等计划。更重要的是，国家流域委员会并不管理辖区内支流取水的事项，而把这项权利交给当地水利厅（局）。一些学者认为，国家流域委员会在其成立之后的数年里并没有发挥有效作用（Nickum，1998）。各省市作为自己方案实施的主体，往往在执行中损害到其他省市的利益，甚至与国家委员会的计划相冲突。

国家流域委员会成立各个灌区（IDs），管理流入下一级行政区的水资源。灌区隶属于水利厅（局），向管辖本地区的水利厅（局）领导汇报。例如，如果一个灌区覆盖两个或两个以上市州，就由省级水利厅管辖，如果在同一个市州内两个或两个以上县内，则由市州水利局管辖。

三、中国地方水资源管理机构的职责

水利厅（局）的最高职责是制定并管理水资源分配计划，在水资源匮乏地区保护有限水资源、管理水利基础设施建设投资（访谈获取的信息）。在新中国成立之初，水利厅（局）的主要职责是区域开发管理地表水以及当地灌区。地方水资源政策管理者的基本任务是将投资基金用于基础设施建设，建成后维持系统正常运转，管理灌区内部或各个灌区之间的水流量。

随后，控制地下水资源变得越来越艰难。尽管如此，中国北部很多地区投入了更多的精力协助开发、控制地下水资源，其中一种办法就是控制水井的数量与位置。在改革开放之前和初期（追溯至 20 世纪 80 年代末），地方政府垄断了深水井的钻探，相对全面地控制了地下水的开采，因为绝大多数深水井（也包括许多浅水井）为水利厅（局）所拥有和经营的钻井企业所开掘。然而近年来，私人钻井公司逐渐崛起，地方国有（为乡镇或村镇所有）钻井公司之间的竞争日益激烈，降低了政府对水井的控制力度。在新形势下，地方水利厅（局）依然通过发放所有取水及管理许可证，掌控地下水开采。然而这一过程中会遭遇许多例外情况，如城市建设部门是出了名的自成一派，一般不受水利部门监管。

水利厅（局）除了拥有钻井许可授予权之外，还负责监管地下水开采许可权系统。该系统让水利部门实际执行地下水分配计划，但它实际上并不起作用。由于监管地下水提取还存在一些问题，一旦水井开始投入使用，很难控制地下水

量。在我们走访过的几个地区，大型国有水井的地下水开采收费并没有按照取水量来计算，不论提取水量是多是少，每年都是按固定的协议价格收取费用。总体来说，除非下水位大幅度下降而引起了严重危机，由各城乡自行管理地下水资源，很少采取措施限制抽水。

污水处理是地方环保局的职责（Sinkule and Ortolano，1995）。由于终端监管技术仍然不发达，因此对于废水水流的监管策略并不是十分奏效。相反，中国主要依靠两种方法来执行清洁水标准：一是在企业投资阶段进行调控，将生产环节采用洁水技术作为批准公司运营的基本要求；二是收取废水排放费，设立废水排放量指标，对超指标排放的企业采取惩罚措施，然而这个制度也很容易受当地政府官员的干预，他们既负责生产又负责清理工作，显然会对扩大生产更积极（MA，1997）。实际上废水处理率很低，让一些私营企业感觉污水处理投入无利可图。此外，如果企业废水没有得到及时处理，环保局将对其进行罚款，这样的处罚并没有鼓励企业处理废水，倒是为他们自己创造了更多的收入（Sinkule and Ortolano，1995）。

（一）省级以下水资源管理资金来源

地方水利厅（局）的资金筹措以及许多地方水利部门所面临的财政危机决定了水利部门的发展方向及如何确定优先发展领域。地方水利部门的运行和投资来源于供水、取水、钻井许可所收取的费用，以及从上级部门的资金转入。但是由于水价一直都被限制得非常低，这就导致所收取的水费通常都还不够用来维持部门正常运转和维护（Nyberg and Rozelle，1999）。除此之外，上级部门的定向财政拨款通常不能全数下拨，或者将拨款转移用于其他紧急事项。财政压力导致既有项目的投资资金分配方式的扭曲。

既有运作资金的短缺也会激发创新性办法发展，应对财政赤字问题，当然这些办法有时分散财力。通过多次田野调查发现：为了弥补财政收支赤字，地方水利部门通过各种各样的方法来填补不足。灌溉部门官员频繁截留基础设施建设投资，或者暂扣工资，以解部门运转燃眉之急。国家鼓励地方部门允许员工在水资源使用领域发展商务，例如在水库经营养鱼场或者发展旅游业设施等，从中获取利益，增加部门资产负债表中的收入数额，减轻薪资支出压力。这个体系依赖于类似私营企业的个体收入来横向自助一个难以监管的政策任务，如向农民高效地提供水资源等，其政策目标很可能无法实现。

水资源危机即将到来，已经表现出各种迹象，水源管理政策和各级机构都有了不同变化。在国家层面，国家领导加大对水资源供应基础设施的投资力度，并在 1998 年通过了修订后的水利法，明确强调要对低效的水资源利用和落后的水资源管理进行治理；各省、市、县政府进行了水资源管理政策改革，改进水资源管理制度，此外，农民正在创建新的机制，提高水资源供应的可靠性，利用节水技术进行灌溉实践。

（二）建立水务局

水资源短缺成为长期、严峻的问题，就需要更加强有力的长远解决方案。为解决其他部门官员尽可能地将更多的稀缺资源转移到自己部门的问题，许多省市正在推进改革，将不同水源管理单位的功能合并，形成一个权威机构。这一机构在不同地区有不同的名称，但通常被称作水务局（WAB）。水务局在极端情况下将地方水利局住建委、环保部地方机构的人员、资源以及职责进行合并（MWR，1999）。

（三）农民的水资源利用

尽管中国的水资源管理环境正在不断改善，但在中国华北很多地区，地下水资源正在被逐渐耗尽，现有的水资源利用水平与水资源供应体系不能实现可持续发展。农业生产将不会拥有水资源利用的特别优先权。虽然中国的国家领导人把增加灌溉面积作为既定目标，他们也明确表示水资源问题的扩大将致使没有任何额外水资源分配给农业生产者。因此，高效用水的唯一方法是增加灌溉面积、提高灌溉效率，而不增加华北地区农业用水的总需求量。

尽管中国即将面临水资源危机，却几乎没有农民们采取任何节水技术，进行节水实践。究其原因是中国农业社会（以及其他行业）所面临的诱因本质。直到20 世纪 70 年代，中国绝大多数地区认为水资源很丰富，农业用水甚至可以免费使用，因此不需要考虑节约用水。社区共用水资源，不论是地下水还是周边湖泊、河流或者水渠都归集体所有。由于水费很低，或者根本不收费，农民们自然会毫不顾虑地任意用水。即使到现在，大多数农民也只在水资源分配受到限制的情况下才会节约用水。

四、中国水价

1978 年农业改革之后不久，中央政府批准建立一套以单位体积计算的地表水定价系统，但是这套系统并没有立即在全国范围内同步实行，而是随着实践经验不断完善逐渐扩大到各个地区。因此，考虑到水源稀缺性以及用户支付能力，当时的价格体系在全国差异较大。典型的例子是，某些特定省市的特定用水终端（农业用水、工业用水、家庭用水）价格是一致的，只有个别地方例外，稍有调整。就支付能力而言，农业生产者用水价格最低，家庭用水价格其次，工业用水价格最高。比如在湖北省，每立方米农业用水价格为 0.04 元，每立方米家庭用水价格为 0.08 元，而每立方米工业用水价格为 0.12 元。从水资源的稀缺性层面来讲，随着水资源匮乏日益严重，水价也在不断大幅度上涨，不同省市之间水资源价格都有差异（大体上由南往北呈递增趋势）。例如在 20 世纪 90 年代，南部的广东省农业地表水价格为每立方米 0.01 元，而从中部的湖北省和河南省到北部的河北省，随着水资源稀缺性不断加强，水价也从每立方米 0.075 元增长至每立方米 0.10 元。

自从农业用水价格改革之后，多地政府官员多次提升水价，但实际价格增长并不明显。例如，在河北省的某个县，用于农业的地表水 1985 年的名义价格为 0.02 元，1990 年为 0.045 元，1997 年为 0.10 元，但如果扣除通货膨胀的因素，再对比农村消费价格指数，可计算出该县 1997 年的实际水价为 0.023 元/立方米，与 1985 年的水价 0.02 元/立方米几乎没有变化。长期以来，基本上每个地区的农用地表水价格都保持相对稳定。

第四节　生态补偿

一、简介

20 世纪 90 年代末，因受到草地退化、森林面积减少、洪灾等自然灾害以及人们环保意识不断加强等一系列因素的影响，中国政府开始着手探索更多有效办法来保护环境，生态补偿（PES）这一概念应运而生。生态补偿（PES）的理论基础包括：环境服务价值理论、环境外部性理论、生态系统理论、生态资产理论、公共产品理论等。生态环境属于公共物品，具有外部性。国际学界将其定义为生态服务补偿，把它当作企业、家庭或政府对产权明晰和交易成本低的环境服务所提供的补偿。每年的全国人民代表大会（NPC）和中国人民政治协商会议

(CPPCC) 上，都有很多关于建立生态补偿机制的提案。也就是说，建立生态补偿机制的社会基础很广泛。生态补偿引起了中国人民政治协商会议及国务院的高度重视，被写入一系列中国人民政治协商会议文件中。《中华人民共和国国民经济和社会发展第十一个五年规划纲要》《国务院关于落实科学发展观加强环境保护的决定》《国务院 2006 年工作要点》等一系列文件中，都号召采取措施改革环境资源利用补偿机制。有人建议生态补偿机制必须尽早建立，并且必须出台财政、价格、税收、信贷、贸易等相关政策。2006 年 4 月 17 日，在第六次环境保护大会上，温家宝总理明确指出，必须建立生态补偿政策和生态补偿机制，并且本着"谁开发谁保护、谁破坏谁重建、谁受益谁补偿、谁污染谁赔偿"的原则，完善生态补偿政策和机制。

尽管尚未颁布生态补偿相关法律，但在现有的资源与环境保护法中有些条款涉及生态补偿，比如森林法、草地法、环境保护法、防沙法等。国务院还出台了一些特殊规定，包括基本农田保护条例、退耕还林条例、自然保护区条例等，进一步推动了生态补偿机制发展。

二、中国生态补偿的概念及其范围

中国生态补偿的概念经历了从自然到人文、从生态建设到环境和经济政策的转变，从最开始补贴环境保护之后发展到购买补偿水资源生态系统服务机制，再到补偿发展权受限损失。不同的学者对生态补偿的概念有不同的见解（Huang et al.,2002；Liu et al., 2007），他们的主要分歧点在于是否将控制污染和排污收费归属于生态补偿机制。王金南提出的生态补偿概念广为接受，他认为生态补偿应包括 5 个方面内容。

（1）生态服务付费，即对那些提供生态服务的个人进行补偿；

（2）资源型生态补偿，即用另一种自然资源补偿被占自然资源；

（3）破坏型生态补偿，即对破坏环境的个人或企业进行经济惩罚；

（4）发展型生态补偿，即对那些保护自然环境或者因保护自然环境而放弃自身发展机会的个人或群体进行补偿，补偿其发展权；

（5）保护型生态补偿，即投资具有重要生态价值的地区或对象。

生态补偿的范围包括：补偿住在水资源或水库附近移出的居民；补助污水处理厂；投资建设环境卫生设施；补偿河流上游林业部门（包括补偿非经济林、封山育林、植树造林，补贴坡地保护规划，补助受限地区发展，补偿因农业非电源污染、化肥和杀虫剂控制而蒙受经济损失的农民）等。目前，中国的生态补偿机制优先考虑重点生态功能区和水源区，优先考虑自然资源开发补偿，以及一些在经济转型时期历史遗留下来的问题。

三、国际生态补偿实践

国际上，生态服务市场起源于流域管理。以田纳西州流域管理为例，1986年，美国政府为了减少水土流失，制定了保护计划，对流域周边的农田和草地所有者进行补偿。哥斯达黎加共和国在理论研究和实践探索方面，早在1995年就开始执行环境服务付费计划，走在世界前列。哥斯达黎加于1995～1999年制定了11个计划项目，目的就在于增加碳储量，投资1.58亿美元开发5项森林管理项目，投资1.35亿美元开发5项能源项目，投资100万美元开发1项农业项目。

在中国，生态补偿机制极度依赖于政府，生态补偿转移支付离不开公共产权。目前中国生态补偿机制仍然处于发展初期，生态补偿实践并不适用，还需要一段时期在政策、机制、制度、体制、金融、价格、产权等方面进行改革和调整。

四、中国生态补偿实践

在进行理论探讨之前，中国已经在不同层次（省对省、市对市、县对县、乡对乡、流域对流域）开展生态补偿实践。由于自然资源属于国有资源，因此自然资源和环境保护经费主要来源于政府预算。从20世纪90年代开始，政府为了恢复主要流域的环境投入了大量的资金购买和补偿流域服务。目前，浙江、福建、广东等比较富裕的省份正在以生态功能区、矿区、水域以及林业区为重点试点生态补偿计划。

（一）中央政府补偿

国家购买环境服务是中国生态补偿的主要特征之一，主要通过大型国家项目来购买，包括6项重点森林工程：坡地保护工程、天然林保护工程、京津风沙源治理工程、三北防护林和长江上游主要防护林工程、野生动物保护和自然保护区建设工程、关键地区速生丰产林基地建设项目。1998年中国的《森林法修正案》明确指出：国家将建设立森林生态补偿基金，由国家对非商业林提供的生态服务进行补偿。

通道坡地保护工程乡农民进行种子、幼苗以及坡地种植补偿，是由群众广泛参与和支持的规模最大的生态项目。该项目于 1999 年首次提出，2002 年开始执行。截止到目前，项目已经扩展到 25 个省（区或市），覆盖 1897 个县。补偿标准为每公顷 6.67～10 千克种子及 38.2 美元资金。在过去的 5 年里，坡地保护工程的覆盖面积增加到 15 亿公顷（7.2 亿公顷用于坡地造林，8.3 亿公顷用于荒山造林）。预计到 2010 年，国家林业局坡地保护项目计划的覆盖总面积将达到 1467 万公顷，预算将达到 421 亿美元（Xu et al.，2004）。不论是项目规模还是项目预算，这样一个浩大的生态工程在整个中国都史无前例，中国首次在环境服务和环境保护领域投入如此大量的资金。

天然林保护工程覆盖了长江上流流域、黄河中上游、东北以及内蒙古共 17 个省市，包括国家重点林区的 734 个县和 167 个国营林业局。该项目禁止砍伐上述流域森林，并呼吁在中国东北部和内蒙古中部地区大规模减少木材生产，建议削减量达到 1.991 亿立方米。地方政府部门应当保护剩余 9420 万立方米的天然森林，必须加速修复森林区：将在两河沿岸种植 866 万立方米森林和 600 万立方米草地，届时这些地区的森林覆盖率将达到 3.72%，补偿标准为每年每公顷 9 美元，其中 90% 由中央政府出资补偿。

森林生态补偿项目的最终目标在于通过一套经济刺激方案（补偿非商业林）来保护森林，这在中国还是首例。这一经济刺激计划已经在 11 个省市进行试点，通过一定的经济手段达到了保护森林的预期目标。主要对管理防护林和特殊林区的集体或个人进行补偿，补偿标准为每年每公顷 9 美元，其中 30% 的补偿费用于地面管理。国家鼓励省级和地方政府提供配套资金。2001 年，国家财政部向 11 个省市划拨 1.2 亿美元用于生态补偿试点，当年生态补偿试验项目覆盖了 685 个县（企业）和 24 个国家森林保护区，覆盖面积高达 1333 万公顷。广东省、福建省、浙江省以及其他省份政府也投资试点。2004 年 12 月，生态补偿中央资助系统正式成立，并在全国范围内实施。其补偿范围包括国家林业局公布的重点国有非商业林、沙漠化、水土流失较严重的分散林地和灌木林。为了获取生态效益，中央政府对 2700 万公顷非商业林地预先支付了 2.5 亿美元。然而森林生态补偿项目仍然存在一些问题，比如补偿标准过低、覆盖不全、缺乏专门机构负责生态补偿、交易成本高、缺乏市场和竞争机制等。

南水北调工程也是国家对各区域流域资源进行生态补偿的方式之一，该工程分三段：东线、西线和中线。由于北京市的发展受到水资源限制，中线是一个快速通道项目，国家已经投资中线项目 115 亿美元来减缓京津水资源危机。自从 1991 年以来，北京已经多次提高水费，2002 年开始对个人和组织收取自来水、项目成本、污水处理等费用，为南水北调工程筹集资金。

（二）地方政府补偿

由于中央政府提供的资金有限，只将投资重心放在重点水资源区、生态功能区、自然保护区和生态环境脆弱区，各个地方政府通过讨论协商，最终达成协议，决定对河流流域服务进行补偿。包括北京政府对密云和官厅水库的水源区进行补偿，对浙江小舜江上游地区汤浦水库进行补偿，对东江水源和水电费补偿，对浙江省金华磐安实行直接援助计划，以及福建省河流下游流域对上游进行补偿等。

（三）生态补偿的初步发现

资源匮乏、环境退化、发展不平衡等因素引起了严重的社会经济问题，对整个国家的科学可持续发展造成负面影响。在中国环境经济政策以及发展现状下，生态补偿已成为平衡发展需求，环境保护和相关生态服务之间关系的重要工具。

（四）知识空白

中国现行的生态补偿政策是否可行？如何在中国构建实施生态补偿框架？中国的资源和土地产权都归国有，很难区分产权和环境服务，成为实施生态补偿的重大障碍。中国的生态补偿机制面临诸多问题，例如缺少法律保障和相关制度管理，发展不充分（仍然处于理论研究和探索阶段）等。同时还面临一些流域补偿相关的问题，比如很难对补偿主体和流域补偿范围进行界定，很难评估水文和水资源的价值，很难确定流域补偿的标准等。

参考文献

Chang T L. 2006-09-06. Grasslands network aims to harmonize protection efforts. China Development Brief.

Chen J, Fang Y. 2003. Study on the changing from traditional extensive grassland husbandry to modern grassland husbandry. China Soft Sciences, (6):120-135.

China Development Research Foundation, UNDP. 2005. China Human Development Report 2005: Development With Equity. Beijing: China Translation and Publishing Corporation.

Erdenzhab. 2002. Reflections on institutional deficiency; that account for grassland desertification. Journal of Inner Mongolia University (Humanities and Social Sciences), 34 (5): 8-12.

Ho P. 2000. China's rangelands under stress: a comparative study of pasture commons in the Ningxia Hui Autonomous Region. Development and Change, (31): 385-412.

Hu H J, Zhang R Z, Huang G B. 2002. Dryland Farming for Loess Plateau. Beijing: China Agriculture Press.

Huang F X, Kang M Y, Zhang X S, 2002. The economic compensation strategy in the process of turning cultivated land back into forests and grassland. Acta Ecologica Sinica, 22 (4): 471-478.

Huang W H, Wang P. 1992. Grassland Development in the Mountainous Regions in Sub-tropical Zone in China. Beijing: China Agricultural Science and Technology Press.

Jiang H. 2005. Grassland management and views of nature in China since 1949: regional policies and local changes in Uxin Ju, Inner Mongolia. Geoforum, 36 (5): 641-653.

Li J D, Zheng H Y. 1997. Improvement of Degraded Grassland at Songnen Plain and its Biological and Ecological Mechanisms. Beijing: Science Press.

Li X L. 2004. Grassland degradation in China. Special Report Presented to the Chinese Ministry of Agriculture.

Liu C, Wang S, Zhang W, et al. 2007. Compensation for forest ecological services in China. Forestry studies in China, 9 (1): 68-79.

Liu Z L, Wang W, Liang C Z, et al. 1998. The succession pattern and its diagnostic of Inner Mongolian steppe in sustained and strong grazing. Acta Agrestia Sinica, (6): 244-251.

Ma X. 1997. Compliance, enforcement, and urban waste water control in China. Unpublished Ph. D. Dissertation, Department of Civil Engineering, Stanford University.

Meinzen-Dick R, Pradhan R, Gregorio M D. 2005. Understanding property rights. Collective action and property rights for sustainable rangeland management. CAPRI Brief: 3, 4.

Ministry of Water Resources (MWR), Institute of Water Resources and Hydropower Research. 1999. Study on Real Water Saving, World Bank Financed Research Project (#7107256). Draft Report.

Nan Z B. 2005. The grassland farming system and sustainable agricultural development in China. Grassland Science, (51): 15-19.

Ngaido T. 2005. Can pastoral institutions perform without access options? Collective action and property rights for sustainable rangeland management. CAPRI Brief: 9-10.

Nickum J E. 1998. Is China living on the water margin? The China Quarterly, 156:880-898.

Nyberg A , Rozelle S. 1999. Accelerating development in rural China. World Bank Monograph Series, Rural Development Division.

Ren J Z. 1992. Ecological productivity of grassland farming system on the Loess Plateau of China. In: Ren J Z. Proceedings of International Conference on Farming Systems on the Loess Plateau. Lanzhou: Gansu Science and Technology Press.

Sinkule B, Ortolano L. 1995. Implementing Environmental Policy in China. Westport, CT: Praeger Press.

Solomon T B, Snyman H A, Smit G N. 2006. Cattle-rangeland management practices and perceptions of pastoralists towards rangeland degradation in the Borana zone of southern Ethiopia. Journal of Environmental Management, 82:481-494 .

State of People's Republic of China 2006. National Economic and Social Development Program Outline for the 11th Five-Year Plan. Beijing: People's Publishing House.

Tang J. 2006. Research on China's Farmland Preservation System and Policy. Beijing: China Social Science Press.

Wang J X, Xu Z G, Huang J K, et al. 2004. Incentives in Water Management Reform: Case Study in the Yellow River Basin. Water Nepal, 11 (2):105-132.

Wang S P, Wang Y F, Chen Z Z. 2003. Management of Grazing Ecosystem. Beijing: Science Press.

Wang S P, Wang Z Q. 1999. Geostatistics and Their Use in Ecology. Beijing: Science Press.

Wu N , Richard C. 1999. The privatization process of rangeland and its impacts on pastoral dynamics in the Hindu Kush Himalaya: the case of Western Sichuan, China. Paper Presented at the International Rangeland Congress, Townsville, Australia, July 19-23.

Xu J T, Tao R, Xu Z G. 2004. Grain for green: cost-efficiency, restructuring and economic sustainability—a demonstrative analysis of survey on farmers in 3 Western provinces. Economics Quarterly, (4):139-162.

Xu S H, Liu X Y, Kong P. 2007. Study on PES mechanism in Dongjiang Riverhead of Jiang xi province Reprint.

Yang L , Hou X Y. 2005. Reflection on grassland-livestock balance management model. China Rural Economy, (9):62-66.

Yang W Z, Shao M A. 2000. Study on Soil Water Contents of Loess Plateau. Beijing: Science Press.

Zhu T C. 1997. Grassland Ecological Research. Changchun: Northeastern Normal University Press.

本章作者：

　　Liu Jing，中国农业科学院农业资源和区域规划研究所，email：liuj@mail. caas. net. cn。

　　Liang Shumin，中国农业科学院农业资源和区域规划研究所，email：liangsm @ caas. net. cn。

第六章　中国生态系统服务的经济价值回顾

第一节　引　言

生态系统服务指的是直接或间接地从生态系统中获取利益，主要包括为经济社会系统输送原材料和能源；接收并转移经济社会系统产生的废料；为社会成员提供直接服务（如洁净空气、水及其他广大民众所喜爱的且能让其感到舒适的资源）。生态系统的定义与传统经济服务（实际上就是一种购买和消费同时进行的商品）的定义有所不同，只有很少一部分生态系统服务能够进入市场，大部分都是公用服务或者准公用服务，无法进入市场。生态系统服务以长期服务流的形式存在，能够提供服务流的生态系统就是自然资产。目前，被普遍接受的生态系统服务定义是 Goodland 和 Daily 在 1997 年提出来的，他们认为生态系统服务是自然生态系统及其物种所提供的，用以满足并维持人类的生存需求的条件和过程。

欧阳等于 1999 年提出生态系统服务的主要功能是维持人类生存，是指森林生态系统与生态过程所形成及所维持人类赖以生存的自然环境条件与效用。从复生生态系统的角度来看，它不仅包括该系统为人类提供食品、医药和其他工农业生产的原料，更重要的是支撑与维持地球的生命循环系统，维持生命物质的生物地化循环与水文循环，维持生物物种与遗传多样性，净化环境，维持大气化学的平衡与稳定。

目前在国际上被广泛采纳的生态服务功能分类系统是由联合国千年生态系统评估委员会提出来的。其提出的分类法将生态系统服务功能分成了四大功能群体：产品供给功能、调整功能、文化功能和支持功能。产品供给功能指的是生态系统提供或者生产产品；调整功能指的是生态系统可用来调整人类生态环境；文化功能是指人们可通过心理感觉、知识获取、主观印象、娱乐、美学等途径从生态系统中获得精神上的福利；支持功能是生态系统服务必不可少的基本功能，能够保证其他生态系统正常提供服务功能。与产品供给功能不同，调整功能和文化功能通过支持功能间接地影响人类生活，或者说它们对人类生活的影响需要很长一段时间才能被看出来，而其他类型的服务对人类造成影响相较而言更加直观并能够在短时间内体现出来。还有一些服务如控制腐蚀等，可以根据其服务时间长短和对人类的直接影响程度分别纳入支持功能或调整功能的范畴。由此可见，生态系统服务功能是人类生存与现代文明的基础。

第二节　生态系统服务功能的价值构成

根据生态服务价值的表现形式，可判断生态系统服务的总体经济价值包括两个部分：使用价值和非使用价值。生态系统的使用价值又可以分为直接使用价值、间接使用价值和选择价值（也就是潜在使用价值）。直接使用价值指的是生态系统产品的价值，产生直接的物质价值和服务价值，且能够用商品的市场价格来对其进行估价。间接使用价值指的是不能够被商品化的生态系统服务功能的价值，以及维持地球生命的系统支持功能所具有的价值。简单地说，间接使用价值就是生态功能的价值，生态服务功能的类型决定其价值。非使用价值可分为存在价值和遗赠价值。生态系统的非使用价值是人类正在使用的生态服务之外的价值，它属于生态系统的经济价值范畴，对人类后代来说其利用价值很大，与人类使不使用没有多大关系。选择价值（及优先选择价值）是使用价值的一种，具有潜在的使用价值，将来人类为了使用一些生态系统服务功能，会非常愿意购买这样的价值。Pearce认为选择价值就像保险一样，为不确定的未来提供保障。选择价值既可以被认为是使用价值也可以被看作是非使用价值。存在价值是生态系统的先天价值，也是最具有争议的价值类型。它的价值只与生态环境资本有关，不管是现在还是未来，与人类是否使用没有任何关联。存在价值仅仅只是一种主观满足感，而不管其他人是否会从中获益，这种主观满足感源于知道一些环境特征将持续存在这一事实（Fu et al.，2001）。遗赠价值指的是人类愿意支付生态系统服务，以便后代能够使用这些功能。

第三节　生态系统服务功能的价值分类

生态系统服务的多功能性决定了其大部分价值，因此对于它的分类也有多种观点，学者徐嵩龄从生态系统服务功能的价值和市场角度将其分为以下三类：

（1）可作为商品在市场流通的功能；

（2）不能作为商品在市场上流通，但具有一些类似商品的特性或者对市场交易有显著影响的功能；

（3）不能作为商品在市场上流通，对市场交易也不具有明显影响，但是与现行市场机制相连接，并且需要特殊的方法去衡量的功能。

欧阳志云等将生态系统服务功能的价值总结归纳为以下四大类：

（1）直接使用价值。主要指生态系统产品的价值，包括食物、药物、工业和农业的原材料、土地、环境等；

（2）间接使用价值。主要指那些不能够被商品化的态系统服务功能，如保护石油产量、净化空气等；

（3）选择价值。主要是指人们愿意支付以后能够用到的一些生态系统服务功能，如人们为了能够享受滋养水源、洁净空气、旅行、放松、娱乐等生态系统功能而愿意支付一定费用。选择价值又分为三种类型：自我选择、后代选择（遗赠选择）和他者选择（代替选择）。

（4）存在价值。指人们愿意为了保证生态系统服务功能持续存在而进行支付，是生态系统的先天价值，与直接使用价值和间接使用价值的性质基本相同。但是人们一度认为选择价值与未来资源利用价值有一定关联，而存在价值属于非使用价值类型。直接使用价值在市场上通过商品价格来体现，间接使用价值通过市场价格来体现，选择价值（也就是存在价值）与市场没有关联，所以只能够通过建立模拟市场来调查人们的支付意愿这样特殊的方式来对其价值进行评估，（Huan，2001）。

第四节　生态系统价值的评估方法

2003 年，Zhao 等就生态系统服务功能总结提出了三种主要的定量评估方法，即能源评估、材料数量评估和价值评估。能源评估是指利用太阳能估量生态系统服务及其产品，也就是利用生态系统服务及其产品在形成过程中直接或间接消耗的总太阳能焦耳量来进行评估。利用生态系统的能源净同化量或者实际经济产品的同化量来评估生态系统服务及其产品。材料评估旨在从材料数量的角度对生态系统服务进行定量评估，生态系统及其系统内的物种提供产品和服务，这些产品和服务所包含的净光合生产力或经济输出就是材料评估的来源。价值评估是从币值的角度对生态系统服务进行定量评估，如果生态系统所提供服务的价值不随时间的推移而减少，那么这样的服务价值就达到了理想的状态。目前，在国内外很多学术研究中，生态系统服务的经济价值量化问题逐渐升温，价值评估也主要应用在这一领域。

根据生态经济学、环境经济学和资源经济学的研究成果，目前较为常用的主要生态系统服务功能经济价值评估办法可以分为两大类：① 替代市场法。有些生态服务没有直接的市场和市场价格，只能通过寻找相关替代产品和服务的市场和市场价格，间接得出其具有的价值。也就是通过影子价格和消费者盈余体现生态系统服务功能的经济价值，其评估办法多种多样，包括费用支出法、市场价值法、边际机会成本法、旅行费用法、享乐价格法等。② 虚拟市场法（又称假设市场法）。对于森林生态系统中没有市场交易价格的生态服务，必须在人为条件下设定一个虚拟市场，通过询问大众对该森林的支付意愿或受偿意愿来估算其生态价值，其代表方法为条件价值法。

一、费用支出法

费用支出法是以人们对某种生态系统服务功能的支出费用来表示生态价值，是一种古老而简单的评估办法。举例来说，对于自然景观的游憩效益，可用游憩者支出的费用总和（包括整个过程的运输开支、食物开支、餐饮住宿开支、门票开支、设备使用开支等）作为该生态系统的游憩价值。常用支出法通常又分为三种形式：总支出法，以游客的费用总支出作为游憩价值；区内支出法，仅以游客在游憩区支出的费用作为游憩价值；部分费用法，仅以游客支出的部分费用作为游憩价值。

二、市场价值法

市场价值法与费用支出法有些相似，先定量地评价某种生态服务功能的效果，再根据这些效果的市场价格来估计其经济价值，是不需要支出但具有市场价值的生态系统服务功能价值评估方法。通过对生态效益进行积极和消极分类，市场价值评估办法有两种：① 环境效益评价法。可分为三个步骤：首先，计算某种生态系统服务功能的定量值，如滋养水源量、二氧化碳固定量、农作物的增产量等。然后，研究生态服务功能的影子价格，如滋养水源量价格可根据水库项目的节水成本定价，固定二氧化碳可根据市场价格定价；最后，计算其总经济价值。② 环境损失评价法，这种生态经济评价法与环境效益评价类似。例如，在评价保护土壤的经济价值时，用生态系统破坏所造成的土壤侵蚀量、土地退化、生产力下降的损失来估计。

环境效益评价法和环境损失评价法是对同一个问题两个不同层面的考虑，一个是考虑公共效益的影响，另一个是考虑丧失公共效益所造成的损失，当生态破坏造成明显的公共效益损失的时候，就可以用环境损失评价法来评估市场价值。从理论上来说，市场价值法是一种非常理性的评估方法，也是目前评估生态系统服务功能价值用得最多的评估方法。在实际评价中，通常有两类评价过程。一是理论效果评价法，它可分为三个步骤：首先，计算某种生态系统服务功能的定量值，如农作物的增产量；其次，研究生态服务功能的影子价格，如农作物可根据市场价格定价；最后，计算其总经济价值。二是环境损失评价法，如评价保护土壤的经济价值时，用生态系统破坏所造成的土壤侵蚀量、土地退化、生产力下降的损失来估计。

三、边际机会成本法

边际机会成本是由边际生产成本、边际使用成本和边际外部成本组成的。机会成本是指在其他条件相同时，把一定的资源用于生产某种产品时所放弃的生产另一种产品的价值，或利用一定的资源获得某种收入时所放弃的另一种收入。对于稀缺性的自然资源和生态资源而言，其价格不是由其平均机会成本决定的，而是由边际机会成本决定的，它在理论上反映了收获或使用一单位自然和生态资源时全社会付出的代价。机会成本法主要是针对自然资源，在其计算过程中不仅要考虑开发资源的成本，同时还要考虑资源开发以及必须支付的费用对其他人造成的影响，因为后代子孙无法再使用这个时期的资源，这也更加客观、更加综合地显示了一些资源系统的生态价值。

四、旅行费用法

旅行费用法属于间接经济评估方法，指的是利用游憩的费用（常以交通费和门票费作为旅游费用）资料求出游憩商品的消费者剩余，并以其作为生态游憩的价值。旅行费用法不仅首次提出了游憩商品可以用消费者剩余作为价值的评价指标，而且首次计算出游憩商品的消费者剩余。游憩是一种公共商品，不能以市场价格来衡量，也不能用于市场交换，因此，很难获得它的市场价格文件和需求信息。此外，游憩之类的公共商品满足人们的生态需求和精神享受，但却没有物质化的具体存在形态，所以游憩所产生的效益是无形的，人们必须通过特定的方式设定特定的标准来进行衡量。旅行费用法使用最多的是创造性地利用消费者剩余。这主要是因为人们通常利用市场价格来显示商品的经济价值，但是公共商品（如游憩物品）既没有交易市场，也没有市场价格，其消费者剩余就只有通过商品的市场价格文件来计算。游憩也没有交易市场和市场价格，也不能直接计算出其消费者剩余，因此首次出现了旅行费用法来应对这一问题。旅行费用法提议将旅游商品的消费者剩余作为价值评估标准，首次计算了旅游商品的消费者剩余。游憩价值可分为使用价值和非使用价值两类，游憩的使用价值是指游憩流动使用价值和场地使用价值；游憩的非使用价值是指未来的利用价值和旅游价值，或者也可以说是后代游憩的使用价值，或者说是客观存在的先天价值。游憩的非使用价值也没有交易市场和市场价格，因此也只能用专门的方法来计算其价值。

五、享乐价格法

享乐价格与很多因素有关，如房产本身的数量与质量，距中心商业区、公路、公园和森林的远近，当地公共设施的水平，周围环境的特点等。享乐价格理论认为：如果人们是理性的，那么他们在选择时必须考虑上述因素，故房产周围的环境会对其价格产生影响，因周围环境的变化而引起的房产价格可以估算出来，以此作为房产周围环境的价格，称为享乐价格法。西方国家的享乐价格法研究表明：树木可以使房地产的价格增加 5%～10%；环境污染物每增加一个百分点，房地产价格将下降 0.05%～1%。

六、条件价值法

条件价值法也叫问卷调查法、意愿调查评估法、投标博弈法等，属于模拟市场技术评估方法，它以支付意愿和净支付意愿表达环境商品的经济价值。条件价值法是从消费者的角度出发，在一系列假设前提下，假设某种公共商品存在并有市场交换，通过调查、询问、问卷、投标等方式来获得消费者对该公共商品的支付意愿或净支付意愿，综合所有消费者的支付意愿和净支付意愿，即可得到环境商品的经济价值。根据获取数据的途径不同，又可细分为：投标博弈法、比较博弈法、无费用选择法、优先评价法和德尔菲法等（Guo et al.，2003）。

七、恢复和防护费用法

全面评价环境质量改善的效益，在很多情况下是很困难的。对环境质量的最低估计可以从为了消除或减少有害环境影响所需要的经济费用中获得，我们把恢复或防护一种资源不受污染所需的费用，作为环境资源破坏带来的最低经济损失，这就是恢复和防护费用法。

八、影子工程法

影子工程法是指当环境受到污染或破坏后，人工建造一个替代工程来代替原来的环境功能，用建造新工程的费用来估计环境污染或破坏所造成的经济损失。

九、人力资本法

人力资本法是通过市场价格和工资多少来确定个人对社会的潜在贡献，并以此来估算环境变化对人体健康影响的损失。环境恶化对人体健康造成的损失主要有三方面：因污染致病、致残或早逝而减少本人和社会的收入；医疗费用的增加；精神和心理上的代价。

第五节　中国生态系统价值评估的研究进展

国内生态价值的评估始于 20 世纪 80 年代初，到 20 世纪 90 年代以后不同层次的评估结果陆续面世。1984 年，马世骏先生发表了名为《社会经济自然复合生态系统》的文章，代表生态学家涉足经济学领域。1996 年，由胡涛等人组织了中国环境经济学研讨班，发表了两册论文集，内容包括环境污染损失计量、环境效益评价、自然资源定价、生物多样性生态价值等。1998 年，李金昌研究员编著出版的《生态价值论》系统分析了生态价值的有关基础理论，并就其量化方法进行了深入的研究。

1999 年，薛达元、包浩生、李文华等采用费用支出法、旅行费用法、条件价值法等当时较少采用的方法对长白山自然保护区生物多样性的间接使用价值、非使用价值、旅游价值进行了较为详细的分析和评价。从已检索的文献来看，薛达元等是国内较早开展生态系统价值评估工作的学者之一，但并非基于生态系统服务视角。欧阳志云首先采用了生态系统服务的概念，并对中国陆地生态系统的6 种服务功能进行了初步评估，指出了评价参数的选择可能导致结论的偏差。陈仲新等按中国的自然地理状况分类，把中国植被类型划分为 10 类陆地生态系统和 2 类海洋生态系统，并参照 Constanza 等人的研究方法，首次对我国的生态系统效益价值进行了较为全面的评价。潘耀忠（2004）、何浩（2005）、毕晓丽、葛剑平（2004）等也对中国陆地生态系统进行了价值评估，但结论相互差异明显。潘耀忠对比了世界上 13 个主要国家的区域生态系统服务价值。赵景柱对世界 13个主要国家的区域生态系统服务价值进行了比较。2001 年，吴刚评价了长白山森林生态系统服务价值，并认为水源涵养价值是主要价值组成。欧阳志云、王如松、赵同谦等对中国陆地地表水、中国草地、中国森林、海南岛等大尺度区域的生态系统服务进行了价值评估。谢高地、鲁春霞（2001，2003）等分别评价了中国自然草地、青藏高原、青海草地等区域和群落生态系统的经济价值。此外，国内就城市、流域、湿地、河口海岸等生态系统以及生态系统的单项服务功能也开展了一些案例评价，除此之外，还对国内生态系统服务功能单一的地区进行案例评估，包括城市、盆地、湿地、河口沿岸等。2008年，谢高地在Costanza和Villa等提出的评价模型的基础上，对国内200多位生态学学者进行了问卷调查，提出了中国生态系统服务价值相当于量因子表。最近徐中民等采用直接市场法、条件价值法的各种模式以及环境选择模型方法等各种价值评估方法，对黑河中上游的甘肃张掖地区和黑河下游的内蒙古额济纳旗两个地区的生态恢复项目做了大量的实地调查评估工作，获得了区域生态恢复的总经济价值，并对各种方法进行了比较研究。蓝盛芳、崔丽娟等探讨了能值分析法的理论与应用，为国内生态系统服务价值评估引进了一条新思路。欧阳志云等的研究成果在我国现阶段的生态学领域具有较重要地位，他们将国内的生态系统服务及其价值的实证探讨逐步推向快速发展时期。值得注意的是，国外生态系统服务价值评估多为经济学的研究领域，而我国从事环境与生态系统服务价值评估的研究人员主要为生态与环境领域专家学者。从国际上的趋势来看，我国这方面的研究可能需要经济学学科的更多支持（生态系统服务价值评估研究进展，赵军）。

2000年，我国著名植物学家陈仲新、张新时等根据Costanza和Villa的研究成果，按照面积比例对我国生态系统的服务功能经济价值进行了评估。2002年，张颖博士出版的《中国森林生物多样性评价》对森林生态系统多样性进行了多角度评价分析，具有较高的理论价值，有力地推动了生态系统服务功能评价方法向纵深方向发展。总体来说，我国的生态系统服务功能的价值评估方法正处于由学习模仿向逐渐成熟的过渡阶段，并开始了纵向的研究。

第六节　中国生态扶贫实践

中国社会发展正面临两项重要任务——扶贫发展和生态建设。目前，我国贫困线以下的人口大多分布在生态环境恶劣、自然资源匮乏的地区，因此减贫和改善生态环境是进行生态建设、实现可持续扶贫的重要途径。我国当前已经在中部和西部地区实行生态建设计划，主要内容包括：农业部退牧还草工程、农业生物质综合利用工程；国家环保局生态补偿试点工程、中国三北防护林工程；国家林业局退耕还林工程、天然防护林工程等。这些工程项目都大大推进了中部和西部地区的经济发展和生态建设，且其中成功的案例有很多。

在内蒙古自治区境内的乌兰察布盟主要贫困区，我国计划并执行了退耕还林还草工程以及高效农田建设工程。在科尔沁沙地、其他沙漠等地区实行防沙控沙工程，着重建设密封繁殖、飞机播种、造林、植草、治理小盆地等项目，将扶贫发展与生态建设紧密结合，生成互动生态效益和经济效益；在不同地区探索能够产生经济、生态和社会效益的结合点；并结合扶贫发展和生态建设，总结出不同的发展模式。已经关闭1200万亩森林和草地，11个县区66万贫困人口的生产生活条件得以明显改善，温饱问题基本得以解决。广西壮族自治区内有49个贫困县市，其中28个是国家重点扶贫县。在这些重点扶贫地区，山石覆盖面积达到8.95万平方千米，因此当地居民不得不长期开垦荒地，并在石缝中种植粮食。由于森林遭到摧残，居民又无限制地开垦荒地，给这些地区的自然资源和生态环境造成不同程度的破坏。土壤侵蚀现象一年比一年严重，水旱灾害日趋频繁。为了保护水资源，广西壮族自治区内一些研究者在这些区域进行了深入调查研究并采取一定的保护措施，将缓坡改造成固定的水平梯田，从而使得这些地区的单位面积土地产量有了大幅提升，帮助居民实现了70%～100%的改造计划。

超过200万亩的森林重新得到了保护，与此同时，广西壮族自治区内还积极推动山区沼气池和能源滋养水源建设，恢复森林和植被，并探索出了一套"沼泽—庄稼—饲养"三者之间的可持续循环方式，从而成功实现了保护森林资源、改善生态环境、增加农民收入的目标。除此之外，在广西壮族自治区内，住在环境恶劣山区的70万居民生活条件非常艰苦，自治区政府启动外交政策，深入发展生态扶贫，改善生态环境，提高居民生活质量，推动经济发展，形成生态环境与减贫的良性循环模式。

第七节　生态系统服务价值评估的发展前景

生态系统服务价值评估是现阶段国内外生态经济学和环境经济学的研究焦点和热点之一，在国外开展已近30年，国内近年来也得到了发展但仍处于初级阶段，尚未形成一整套完备的评价理论、指标体系、实施原则。包括国际上的相关研究在内，评价结论的可靠性和可应用性都较有限，未来研究的重点及趋势可表现为以下5个方面。

一、生态系统服务及其价值评估的理论研究

就这方面，国际上已展开了大量研究，而国内相关研究相对欠缺。必须加强生态系统服务与生态系统结构、功能的关系，生态系统服务及其价值的概念和合理分类等基础研究，提出科学的生态系统服务评价指标体系。同时对相同尺度生态系统之间服务价值的线性可加性，不同尺度生态系统之间的服务价值可能存在的幂数定律与分形特征，生态过程与经济过程之间的复杂联系进行探索。

二、生态系统服务价值评估方法的完善

从国外研究趋势来看，生态系统服务价值的评估对象将由大尺度区域逐渐向中小尺度重要生态系统和重要功能如作为环境舒适性资源方向演化，并最终趋向物种和生物多样性保护层次。研究方法也逐渐相应地从直接市场方法向非市场方法过渡。必须提出各种评价方法尤其是非市场评价方法的具体操作原则，并寻求直接市场方法与非市场方法结合的最佳途径，完善对生态系统服务总经济价值的评估。

三、价值评估工作的尺度调整

大尺度的生态系统服务价值评估是当前主流，这对于认识国家尺度和省市区域尺度上的自然资本价值无疑具有重要的实践意义。然而，大尺度的价值评估对于小区域的环境和生态系统管理的指导意义并不直接和明确，加强中小尺度生态系统如行政区域层面的省市、区县生态资产评估，自然区域层面的重点流域、各类保护区的价值评估是未来的一个重要方向。同时考虑不同尺度生态系统之间的相互作用及机制，这对于理解生态系统服务的动力学机制及其对人类福利的意义是至关重要的。

四、一些重要生态系统和脆弱生态系统价值评估研究的跟进

对城市和水域生态系统缺少应有的关注，而这些生态系统对国家可持续发展以及体现自然资源稀缺性具有重要价值。在完成各种大尺度的区域生态系统价值估算后，须加强较大尺度水域生态系统和城市生态系统及其子系统，尤其是城市、河流、湿地、森林、水源地等重要系统的价值评估研究，研究方法也应逐渐转向直接市场技术和替代市场、假想市场技术的交叉结合。同时，加强农田生态系统、湿地生态系统，以及农牧交错区、江河源、冰川、荒漠等脆弱生态系统的

价值评估和管理工作。

五、连续动态价值评估及价值量变化的驱动力分析

美国从 1972 年就开始了这方面的工作。对生态系统服务价值的时间尺度和空间尺度的把握在今后一段时期内仍将是评估工作的一个薄弱环节。可基于遥感和地理信息系统的技术集成逐步实现价值评估的手段现代化，同时加强数据规范化、指标标准化的工作，建立健全各种空间尺度的生态资产数据库，开展周期性调查评价，国家海洋与大气管理局、国际陆界生物圈计划可为此提供重要的土地利用数据支持。同时，利用区域社会、经济、地理信息，分析变化的驱动力，并构建环境数学模型预测生态系统服务变化与人类活动的双向影响联系。

总的来说，对生态系统服务功能价值评估理论的调查研究将会为我国经济体制改革和绿色 GDP 核算提供理性基础，形成新的企业约束机制，同时还能够促进生态环境保护的发展。由于不同生态系统服务功能价值评估案例所采用的评估方法各异，因此研究结论也不尽相同。我们必须对比不同案例的评估办法，遵照以下基本原则来进行评估：首先采用直接市场法，然后是替代市场法，最后才是模拟市场法。在我国实际国情下，建立生态环境价值评估索引系统应主要选择直接市场法，然后在客观条件成熟之后尝试使用替代市场法和模拟市场法。为了避免评估结果出现偏差，在个案的初步研究阶段可以采用多种不同的评估方法，在实践中完善生态环境评估体系。

参考文献

Bi X L, Ge J P. 2004. Evaluating ecosystem service valuation in China based on the IGBP land cover datasets. Journal of Mountain Science, 22 (1):48-53.

Chen Z X, Zhang X S. 2000. Valuation of ecosystem services in China. Scientific Bulletin, 45 (1):17-22.

Costanza R, Villa F. 2000. Design of multi-paradigm intergrating modelling tools for ecological research. Environmental Modelling and Software, 15 (2):169-177.

Fu B J, Chen L D, Ma K M, et al. 2001. The Theory of the Landscape Ecology and its application. Beijing:Science Press.

GoodLand R, Daly H. 1997. Environmental sustainability: universal and non-negotiable. Ecological Application, 6:1002-1017.

Guo M, Feng Z Y, Zhao S L, et al. 2003. Introduction of the appraisal of eco-environment value.

Journal of Shandong Normal University (Natural Science),18（1）:71-74.

He H,Pan Y Z,Zhu W Q,et al. 2005. Measurement of terrestrial ecosystem service value in China. Chinese Journal of Applied Ecology,16（6）:1122-1127.

Hu T,Wang H D. 1997. The application of China's environmental economics in practice. Beijing:China Environmental Science Press.

Huan M M. 2001. Summary of ecosystem service function and valuation. Ecological Economy, 12:41-43.

Li J C,Jiang W L,Jin L S,et al. 1999. Ecological Value Theory. Chongqing:Chongqing University Press.

Ma S J,Wang R S. 1984. Social-economic-natural complex ecosystem. Acta Ecological Sinca,4 （1）:1-9.

Ouyang Z Y,Wang R S. 1999:Ecosystem services and their economic valuation. Chinese Journal of Applied Ecology,10（5）:635-640.

Ouyang Z Y,Wang X K,Miao H. 1999. A primary study on Chinese terrestrial ecosystem service and their ecological-economic values. Acta Ecological Sinca,19（5）:607-613.

Ouyang Z Y,Zhao T Q,Wang X K,et al. 2004. Ecosystem services analyses and valuation of China terrestrial surface water system. Acta Ecologica Sinica,24（10）:2091-2099.

Pan Y Z,Shi P J,Zhu W Q,et al. 2004. Remote sensing quantitative measurement of ecological capital of terrestrial ecosystem in China. Science in China Series D,34（4）:375-384.

Su J,Lan S F. 2000. A new method of evaluating the multiple benefits of forests—the energy analysis. World Forestry Research,13（1）:32-37.

Wu G,Xiao H,Zhao J Z,et al. 2001. Ecosystem services of the forestin changbai mountain. Science in China（C）,31（5）:471-480.

Xie G D,Lu C X,Xiao Y,et al. 2003. The economic evaluation of grassland ecosystem services in Qinghai-Tibet plateau. Journal of Mountain Science,21（1）:50-55.

Xie G D,Zhang Y L,Lu C X,et al. 2001. Study on valuation of range land ecosystem services of China. Journal of Natural Resources,16（1）:47-53.

Xie G D,Zhen L,Lu C X,et al. 2008. Expert knowledge based valuation method of ecosystem services in China. Journal of Natural Resources,23（5）:911-919.

Xu Z M,Cheng G D,Wang G X. 1999. A study on the estimation of economic loss from ecological deterioration—take Zhangye prefecture as an example. Advance in Earth Sciences,14（5）: 498-504.

Xue D Y. 1999. Categories and valuation methods of economic values of biodiversity in nature reserves. Rural Eco-Environment,15（2）:54-59.

Xue D Y. 2000. Valuation on non-use values of biodiversity by contingent valuation method in

Changbai Mountain biosphere reserve in China. China Environmental Science, 20 （2）: 141-145.

Xue D Y, Bao H S. 1999. A study on turism value of biodiversity in Changbaishan Mountain biosphere reserve （CMBR） in Northeast China. Journal of Natural Resources, 14 （2）: 140-145.

Xue D Y, Bao H S, Li W. 1999. Tourist value of biodiversity in the natural reserve of Changbai Mountain. Journal of Natural Resources, 14 （20）: 140-145.

Zhang Y. 2002. China Forest Bio-Diversity Evaluation. Beijing: China Forestry Publishing House.

Zhao J Z, Xu Y J, Xiao H, et al. 2003. Ecosystem services evaluation based on comprehensive national power for sustainable development - the evaluations on 13 Countries. Systems Engineering-theory & Practice, 23 （1）: 121-127.

Zhao T Q, Ouyang Z Y, Zheng H, et al. 2004a. Forest ecosystem services and their valuation in China. Journal of Natural Resources, 19 （4）: 480-491.

Zhao T Q, Ouyang Z Y, Jia L Q, et al. 2004b. Ecosystem services and their valuation of China grassland. Acta Ecological Sinca, 24 （6）: 1101-1110.

Zhao T Q, Ouyang Z Y, Wang X K, et al. 2003. Ecosystem services and their valuation of terrestrial surface water system in China. Journal of Natural Resources, 18 （4）: 443-451.

本章作者：

Yang Zhengli, 中国农业科学院农业环境与可持续发展研究所, email：yangzl@ieda. org. cn。

Yang JinFeng, 中国农业科学院农业环境与可持续发展研究所, email：yulin6206 @163. com。

Yang Shujing, 中国农业科学院农业环境与可持续发展研究所, email：tourist121 @163. com。

Wang Yongsheng, 中国农业科学院农业环境与可持续发展研究所, email：wqj19850513 @163. com。

第三篇 生态系统变化和贫困问题的直接驱动因素

第七章 气候改变对中国陆地生态系统服务的潜在影响

第一节 简 介

气候变化将对中国生态系统造成巨大影响,且很有可能会因此而影响到整个生态系统服务的现状及其分布。于是非常有必要对气候变化造成的这些影响进行系统评估,以辨别哪些地区已经将适应环境变化视为优先考虑的问题。利用全球和区域影响模式,不管是国家还是地方规模,气候变化对中国生态系统所产生的潜在影响都已经成形。高寒地区在应对气候条件变化这一问题上非常脆弱,因此国家已经对山地生态系统给予特别关注。

有关这一问题,大多数已经出版的调查研究成果都将重心集中在生物物理效应上(如气候变量及潜在植被随之可能发生的改变等),而在量化对生态系统服务的后续影响这一方面却少有研究。然而也有一份关于变化对农业和水资源服务所产生的直接影响的研究成果(表 7.1)具有一定的借鉴意义,它总结了气候变化可能对中国生态系统、物种、碳储量、水资源供应以及粮食产量造成的影响,对其知识状态进行了综合回顾。

表 7.1 气候变化对生态系统服务所产生影响的知识状态

预测变化对象	文献数量	认可程度
气候与生物多样性		
温度	较多	较高
降雨量	较多	中等
生态系统分布	较多	较高
物种分布	较少	—
支持与调节服务		
生产力 & 碳储量	中等	中等
水资源管理与水质	中等	较低
土壤形成	无	—
授粉	无	—
养分循环	无	—

续表

预测变化对象	文献数量	认可程度
供给服务		
水资源供给	较多	较高
作物种植	较多	中等
淡水鱼与野味	无	—
薪材与木料	较少	
生化制品与遗传资源	无	—
文化服务	无	—

第二节　中国区域气候变化的气候模式与气候预测

对气候变化可能造成的影响进行实际评估都必须用到气候模式，目前普遍采用的是大气环流模式。气候变化影响中国生态系统的模式从全球到地方都呈现出不同的样态，其落实的复杂程度也从一种生态系统模式内简单的全球气候变暖（Jin et al.，2000）到区域气候模式与植被模式并存（Kutzbach and Behling，2004）而表现出一定的差异。预测生态系统服务可能是通过假设当前生态系统会对模拟的气候变化作出回应，或者直接模拟生态系统服务。人们经常通过庄稼试验来探究农作物对气候变化所作出的回应，以大气环流模式中的气候参数形式将研究结果形成作物模拟模式。同理，水文模式也利用全球大气环流模式的结果来预估对气候变化水资源的影响。

不管选用哪种模式，都是依赖全球环流模式来全真模拟气候变量的变化，然后取其平均数，得出可能的区域价值，或者用一个所谓下插（主要是通过区域气候尺度的预报量与全球环流模式输出或大尺度地面观测资料建立统计模式）的统计方法来获得小范围的气候特征。气候模式并不总是能准确地模拟出当前气候（Semenov and Barrow，1997），不论什么时候，在评估气候变化的影响时都应该考虑到任何一个模拟过程中固有的不确定性。为了预估未来气候变化对地球的影响，很多研究者使用现在的气候地图来对现有的模式进行预演，然后在全球环流模式下，调整现代与未来运用这些模式的不同点（"异常"）。气候模式受降雨影响较大，在对农业影响进行评估的过程中有时会被摒弃或修改。

联合国政府间气候变化专门委员会（IPCC）第四次评估报告综合报告于

2007 年 11 月 17 日在西班牙正式发布，且将最近一次的全球场景模拟实验作为报告的一部分（Solomon et al.，2007）。对于 A1B 情景来说，模式使用的套件大致与中国降雨频率和降雨量的变化，以及全球变暖的相对程度相符合。

国家气候中心（NCC）采用 B2 排放情景进行评估，区域气候模式预估中国的平均温度将会在 2020 年、2050 年、2080 年分别提高 1.2℃、2.2℃、3.2℃（Wu et al.，2007）。由联合国政府间气候变化专门委员会以及其他一些中国科学家发展的区域气候模式在预估区域性显著差异的同时，显示出北方将比南方的气温上升幅度更大（Chen et al.，2006；Guo et al.，2003，Lan et al.，2006；Xu et al.，2006a；Lin et al.，2007）。

目前预估降水增加强度的不同模式之间很少能达成共识，季风系统对中国天气模式影响很大，而它与厄尔尼诺南方涛动周期之间的互动很难模拟。举例来说，对比第一次评估中的 7 个 IPCC 气候模式结果得出，2050 年中国北部的年降水量增加幅度将在 0.7%～6%（Huang et al.，2001）。马克思·普朗克研究所（MPI）模式预估中国北部的降雨量将增加 1.6%（Guo et al.，2002），更近期的工作，如国家气候中心（NCC）预测国家年平均降雨量将在 2020 年、2050 年和 2080 年分别增加 4%、7% 和 10%，降雨量可能会在中国北部地区以及冬季增加最为明显，区域气候模式还模拟出在北部地区和在冬季，其极端事件的发生频率会更高。据估计，中国南部地区降雨持续时间可能会缩短，但是强降雨天气的持续时间可能会延长。在西藏自治区，预测其降雨量全年都会增加，在整个中国，热浪发生频率很有可能将会更高，而极度寒冷的天气将会减少。

中国北部山区，气温已经在过去的 40 年里上升了 0.7℃（IPCC，2007），其中青藏高原的气温上升幅度最大（上升了 0.5℃）。在 IPCC A1B 情景下，基于 21 个全球模式的平均数据，预估西藏自治区的气温将会在 2100 年上升 3.8℃，比全球平均气温上升幅度还要大（Christensen et al.，2007）。预测东亚地区（包含了除上述地区之外中国大部分余下的地区）气温将会上升 3.3℃。冰雪融化导致青藏高原变暖加剧，并因此减少了太阳光的反射。

第三节 对陆地生态系统的潜在影响

模拟生态系统的方式主要有两种：人们可以依据生态系统与当前气候之间的相互关系来模拟很多截然不同的生态系统，或者根据植物功能型（PFTs，意即对环境条件作出相似的反应和对关键生态学过程具有相似影响的植物组合）对于日益增加的大气层 CO_2 含量作出的自然反应来模拟少部分生态系统。当这些植物功能型在全球植被动态模式（DGVM）中被模拟的时候，一些对植被变化的滞后反应被模拟了出来。然而，这些模式很少考虑到植被蔓延过程中的非气候限制因素，如土壤类型、物种传播限制等（Pitelka et al.，1997），并且第一种方法有可能还会夸大生态系统对干旱的脆弱性。在文献记载中没有找到将这两种方法的结果进行对比的研究资料，但是两者都模拟出了中国生态系统的空间分布在应对预期程度的变暖时所表现出来的广泛变化。在全球范围内，这一问题甚至会出现在中国东北地区，且尤其严峻，人们在多模型双倍 CO_2 情景下模拟出了生物群落之间的大量流动（Malcolm et al.，2002）。

使用第一种方法预估未来气候可用于构图未来的霍尔德里奇生命带，均衡应对气候变化。在双倍 CO_2 模拟情景下，可检测出生命带出现的明显变化——超过 89％的地表发生改变（Chen et al.，2003）。随着荒漠面积不断减少，青藏高原天然植被变化，我国森林总面积增加了 15％。与此类似的还有使用 IPCC 第三工作组的排放情景特别报告进行的预估，在这次预估过程中将可能的土地利用都归入霍尔德里奇一类，这次预估结果表明：森林（林地）面积有所扩大，积雪层面积缩小，但是暖性沙漠面积却有所扩大（Liu et al.，2005；Yue et al.，2006，2007）。总的来说，这是对气温升高、降雨以及潜在蒸散作用所作出的一种回应。这种方法的优点就在于其速度快、透明度高，但是该方法也有一些弊端，如没有考虑到植被对日益增加的 CO_2 的自然反应，对变化的回应滞后，或者说只是简单地说明了与当前所见不同的未来生物气候变量。

若使用第二种方法，利用 BIOME3 模式（生物群第三种模式），通过模拟植物功能型（PFTs）模拟气候和 CO_2 对植被的影响。这种方法的具体模拟方式是：在双倍 CO_2 情景下，预估中国东北地区一半温带混交林与温带阔叶林的替换情况，以及中国西部高海拔地区生态系统的针叶林入侵情况（Ni et al.，2000）。在三倍 CO_2 情景下（使用原始气候参数而不是哈德利大气环流模式的气候参数），BIOME3 模式模拟出森林面积将会进一步扩大，尤其是在我国南部和西部地区（Kutzbach and Behling，2004）。大面积的草地和热带稀树草原被温带森林所替代，而温带森林又被热带森林所替代。这种模式不包含人类对植被的直接影响，或者对植被变化的滞后回应，因此它只说明了在土地利用贫瘠的情况下有哪些植被在这些地方具备生长的可能性，且能保持均衡生长：这与将来可能实现的植被密集覆盖景观大有出入。

一、物种多样性

《世界自然保护联盟濒危物种红色名录》（IUCN，2007）已将中国本土的7个物种确定为濒危物种，包括3种鸟类、3种两栖动物类和1种鱼类，将全球气候变化定义为导致这些物种濒危的"潜在杀手"，它们大多都被限制居于山林栖息地。由于有关全球气候变化对中国个体物种潜在影响的正式研究文本很少（气候变化对红松的影响调查除外），因此将这些物种列入《世界自然保护联盟濒危物种红色名录》是由专家通过整体评估得出的结果（Xu and Yan，2001），被列入名录的物种种类显示有所减少。处于高山生态系统（如高山草甸带）的物种数量很可能会因气候变暖而减少。利用生物群落和植被模式模拟生态系统变化的程度和速度，结果表明许多其他物种也会因气候变暖而面临濒危风险。

二、储碳式初级生产与气候调节

生态系统对碳的固定和保存将会以一种很复杂的方式回应降雨量变化、气温变化以及大气层中 CO_2 水平的变化。由于土壤的呼吸会受到气候的直接影响，所以相较于植被，在土壤中有更多的不确定因素会影响到碳的储存。碳的固定量可由净生态系统生产力（NEP）来计算，也就是通过净初级生产量（光合作用与呼吸作用之间的平衡）与土壤呼吸之间的差异值来计算。在最近几十年里，国家平均净生态系统生产力在不断下降，其主要原因就是因为高温带来的诸多影响所致（Cao et al.，2003），同时臭氧层被污染（Ren et al.，2007）及氮沉降（Ju et al.，2007）等因素也在一定程度上促成了国家净生态系统生产力下降。这一结果使得地区差异变得模糊不清——在北方，生态系统的净生态系统生产力有所下降，那里气候变暖，但降雨量却没有增加；在南方，生态系统的净生态系统生产力有所增加，在气候变暖的同时，其降雨量也相应增多。

在双倍 CO_2 情景下使用 BIOME3 植被模式在全国范围内预估净初级生产量，结果表明：本土生态系统中的碳储量在未来还会增加（Ni et al.，2000；Ni，2001）。最近一份森林生理模型还显示了在一系列场景下未来净初级生产量可能的增加量（Ju et al.，2007）。然而，这些预测都忽视了永久冻土层融化的时候可能会散发出来的大量温室气体（Jin et al.，2000；Wang et al.，2007）。

三、山地系统

预计山地区域的气候变化很可能会导致冰河的积水不断减少，且随之发生的永久冻土会对融水径流造成影响（Ni，2000；Sun et al.，2006）。对这些地区的气候变化进行预测会受制于一些特殊的不确定因素，因为全球气候模式与山地地形之间不相匹配。此外，人们也很难模拟出山地对降水的影响（Christensen et al.，2007）。基于这样的现实情况，NCC 预估到 2050 年，中国西部冰川总面积将会减少 27.2%（Lin et al.，2007）。回顾所有的气候模式（Huang et al.，2001；Wu et al.，2007；Lin et al.，2007；Lan et al.，2006；Xu et al.，2006b；Gao et al.，2003，Lan et al.，2006；Shi et al.，2007），这些气候模式预测已经很明显的气温上升所导致的永久冻土减少现象将持续存在，而导致这一结局的很大一部分原因是由于高山系统的温度升高所致。与此同时，降雨持续时间、降雨量及相对湿度也会在很大程度上影响水体结冰量。

尽管全球气候模式还存在诸多问题（Christensen et al.，2007），西藏地区或者说青藏高原一直是全球气候模式的特别研究对象（Jin et al.，2000；Ni，2000；Baker and Moseley，2007）。其中一项研究结果表明：到 2099 年，随着局部温度升高 1.1℃（58% 的地区温度升高了 2.9℃），将有超过 18% 的高原永久冻土消失（Jin et al.，2000）。同时，BIOME3 模式表明：在双倍 CO_2 情景下，高原地区初级生产力将会有所提高，这样的变化在很大程度上归因于沙漠和高山草原不断减少，温带草原、灌木地、针叶林不断增加（Ni，2000），长期提供新的木材资源。这些温暖的气候生态系统可能会向西北方向扩展，小幅度扩大高原东南部基地可能会成为热带森林的地区面积。

永久冻土不断减少可能会带来区域性影响，如降低水资源可利用率、影响包括正在进行的石油管道建设在内的高原基础设施建设等。然而温室气体 CH_4（甲烷）以及 N_2O（一氧化二氮）的排放量不断增加可能会带来全球性影响。对于水资源调节来说，永久冻土的作用至关重要，因其提供不透水层，方便山地生态系统水流流出，从而为操场提供土壤水分，对青藏高原的经济发展影响重大（Jin et al.，2000）。青藏高原植被的净初级生产量对水资源可用度非常敏感，因此如果地下水位降低，径流量减少，包括碳固定等在内的生态系统服务功能就会下降（Kang et al.，2007）。

冻结在冰坝中的冰川融化也是形成冰川湖的原因之一。随着湖泊里的储水量不断增加，冰坝就很容易破裂，从而可能导致破坏性的洪水灾害（Reid et al.，2007）。

四、水资源

相对于中国南部来说，中国的西北部在未来将面临更加严重的水资源危机。

南部地区降雨频繁，尽管这会提高洪灾发生频率（Lin and Zou，2006），还有可能导致海水入侵地表水以及湿地泛滥现象加剧（IPCC，2007），但由于其有丰富的水资源，因此南部地区几乎不可能面临气候变化所带来的压力。然而即使西北地区水资源丰富，却依赖脆弱的山地生态系统来提供水资源供应服务（Kang et al.，2007）；消耗及灌溉水资源主要来源于河流流域，然而这些河流的水流量大小在很大程度上取决于该地区降雨量以及永久冻层冰雪融化量的大小（Wang et al.，2007）。

　　目前使用区域模式来预测气候变化对中国水资源影响的研究不在少数，且降雨量不断增加一度被认为是影响河流流域水流量的主要决定因素（Lan et al.，2006；Xu et al.，2002；Wang et al.，2007；Guo et al.，2002）。即使大多数模式都已经预测出降雨量将普遍增加（Xu et al.，2006a），然而各个区域之间却还存在显著差异。例如，中国北部、东北部一些地区的降雨量将会减少（IPCC，2007）。必须着重强调的是：对于降雨量和季风类型的模拟结果需要谨慎对待（Xu et al.，2006a）。然而，不管是哪种模式，在经过不同层次的预估之后都一致认为：中国北部降雨量的增加不能弥补温度升高所增加的雨水蒸发量（Huang et al.，2001；Lin et al.，2007），这很有可能会减少中国北部地区的水资源可用量（Lan et al.，2006）。与之类似，在夏季，旱灾可能会更加频发，这将会缩短永久冻土的积冰周期（Lin et al.，2007；Lu et al.，2005）。

　　水文模型表明：通过全球气候模式模拟试验，流入河流的水流量将会减少（Lan et al.，2006；Xu et al.，2002；Wang et al.，2007）。大部分水文模型预估得出的结论都是：由于水流流速下降，水流量减少，北部河流的供水量也会相应减少（Wang et al.，2007；Huo et al.，2007）。其中一个由一系列排放情景驱动的水文模型通过计算得出：在北部地区，其水资源短缺量到 2050 年将增加 2%，西北地区的水资源短缺量将继续增加 3%，到 2080 年，中国西北部地区的水资源短缺量还将增加 4%（Lin and Zou，2006）。与此相反，一些全球气候模式在联合国政府间气候变化专门委员会所制定的同样的 IS92a 情景下对气候变化可能给中国 14 条主要河流流域带来的水资源供给影响进行了系统评估（Kirshen et al.，2005），该项研究表明：到 2055 年，即便以最乐观的情况进行估算，要达到当前人们的水资源需求量，还需要再增加 2 亿～7 亿的经费支出，且根据其他模式估算，这样最乐观的情况几乎不可能实现。经预测，长江和黄河流域的水流量将明显减少，这与 BIOME 模式的预估——到 2100 年湿地将会显著减少这一结果相一致（Ni et al.，2000）。

目前有关蒸汽流量的数据还不是很充足，这也被认为是导致人们在模拟过程中产生很多不确定性的原因之一（Wang et al.，2007）。然而值得人们注意的是，对这些不同地区进行模拟所产生的结论的区域性差异，有很多研究都预估辛江河的流量将会增加（Kirshen et al.，2005；Shi et al.，2007）。即便是在同一片水文区域，人们同样也可以预估其不同的气候变化（Guo et al.，2002）。例如，在天山山脉沿线，降雨量可能会在某一单个区域内有所减少，但会在其他所有区域内呈现出增加的趋势（Gao et al.，2003，引自 Lan et al.，2006），像这样的差异性已经在很多不同模式中都有所记录（Xu et al.，2006b）。

五、水资源减少对生态系统的影响

回顾文献，大多数的研究都将研究重心放在模拟水文动态以及河川径流之上，却很少有人讨论水资源减少对周围自然生态系统所带来的影响；或者人们考虑更多的是农业系统，而很少考虑到农业系统对整个生态系统服务所产生的影响；旱田农作物的供水压力可能会不断加大，这一领域应当引起学者们的足够重视，气候变化给农业带来的影响将会在下文中进行详述；目前有关气候变化对水循环所造成的影响的分析或讨论成果非常少；有关气候变化对地下水质量、地下水循环量以及地下水流量的潜在影响信息资料记载也非常少（Tao et al.，2003）；虽然已经有人使用 BIOME 模式来模拟青藏高原的植被分布情况（Ni，2000；Ni et al.，2001），也有人用同种模式对霍尔德奇生命带的分类情况进行了模拟（Chen et al.，2003），但是这些人所进行的研究项目都没有与水资源相结合起来进行研究；生态系统的水资源供给服务（如草地供水服务等）通常都没有被考虑到，也没有考虑到沙漠化会产生的一系列反馈问题，尽管最初的水资源平衡模式（包括土壤持水性在内）已经显示生态系统的水资源供给服务以及沙漠化反馈问题会产生很大的影响（Tao et al.，2005）；几乎没有哪种水文模型包含了植被格局和河流流域周围的下垫面（下垫面会影响河水蒸发和河水流失过程），回顾可用模式表明：黄河水量将不断减少（Lan et al.，2006），且指出在同一片区域内，由于土地利用模式各异，其对生态系统的影响也会有所差异。的确，由于森林逐渐被草地替代，通过一种模式模仿出来的水流量会有所增加（Chen et al.,2006）。这也就突出了陆地生态系统在水资源供应服务中其地位的重要性，同时也提议人们结合土地利用模式以及气候因素引起的植被变化和气候模式本身之间的反馈模式来进行更加透彻的水文分析（Kang et al.，2007）。

第四节　作物生产

　　通常采用作物模拟模式来预测作物如何回应气候变化，这种作物模拟模式是以全球气候模式提供的气候参数作为其驱动力的。全球气候模式的典型操作空间尺度大约是 200 千米，这比大多数作物模型的空间尺度都要大很多（Challinor et al.，2003）。为了克服空间尺度差异，可将气候数据缩减到与作物模式一样的规模，或者使作物模式符合气候模式输出规模（Challinor et al.，2004，2009）。

一、国际研究成果

　　全球预估气候变化对中国农业影响的研究成果众多，Rosenzweig 和 Parry 使用三种气候模式中的两种模式对双倍 CO_2 气候情景进行模拟，发现中国的粮食产量（小麦、大米、粗粮、蛋白饲料）呈现出 0～10％的小幅度提升趋势。

　　假设农田、饲养场等农业用地已经适应了气候变化，然后改变植物的种植期、灌溉和施肥方式，发现在这三种气候模式下，国家粮食产量都有一定提高。Arnell 等人也利用 HadCM2 GCM 模式假设发生了类似规模的改变，在 IS92a 情景下，预测到 2080 年，中国的粮食产量将会增加 0～2.5％，同时在另外两个情景下的预测结果也是一样。然而 Parry 等人的研究结果恰好与之相反，他们发现：小麦、玉米、大米和大豆联合总产量的一系列排放情景会对中国造成一定的负面影响。把他们的预测结果取每个排放场景的平均数：到 2020 年，中国的粮食总产量将下降 2.5％～5％，到 2080 年将下降 5％～10％。这样的研究结论进一步表明要在气候变化对作物的影响方面达成一致意见还有一定难度。就如同气候模式的不确定性一样，每一项研究都有不同的空间分辨率，其缩减规模和模拟粮食的具体方式也会有所差异。但是不管怎样，根据这些评估结果可知：气候变化对中国粮食总产量的影响不是很大，总的来说上下浮动不超过 10％。

　　全球通过模拟估计季节平均温度和月降雨量变化对粮食产量的影响，然而实验证据却表明：对粮食产量影响最大的因素是极端气候（Wheeler et al.，2000），在更加精确的国家或地方作物模拟过程中可能会需要更多地考虑到极端气候。这些全球影响研究通常没有涉及区域内可能会出现的适合作物种植的变化。2002 年，Wang 等人得出结论：在中国，每年最多能够种植三种作物的区域到

2100 年可能会向北扩展 500 千米，双作土地向北移动，单季作物区域减少 23%。其他也有一些相似研究，但陈述没有如此详尽。Thomas（2008）仅仅预测到 2030 年，作物种植区域会有较小的北移趋势，但同时他还发现了亚热带种植区域正在扩张。他的这项研究并未使用 GCM 模式进行模拟，取而代之，他从 1951～1900 年的气候基线入手，对其气候历史趋势进行了预测。但是，当人们用 HadCM3 GCM 模式来检测在气候变化情景下粮食生产的土地适用性变化时，发现在全国范围内引发了大量的积极或消极变化，却并没有发现土地适应性有增强的趋势（Fischer et al.，2005）。

二、国内研究成果

国内有关气候变化对作物影响的评估报告也不在少数，且在其作物模拟过程中，能够运用到更加精确的气候、土壤以及地形信息。这点尤其适用于中国，因为我国气候类型多样，进一步增加了预测过程中的不确定性（Easterling et al.，2007）。例如，东亚夏季季风的年际变化特征以及厄尔尼诺南方的涛动现象每年分别造成 14% 和 16% 的玉米损失（Tao et al.，2004），在厄尔尼诺现象发生期间，我国玉米产量下降了 5%（Tao et al.，2004）。温度、降水等一些气候参数的变化在过去的 50 年里可能已经将中国北部地区小麦作物的丰收期提前了三天（Song et al.，2005）。

在中国的这些评估报告中，主要是针对如下三种主要作物进行研究：小麦、玉米和稻谷。1997 年，Matthews 等在双倍 CO_2 情景下使用两种水稻模拟模式和三种全球气候模式将中国分成四个农业生态区（AEZ）。在对水稻产量进行预估的过程中，出现了−30%～6% 不等的总量波动，取其平均数进行计算，在三种气候模式之下，水稻产量平均减少 4.2%；在两种作物模式下，水稻产量平均减少 8.4%。通过利用耐温性物种进行作物模拟，发现如果一些地区的水稻生产已经具备适应性，且每年还适合种植后季稻，那么这将改变对作物的影响趋势。研究结果显示：对作物的小规模积极影响即为使得物种具备更好的适应性，大规模的积极影响即为使得第二季节作物种植成为可能。

2005 年，Erda 等还发现水稻产量对气候变化的回应方式存在巨大的区域性差异。在 A2 排放情景下，到 2080 年，水稻的平均产量将会增加 8%，而在 B2 情景下，这一数额会减少 5%，这些变化量的大小取决于是对其进行灌溉耕作还是雨养耕作。然而不管是在 A2 排放情景之下，还是在 B2 排放情景下，旱作玉米产量都会有所增加，而灌溉玉米产量都会有所减少（表7.2）。

表 7.2　预测到 2050 年与当前作物产量对比 A2、B2 排放情景下我国作物产量变化

（单位:%）

作物	A2 情景		B2 情景	
	雨养	灌溉	雨养	灌溉
水稻	304	6.2	-0.9	-1.2
玉米	18.4	-2.2	8.5	-1.3
小麦	20.0	25.1	6.6	14.2

资料来源：Erda et al.，2005。

在 A2、B2 排放情景下，预计在 2071～2080 年，中国三地的冬小麦产量将会增加（Zhan et al.，2005）。类似的小麦增产效应也出现在了长武地区（Zhang and Liu，2005），在 3 种不同的排放情景下，到 2080 年，小麦将分别增产 7%、10% 和 9%。2006 年，在中国东北部黄海平原地区，Thomson 等在与 Zhang 和 Liu 相同的气候模式下使用不同的作物模式对小麦产量进行预估，发现 2070～2099 年小麦的每公顷产量增加 0.8 吨，他们认为小麦产量之所以会增加，是因为夜晚温度较高，且降雨量有所增加的缘故。

预计气候变化主要影响全球及区域水循环，很有可能会减少农业可用水资源量。在中国，大约 30% 的作物生产属于灌溉耕作，2003 年，Tao 等预计到 2020 年，我国的平均农业用水需求量会有所下降，但是在中国北部地区，水资源需求量会有所增加，土壤水分亏缺现象还会加剧。2008 年，Thomas 等人基于历史气候变化推断到 2030 年，我国东北部地区将面临农业用水短缺问题。然而，降雨量的年际变化对作物生产所造成的影响可能还要大于这些地区可用水资源量不断变化所产生的影响（Thomas，2008）。

很显然，气候变化影响中国的作物生产，且由于作物种类、水资源可用性及灌溉方式的不同而产生不同层面的影响。有些地区可能受其影响较大，而有些地区受其影响较小，在受其影响较大的地区则急需采取作物适应措施，使得作物尽快适应气候变化。中英气候变化项目已经开始着实研究气候变化对宁夏农业所造成的影响（http://www.china-climate-adapt.org）。宁夏地区缺水现象严重，用水紧张，人均年收入低于国家平均水平。初步调查研究显示该地区气温将有所上升，降雨量有所增加，当然这样的研究结果也具有极大的不确定性。据估计，相对于其他地区来说，宁夏所有雨养作物所受到的负面影响比其他任何地区都要严重，不同地区、不同作物所受影响的程度也会有所不同。作物模拟模式的数据显示，气候变化将导致整个宁夏地区的作物潜在产量下降 37%，这还不包括

CO_2增肥所增加的产量。宁夏的水稻适应性也较差，与其他省份相比，该地区水稻产量呈现大幅度减少趋势。然而小麦和玉米产量可能会有所增加，但是尽管如此，其增长规模比预计的国家小麦和玉米增产规模要小。有关气候变化对宁夏地区的影响，调查研究还在不断深入，同时进行社会经济变数互动，寻找最适合的作物适应方式，提高作物适应性。这项研究计划还需要对这些问题进行透彻评估，方能得出更好的结论。

第五节　小　结

气候变化可能是影响中国生态系统的最主要因素。从全国规模来看，预计生物群落将会发生改变；林地及荒漠面积可能会增加，然而草地、永久冻土以及水域面积可能会减少；山区生态系统及其物种相对较脆弱，受气候变化的影响较大，且永久冻土面积的减少将会在很大程度上影响其生态系统整体调控能力及水资源供给服务；北部地区的水资源极有可能会逐渐减少；生态系统的碳固定量可能会有所增加，但是冻土融化将排放更多的温室气体。气候变化对作物生产的影响多种多样，这取决于作物的品种及其水资源的可利用度，预测作物品种呈增加趋势。气候变化的影响存在很大程度的不确定性，且呈现出明显的区域性特征，这种区域性特征在农业和水资源可用性方面表现得更加突出，其影响程度取决于受影响对象的适应能力。总的来说，目前有关气候变化对生态系统服务潜在影响的研究以及文献记载甚少，还有许多知识空白等待填补（表7.1），不管是从环境学角度，还是从社会经济学角度，都很有必要对适应气候变化非常脆弱的地区进行进一步研究。

参考文献

Arnell N W, Cannell M G R, Hulme M, et al. 2001. The consequences of CO_2 stabilisation for the impacts of climate change. Climate Change, (12): 201-223.

Baker B B, Moseley R K. 2007. Advancing treeline and retreating glaciers: implications for conservation in Yunnan, P. R. China. Arctic, Antarctic, and Alpine Research, 39 (2): 200-209.

Cao M, Prince S D, Li K, et al. 2003. Response of terrestrial carbon uptake to climate interannual variability in China. Global Change Biology, 9 (4): 536-546.

Challinor A J, Slingo J M, Wheeler T R, et al. 2003. Towards a combined seasonal weather and crop productivity forecasting system: determination of the spatial correlation scale. Journal of

Applied Meteorology, 42:175-192.

Challinor A J, Wheeler T R, Slingo J M, et al. 2004. Design and optimisation of a large-area process-based model for annual crops. Agricultural and Forest Meteorology, 124:99-120.

Challinor A J, Ewert F, Arnold S, et al. 2009. Crops and climate change: progress, trends, and challenges in simulating impacts and informing adaptation. Journal of Experimental Botany, 60 (10):2775-2789.

Chen X, Zhang X, Li B. 2003. The possible response of life zones in China under global climate change. Global and Planetary Change, 38 (3,4):327-337.

Chen Y, Takeuchi K, Xu C, et al. 2006. Regional climate change and its effects on river runoff in the Tarim basin, China. Hydrological Processes, 20 (10):2207-2216.

Christensen J H, Hewitson B, Busuioc A, et al. 2007. Regional climate projections. In: Solomon S, Qin D, Manning M, et al. Climate Change 2007: The Physical Science Basis. Contribution of Working Group I to the Fourth Assessment Report of the Intergovernmental Panel on Climate Change. Cambridge: Cambridge University Press.

Easterling W E, Aggarwal P K, Batima P, et al. 2007. Food, fibre and forest products. In: Parry M L, Canziani O F, Palutikof J P, et al. Climate Change 2007: Impacts, Adaptation and Vulnerability. Contribution of Working Group II to the Fourth Assessment Report of the Intergovernmental Panel on Climate Change. Cambridge: Cambridge University Press: 273-313.

Erda L, Wei X, Hui J, et al. 2005. Climate change impacts on crop yield and quality with CO_2 fertilization in China. philosophical Transactions of the Royal society B: Biological Sciences, 360:2149-2155.

Fischer G, Shah M, Tubiello F N, et al. 2005. Socio-economic and climate change impacts on agriculture: an integrated assessment, 1990-2080. Philosophical Transactions of the Royal society B: Biological Sciences, 360:2067-2085.

German Advisory Council on Global Change. 2008. World in Transition- Climate Change as a Security Risk. London: Earthscan.

Guo S, Wang J, Xiong L, et al. 2002. A macro-scale and semi-distributed monthly water balance model to predict climate change impacts in China. Journal of Hydrology, 268 (1-4):1-15.

Huang C, Li W, Gao G, et al. 2001. The impact of climate change on the water resources of northern China. Chinese Climate Center, Beijing. Internal Document.

Huo Z, Feng S, Kang S, et al. 2007. Effect of climate changes and water-related human activities on annual stream flows of the Shiyang river basin in Arid north-west China. Hydrological Processes, 22 (16):3155-3167.

IPCC. 2007. Climate change 2007: impacts, adaptation and vulnerability. Contribution of Working Group II to the Fourth Assessment Report of the IPCC.

IUCN. 2007. IUCN red list of threatened species. http://www. iucnredlist. org/.

Jin H, Li S, Cheng G, et al. 2000. Permafrost and climatic change in China. Global and Planetary Change, 26 (4):387-404.

Ju W M, Chen J M, Harvey D, et al. 2007. Future carbon balance of China's forests under climate change and increasing CO_2. Journal of Environmental Management, 85 (3):538-562.

Kang E, Lu L, Xu Z. 2007. Vegetation and carbon sequestration and their relation to water resources in an inland river basin of northwest China. Journal of Environmental Management, 85 (3):702-710.

Kirshen P, Mccluskey M, Vogel R, et al. 2005. Global analysis of changes in water supply yields and costs under climate change:a case study in China. Climatic Change, 68 (3):303-330.

Kutzbach J E, Behling P. 2004. Comparison of simulated changes of climate in Asia for two scenarios:Early Miocene to present, and present to future enhanced greenhouse. Global and Planetary Change, 41 (3,4):157-165.

Lan Y, Lin S, Shen Y, et al. 2006. Review on impact of climate change on water resources system in the upper reaches of Yellow River. Advances in Climate Change Research, (suppl. 1):1673-1719.

Lin E, Xu Y, Wu S, et al. 2007. China's national assessment report on climate change (II):climate change, impacts and adaptation. Group II of the Panel for China National Climate Change Assessment Report. http://www. law. berkeley. edu/centers/envirolaw/capandtrade/ Lin%20Erda%202-5-07. pdf.

Lin E, Zou J. 2006. Climate change impacts and its economics in China. Report prepared for the Stern Review. http://www. hm-treasury. gov. uk/stern _ review _ supporting _ documents. htm.

Liu J, Yue T, Ju H, et al. 2005. Integrated ecosystem assessment of western China. Millennium Ecosystem Assessment Subglobal Assessment. http://www. maweb. org/en/SGA. WesternChina. aspx.

Lu A, Ding Y, Pang H, et al. 2005. Impact of global warming on water resource in arid area of northwest China. Journal of Mountain Science, 12 (4):313-318.

Malcolm J R, Markham A, Neilson R P, et al. 2002. Estimated migration rates under scenarios of global climate change. Journal of Biogeography, 29 (7):835-849.

Matthews R B, Kropff M J, Horie T, et al. 1997. Simulating the impact of climate change on rice production in Asia and evaluating options for adaptation. Agric Systems, 54:399-425.

Ni J. 2000. A simulation of biomes on the Tibetan Plateau and their responses to global climate change. Mountain Research and Development, 20 (1):80-89.

Ni J. 2001. Carbon storage in terrestrial ecosystems of China:estimates at different spatial resolutions and their responses to climate change. Climatic Change, 49（3）:339-358.

Ni J, Sykes M T, Prentice I C, et al. 2000. Modelling the vegetation of China using the process-based equilibrium terrestrial biosphere model BIOME3. Global Ecology and Biogeography, 9 （6）:463-479.

Parry M L, Rosenzweig C, Iglesias A, et al. 2004. Effects of climate change on global food production under SRES emissions and socio-economic scenarios. Global Env-ironmental Change, 14:53-67.

Reid H, Simms A, Johnson V. 2007. Up in smoke? Asia and the pacific the threat from climate change to human development and the environment. The Fifth Report from the Working Group on Climate Change and Development.

Pitelka L F, Gardner R H, Ash J, et al. 1997. Plant migration and climate change. American Scientist, 85:464-473.

Ren W, Tian H, Chen G, et al. 2007. Influence of ozone pollution and climate variability on net primary productivity and carbon storage in China's grassland ecosystems from 1961 To 2000. Environmental Pollution, 149（3）:327-335.

Rosenzweig C, Parry M L. 1994. Potential impact of climate change on world food supply. Nature, 367:133-138.

Semenov M A, Barrow E M. 1997. Use of a stochastic weather generator in the development of climate change scenarios. Climatic Change, 35（4）:397-414.

Shi Y F, Shen Y P, Kang, E S, et al. 2007. Recent and future climate change in northwest China. Climatic Change, 80（3,4）:379-393.

Solomon S, Qin D, Manning M, et al. 2007. Climate Change 2007 - The Physical Science Basis: Working Group I Contribution to the Fourth Assessment Report of the IPCC. Cambridge: Cambridge University Press.

Song Y, Simelton E, Chen D, et al. 2005. Influence of climate change on winter wheat growth in north China during 1950-2000. Acta Met Sinica, 19:501-510.

Sun J, Baker B, Bachelet D, et al. 2006. Impact of climate change in the Hengduan Mountains of northwestern Yunnan, P. R. China: vegetation distribution change in the foretime and future, in Earth Observing Systems XI. In: James J B, Xiong J. Proceedings of the SPIE, 6296: 62960X. Monographie: SPIE.

Tao F, Yokozawa M, Hayashi Y, et al. 2003. Future climate change, the agricultural water cycle, and agricultural production in China. Agriculture, Ecosystems and Environment, 95: 203-215.

Tao F, Yokozawa M, Zhang Z, et al. 2004. Variability in climatology and agricultural production in China in association with the East Asian summer monsoon and El Niño Southern Oscillation.

Climate Research, 28:23-30.

Tao F, Yokozawa M, Hayashi Y, et al. 2005. A perspective on water resources in China: interactions between climate change and soil degradation. Climatic Change, 68 (1,2):169-197.

Thomas A. 2008. Agricultural irrigation demand under present and future climate scenarios in China. Global and Planetary Change, 60 (3,4):306-326.

Thomson A M, Izaurralde R C, Rosenberg N J, et al. 2006. Climate change impacts on agriculture and soil carbon sequestration potential in the Huang-Hai Plain of China. Agriculture, Ecosystems & Environment, 114:195-209.

Wang G, Li Y, Wu Q, et al. 2006. Impacts of permafrost changes on alpine ecosystem in qinghai-tibet plateau. Science in China Series D: Earth Sciences, 49 (11):1156-1169.

Wang S, Kang S, Zhang L, et al. 2007. Modelling hydrological response to different land-use and climate change scenarios in the Zamu river basin of northwest China. Hydrological Processes, 22 (14):2502-2510.

Wheeler T R, Craufurd P Q, Ellis R H, et al. 2000. Temperature variability and the yield of annual crops. Agriculture, Ecosystems & Environment, 82:159-167.

Wu S, Dai E, Huang M, et al. 2007. Ecosystem vulnerability of China under B2 climate scenario in the 21st century. Chinese Science Bulletin, 52 (10):1379-1386.

Xu D, Yan H. 2001. A study of the impacts of climate change on the geographic distribution of Pinus koraiensis in China. Environment Internationaization, 127 (2,3):201-205.

Xu Z X, Takeuchi K, Ishidaira H, et al. 2002. Sustainability analysis for yellow river water resources using the system dynamics approach. Water Resources Management, 16 (3):239-261.

Xu Y, Huang X, Zhang Y, et al. 2006a. Statistical analyses of climate change scenarios over China in the 21st century. Advances in Climate Change Research (supple 1), (suppl. 1):50-53.

Xu Y, Zhang Y, Lin E, et al. 2006b. Analyses on the climate change responses over China under SRES B2 scenario using PRECIS. Chinese Science Bulletin, 51 (18):2260-2267.

Yue T X, Fan Z M, Liu J Y. 2007. Scenarios of land cover in China. Global and Planetary Change, 55 (4):317-342.

Yue T X, Fan Z M, Liu J Y, et al. 2006. Scenarios of major terrestrial ecosystems in China. Ecological Modelling, 199 (3):363-376.

Zhan T, Yinlong X, Zhiqiang G, et al. 2005. Impacts of climate change on winter wheat production in China. Geoscience and Remote Sensing Symposium, 2005 Proceedings, IEEE International:542-545.

Zhang X C, Liu W Z. 2005. Simulating potential response of hydrology, soil erosion, and crop productivity to climate change in Changwu tableland region on the loess plateau of China. Agricultural and Forest Meteorology, 131:127-142.

本章作者：

Lera J. Miles，联合国环境规划署世界保护监测中心，email：lera. miles@unep-wcmc. org。

Alison C. Campbell，联合国环境规划署世界保护监测中心，email：alison. campbell@ de-fra. gsi. gov. uk。

Time R. Wheeler，英国雷丁大学农学系沃克气候系统研究所，email：t. r. wheeler@ read-ing. ac. uk。

Andrew J. Challinor，英 国 利 兹 大 学 环 境 与 地 球 科 学 学 院，email：a. j. challinor @ leeds. ac. uk。

第八章　污染与过度开采

第一节　简　介

1990～2006 年，经济合作与发展组织（OECD）在对环境绩效进行评估的过程中已经提出要更好地控制环境污染以及资源过度开采（OECD，2007）。其中包括要"更好地实施环境法规"、"强化监管、检查和执行能力"、将国家环保总局改造成政府部门、继续努力使"领导人更负责任"、完善"综合许可证制度"、"更好地实现土地利用规划与管理一体化"、推广"污染环境者付费、使用环境者付费、排放交易以及其他市场型工具"，将社会因素纳入考虑范畴。在"实现环境管理与战略发展一体化、确保贫民的环境服务支付能力"这些方面还需要更加明确的规定；气候灾害与工业污染的破坏性日益严峻，这就要求人类要进一步采取更加先进的预防和缓解措施（OECD，2007）。目前，公众已经基本了解了工业事故与生态灾难，国家环保总局每年都会更新包括水、大气、森林、自然生态、草地等在内的相关统计数据以及环境现状报告（SOE's）。与此同时，中国政府也已经正面回应了报告中所提出的一系列挑战。

此外，国家环保总局已经转变为国家部门——国家环保部（MEP），负责定期提供相关环境现状报告，并且负责提供中国环境条件发展的全面概况。

针对工业的快速发展所造成的一系列负面影响，我国政府已经出台了相关的应对措施，包括引进发展绿色国内生产总值（CAEP，2006）、投资供水系统以及卫生部门设施建设、标杆绿色贷款、与金融机构合作从而使公司信贷条件符合社会和环境标准（Sun，2008a）等。中国科学院环境与发展研究中心于 1997 年发布的报告中指出：保守估计我国环境总支出相当于国内生产总值的 10％，其中有 7％用于生态建设，余下的 3％用于预防污染及减少污染损失（Zheng et al.，2001）。2006 年，中国环境保护委员会通过计算得出我国环境污染总支出（预防污染及减少污染损失）约为 3880 亿元，约是 2004 年我国国内生产总值的 25％。其中水污染支出费用所占比例最大，占总污染支出费用的 55.5％；空气污染支出次之，占总污染支出费用的 36.1％；再次是固体废弃物污染支出，占总污染支出费用的 8.4％。针对这样如此大笔的污染费用支出，尽管我国政府部门已经作出了种种努力来改善我国的污染现状，并且也已经尽量平衡经济发展与环境保护之间的关系（Zhang et al.，2007），然而由于我国管理层人员的环境意识比较薄弱，环境保护设备的质量不高、使用寿命短，很多工业部门的环境设施仍然不健全，致使我国的环保格局难以操作。据 Managi 和 Kaneko（2006）所言，即使是国家环境保护总局在统筹管理，但提供年度预算、批准是否需要完善制度的还是地方政府，地方环境保护局负责人事和资源分配。私营部门在遵守执行环境法规方面会表现得更加出色，这主要是因为针对遵守环境法规这一问题，私有公司的谈判能力相较于国有企业来说还是稍有逊色（Wang and Jin，2002）。

第二节　水环境

酸雨、湖泊富营养化现象等因素都会导致地表水受到不同程度的污染，目前结合鱼类种群与地表水污染进行研究的文献记载资料非常稀少，这主要由于缺乏恰当的剂量效应函数，由此使得人们很难量化水污染对鱼群所造成的危害。水体受到污染会带来一定的直接危害，同时又因鱼类繁殖能力下降、繁衍温床逐渐消失会造成一定的经济损失，从而引发间接危害，直接危害与间接危害一并同时作用于人类。渔政监督管理机构从被损害的"质量"和"数量"上出发，对人类所蒙受的直接和间接损失进行了估算（MOA，1996）。相对于急性水污染来说，慢性水污染所带来的损失可能会更大，并且由此而产生的生物群落变化还会影响到整个水体的生态平衡。由于缺乏有关水体污秽等级与鱼类生长和繁殖之间相互联系的研究成果，人们很难估算慢性污染到底会带来多大破坏，因此人们只能通过经验按照间接和直接损失比例为 3∶1 来进行估算。我国的渔业管理措施还比较落后，对水资源的开发与利用尚不合理，再加上过度捕鱼，这一系列因素使得我国鱼类资源在可持续发展道路上受到了严重创伤，同时也改变了鱼类生态环境和迁徙路线，进一步加速了水生动植物的灭绝。污染的主要来源是氮、磷、石油以及一些重金属，据估算，2003 年内陆渔业因受污染而蒙受了大约 12 亿元的超大损失（MOA and SEPA，2004）。

2006 年，Arthington 等提议对自然基准数据流参数进行鉴定，并将其与改良后的数据流以及生态健康所受影响的经验知识进行对比，从而粗略估计环保流。2007 年，Smakhtin 等人对一组生态指标进行描述，派生出河流流域"生态系统管理级别（A-F）"，相当于将不同的环境流需求以自然长期平均流量的百分比形式显示出来。另外一个更具综合性的水资源指标是曾在全球水系研究项目瓦林福德的研讨会上讨论过的水资源财富指数，其中包含了食品、环境、生产力以及健康等方面的内容（Sullivan et al.，2006）。

联合国环境规划署（UNEP）将"水资源短缺"定义为"因湖泊、河流或者地下水流失严重，导致水资源供给不足，已不能满足所有人类或者生态系统的用水需求，并因此加剧了人类及生态系统对水资源潜在需求之间的竞争"这样一种状态。

2005 年，Chen 提出了一系列因缺水而引起的相关问题：在过去的几十年里，全国湖泊总面积减少了 130 万公顷，每年平均有 20 个湖泊消失。绝大多数河流的开发利用量已经超过了 50%，全国地下水的过度利用导致出现了 72 处水位降落漏斗区，漏斗区总面积达到 6.1 万平方千米，并由此引发地面下沉、开裂以及其他一系列地质灾害或者环境问题。为了实现到 21 世纪中叶达到中等发达国家水平的战略目标，并在很长一段时间内将经济增长维持在一定水平，到 2030 年，人类对水资源的需求总量将会达到 8000 亿～10 000 亿立方米，到那时候，这样的预测水量将会接近可用水资源的总量。

人均拥有 1000～1700 立方米水资源表示人类正面临用水压力，而人均水平低于 1000 立方米则标志着水资源已经严重匮乏（Falkenmark，1997），然而中国有大约 1/3 的省份都符合水资源严重匮乏的判定标准。中国国家统计局的数据显示：2004 年，中国 6 个省（市、自治区）（北京、河北、宁夏、山西、天津、上海）的人均水资源拥有量甚至要少于 500 立方米。

世界银行和国家环境保护总局通过估算不可用水资源（水资源等级为四级或以下等级）与可用水资源总量之间的比例，已经对缺水流域供水过程中所产生的污水总量（损耗率>40%）进行预估，具体计算方法就是通过计算重度污染的河流截面（以河流的长度来计算，也就是说不考虑每个截面内的平均流量）在整个地区所占比例，所得比例即等同于地下水资源损耗量，或者说是人们需要但是未能获取的水资源量，这个比例数值在将来只会越来越大。计算人们需要但是未能获取的水资源量是为了将名义需求、水利部规划指标及可持续供应的水资源区分开来，也就是说，当前的水资源供给不包括地下水损耗和重度污染水供给。在水资源损耗率低于 40% 的流域，推断其污水总量与地下水损耗量几乎相等，导致这些流域内产生污水以及地下水损耗的可能仅仅只是因为缺乏干净可用的水资源。宁夏回族自治区的非供应污水量为 0，形势如此严峻，可见包括所有污染过的水资源（大约 40 亿立方米）在内的所有可用水资源都已经被投入使用（World Bank and SEPA，2007）。

在中国，水资源环境成本除了供水（250 亿立方米）支出之外，还包括不达标水资源（大约为保留数额的两倍）供给，以及在收费范围之外、几乎与供水数额等量的水资源（240 亿立方米）供应支出，而这些不收费的水资源会导致地下水最终枯竭。除去包含在供水支出之内的双倍地下水耗损（地下水耗损定义）

外，中国受污染的水资源量和资源耗损总量要接近 1000 亿立方米，约合供水总量的 18%（World Bank and SEPA，2007）。

2007 年，世界银行和国家环境保护总局研究讨论了几种因缺水所需环境成本的不同估价方式，2005 年，He 和 Chen 对水的平均边际成本进行评估，额外每单位体积水的价值在 2.1～5.2 元，不同流域价位不同，海河流域价格最高。工业用途的边际成本更高，尤其是在宁夏回族自治区价格最高，达到 9 元（Liu and He，1996）。其他一些人则将更多精力集中在农业问题上，认为在缺水情况下，首先需要调整农业布局。通常用生产小麦每立方米的灌溉生产率（1 千克小麦的批发价格约为 1.25 元）来进行描述（Yang and Zehnder，2001）。其他因缺水所需的农业成本用于支付上涨的抽水能耗费用、高效但更加昂贵的灌溉技术费用、因咸水入侵或地下盐水层与其他盐水层混合引起的水质恶化所需治理费用，及进口谷类植物所必需的费用等。地下水耗损的其他环境成本不仅仅局限于农业成本，还包括地面沉降、含水层储水长期流失、开采矿产资源过后需要很长一段时间才能恢复（即深层地下水）等方面所需的成本费用。

也可将水资源的边际成本以其价格来定义，例如，2005 年，国内主要城市的平均供水价格在 2 元左右；另外一种方法就是计算因缺水所需的减排成本，尤其是南水北调工程所需成本（每立方米 1.2 元），减排费用从每立方米 2.6 元（国内）到每立方米 4.6 元（工业）不等，也可据此来计算因缺水所需的环境成本（SEPA，2006）。很多数据都包含了极大的不确定性，这表明很有必要加强监控力度，严格把关数据评估过程，同时进一步钻研普遍被大众所认同的定义和应用，采取具备对比性的概念性的水资源价值评价方式，包括对自然水文生态系统和人类主宰的生态系统的影响等。河北省和江苏省是因污染导致水资源匮乏所需环境成本最高的两个省份，后者是由于处在长江与淮河下游，缺乏清洁的地表水，只能通过开采地下水来补给供水。

在过去的 10 年里，我国工业废水的排放量至少减少了 20%，且超过 90% 的废水达到了排放标准，达到排放标准的废水比例上涨了 24%（Boerst et al.，2006）。另外，汞、镉、铬、铅、砷、氰化物、石油等的排放也基本达到了工业排放目标。美中不足的是，我国在减少化学耗氧量方面的成绩尚且不够突出，虽然也取得了一些小小的成绩，但是由于我国的市政资源支出日益上涨，导致这些仅有的成效又被市政支出抵消掉了（SEPA，2006a）。

良好的政策（如 2003 年出台的改革后的污染征税系统）也可以为污染管理以及能力建设提供一定的资金支持，当然国家政府仍然需要加强执法，包括妥善处理跨行政边界河流上下游行政单位之间的矛盾冲突；鼓励政府官员牵头进行水资源、工业、生态、城市、农业合作；激励并强制执行扇区综合管理办法，形成流域内实际可行水质目标保障体系等。例如，农业非点源污染问题尚未完全解决，这就需要人们对非点源污染问题进行负载评估，相关各方单位达成共识，进一步完善管理策略，同时还应当将推广农业作为其首要任务。

2006 年，Huang 等通过调查研究发现（见图 8.1）：伴随农业技术的不断发展与改进，我国过度使用化学肥料的现象日益凸显，化学肥料的使用率达到了 20%～50%，中国因此成为世界上最大的化肥消费国（Chen，2006）。与此同时，我国农药的使用率甚至更高，达到了 40%～55%。有学者曾经这样说道：农民为了争取利益最大化，往往采取大量施肥的方式来增加收成，最终导致营利性过度施肥模式的出现并很快成形，这其中的主要原因就是因为居民的迁徙问题在发挥作用，迁移过来的农户一般待在家里的时间不长，因此大多采用的是"一次性"农业投入。但同时也有更多的证据证明：供应商以及其他利益相关者在不停地为农民们灌输"化肥越多越好"的理念，农民们也已经被他们不厌其烦的言辞成功说服。此外，人口增长也是导致人们加大化肥和农药使用量的原因之一（Rozelle et al.，1997b），人口大量增长，但是土地面积有限，因此农民们想通过更加集中的作物管理模式来弥补土地上的限制问题。农药的使用也会对传粉昆虫的生命造成一定威胁，但是目前有所记载的有关特定农药（已经丧失生物多样性）对传粉昆虫影响的研究不多。传粉昆虫的经济价值非常之高，因此对普通农民们来说传粉昆虫的作用特别重要。在澳大利亚，蜜蜂授粉的农业价值估计每年要超过 10 亿美元（Gordon and Davis，2003）。McNeely 也曾经提供了更多有关授粉价值的数据。

如果我国能够将农业生产与工业及国内所有废弃物相结合来进行管理，形成一个创新的循环模式，那么将会对减少非点源污染非常有利，还能够节约能源，降低废弃物处理成本（Tang and Yin，2006）；同时如果人们能够更加科学有效地使得"使用、再使用、输入、输出"进入良性循环，也能减少非点源污染，节约能源，降低废物处理成本（Zhang and Zhu，2005；Zhang et al.，2005）。考虑到在中国居民日常生活所产生的废弃物当中，其有机质含量要比经济合作与发展组织国家高得多，因此假如已经采取了防范措施清理出有毒化学成分，那么很必要再对有机废物进行分离与再循环，从而可以转化为肥料和能量用于农业生产。人们往往低估了固体废弃物所需的环境成本（Hoornweg et al.，1999）。

目前还没有足够资料记载我国地下水资源的开采情况，例如，华北平原的地下水资源开采程度就还没有足够的信息资料记载。根据 NCP 人口普查以及对可持续地下水的使用价值研究，中国每年的浅层地下水量大约为 20 亿立方米。由于地下水资源被人们过度开采，1 亿立方米地下水与 9000 吨燃煤（Zhang et al.，1997）所释放的 CO_2 总量几乎相等，仅仅只是浅层地下水释放的二氧化碳总量每

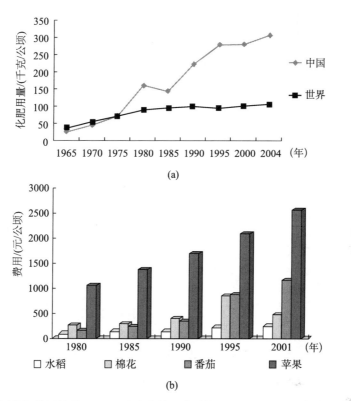

图 8.1　中国化肥使用情况（a）以及农药投入费用情况（b）（以 1995 年的价格为基准）

资料来源：Huang et al.，2006。

年就大约有 50 万吨（假设碳含量约为 75％，换算二氧化碳∶碳＝3.667∶1）。2006 年，中国制造业出口挪威，CO_2 释放量达到了 68 万吨（Reinvang and Peters，2008）。按照欧盟市场所规定的碳的价格——每吨 20 欧元来计算，估计 2006 年挪威需要支付 3.57 亿欧元。同样的价格，华北平原仅仅是浅层地下水的过度开采就已经反映出需要耗费超过 2.6 亿元的等价碳，这其中还不包括盐水入侵、地表沉降、日益见涨的能源消耗等其他相关的环境成本。

　　中国的农业消费额占全国消费总额的 65％，高效用水是缓解缺水问题的关键，这就要求人们完善节水技术及其管理制度、创造安全的水权交易环境、提倡用户参与、合理管理供水价格——因为价格能更加直观地反映出使用资源所需支出的费用（Liu，2006）。2008 年，Immerzeel 等为下游用水户支付小农户生态系统服务描述了一种非常有趣的支付方式，作者在西藏日喀则尼洋河流域（2.6％的面积种植的是春大麦）基于其气候、地势、土地利用及土壤数据建立了一个 SWAT 模型，用以计算在低水压条件下，完全旱作大麦与完全灌溉大麦之间排放集水的差异。人们将生物物理模式与最小社会经济数据相结合，来模拟农业生态系统供给服务，在这种情况下，农业用水在春季达到最旺，此时雅鲁藏布江下游用水户的水资源主要来源于冰川融水。一份敏感度分析报告显示出农民们对大麦和生产成本不同的市场价格及每单位生态系统服务的价格水平作出的理论计算回应：旱作栽培的潜在节水量平均增加排水量的 11%（4～6 月的排水量为 8.6 米³/秒），与种植区生态服务过程中平均减少的实际蒸发量——191 毫米相一致；旱作栽培的作物产量平均减少 63%，整片区域内总产量减少额略高于 10 万吨。

使用灌溉水种植大麦的农民一般都能保持灌溉水的利用率在 10 千克/（毫米·公顷）左右，但是为了满足生态系统的服务需求，农民们不得不减少 276 毫米的灌溉用水量。相关调查主要集中在概念性的方法之上，而并没有触及大麦、家畜等在地方经济中的作用，也没有涉及生产上的损失可能会以怎样的方式反过来影响进口大麦的市场价格，以及在其运输过程中会如何间接引发气候变化。Scherr 等 2006 年的调查研究显示：生态补偿计划必须可以灵活地适应环境、市场、当地土地利用以及人口的动态变化，并且应当整合定期评估协议机制。尽管气候变化对人类的重大影响仍然未知（Wang et al.，2007），但是在增加农业水资源生态补偿其他扇区价值的同时，必须保证其需求与食品安全需求保持平衡。然而恰好与此相反的是，粮食生产必须考虑到储水质量与储水量的需求，因此需要更加合理地使用化肥、农药以及灌溉水。

第三节　大气环境

全国空气质量网络监测数据评估报告显示：2005 年，我国约有 60% 的县级以上城市的空气质量达到二级环境空气质量标准。《大气污染防治法》将空气质量分为三个级别，分别是一级、二级和三级，这三个级别分别设定了包括 SO_2（二氧化硫）（见图 8.2）、CO（一氧化碳）、NO_x（氮氧化物）、铅等在内的 10 种污染物的时均、日均、年均浓度峰值，伴随特定景观类型的最高减排目标，以此来判断区域环境空气质量级别。一级空气质量标准主要指的是自然保护区和风景区；二级空气质量标准主要指住宅区、商业区以及农村地区等；三级空气质量标准所指的是某些特定工业区。未来需要人们给予足够重视的是挥发性有机化合物和有毒的空气污染物。尽管《可再生能源法》已经获得国家批准通过，但是要实现 2006～2010 年每单位国内生产总值的能源强度下降 20% 的愿望仍然具有很大的挑战性。虽然车辆在注册登记时有先进的排气污染标准对其进行污染指数测验，然而道路上的机动车所带来的空气污染越来越严重，且已经成为当前城市空气污染最主要的污染源（OECD，2007）。

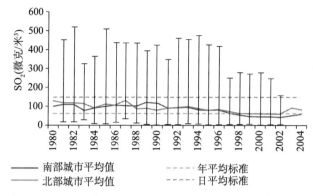

纵坐标轴表示中国所有城市的SO_2数值；最高点代表污染最严重

图 8.2　与中国二级空气质量标准对比，我国主要城市（年均）
环境空气污染程度（SEPA，2005；2006b）

据估计，2003 年由二氧化硫和酸雨污染所造成的中国农业经济损失大约为 300 亿元，其中 80% 是由于蔬菜种植受到严重影响而产生的经济损失。即使酸性沉积物污染水平较低，但是如果蔬菜长时间处于这样的环境之下的话，也会受到其慢性侵害，如蔬菜的叶绿素、色素等会因此而逐渐发生改变。就不同的地理区域而言，河北省所占总损失的比例为 21%、湖南省占了 12%、山东省占了 11%。但是这些数据都是利用盆栽植物的估值模型计算而得来，因此利用这样的模式来推断实地蔬菜种植过程中的损失具有极大的不确定性（World Bank and SEPA，2007）。

我国煤炭燃烧所产生的二氧化硫要超过全国二氧化硫排放总量的 85%。尽管硫酸盐含量较高的煤炭如今仍然在中国农村被广泛使用，但在过去 10 年里，主要发生在中国西南地区的酸雨已经有所缓解，这主要是由于在能源转换进程中实现了燃煤电厂现代化，其生产效益得到了很大程度的提高，能源消耗率也大幅度提升（Xu et al.，2004），同时引进烟气脱硫法，通过静电除尘器来控制颗粒。2001 年，Tian 等在其研究成果中表述了进一步减少二氧化硫排放量以期到 2010 年达到这两个酸雨控制区排放标准的实际操作方法。这两个酸雨控制区包括 175 座城市，分散在全国 27 个省、自治区和直辖市，酸雨控制区的二氧化硫排放量占全国二氧化硫排放总量的 60%。酸雨控制区城市的主要特征是人口密度大、工业发达，是极其繁荣的大城市，对国民经济产生重大影响。二氧化硫、氮沉降对森林或者木材生产的影响目前都尚不可知，温度不断升高、二氧化碳浓度不断上升，这些也都会对森林产生一系列刺激效应。在欧洲，到目前为止已经确定的这些因素对森林生长所造成的负面影响可能只有其对臭氧层所造成的破坏（Holland et al.，1999）。

农民每日从事的农业活动是导致空气中一氧化二氮排放量不断上升的主要原因。全球有 1/3 的人工源一氧化二氮排放量都是来自于水源（河流、河口、大陆架等）和剩余陆源（Seitzinger et al.，2000）。在陆地环境中如果能有效管理氮元素，那么不管是水中还是陆地上的一氧化二氮排放量都能得到有效减少或控制。由于放射元素的半衰期很长，长达 150 年，因此尽管一氧化二氮只占温室气体排放总量的 0.03%，但它的影响却占温室气体影响的将近 10%。此外，美国航空航天局在其最近的调查研究中发现（Ravishankara et al.，2009）：一氧化二氮拥有迄今为止破坏臭氧层的最大潜力。一氧化二氮不仅仅只是《蒙特利尔议定书》中所列消耗臭氧的化学成分之一，同时它还被列入了《京都议定书》，后者包含了一份氮氧化物减排协议。然而截至目前，有关一氧化二氮减排，特别是农业一氧化二氮减排问题，清洁发展机制（UNFCCC，2009）几乎没有掌握任何可行的方式来对其提供资金支持。

第四节　森林与草地

1949 年中华人民共和国成立之前，我国林业基础较为薄弱，林业资源有限，主要分布在东北和西南地区。现如今我国的森林覆盖面积是 1.3 亿公顷，木材蓄积量为 90 亿立方米，森林覆盖面积仅占世界森林总面积的 3%～4%。全国森林覆盖率为 16%；人均可利用森林面积为 0.11 公顷，只占世界平均水平的 11.7%（Ming et al.，2000）。森林总蓄积量有所上升，达到了 8.6 亿立方米，人均拥有量是世界平均水平的 12.6%。随着人口快速增长、农业不断发展、工业和建筑业持续扩张、森林资源被过度开发、陡坡陆续被开垦，导致森林生态系统逐渐退化，生物多样性日益减少。基于此，中国现在正面临着水土流失、荒漠化、洪涝等一系列的危险和灾难。20 世纪 90 年代，土地侵蚀就以每年超过 10 000 立方千米的速度不断增长，由此也导致中国近 38% 的土地遭到严重侵蚀（Ming et al.，2000）。1997 年，Rozelle 等指出：阻碍实现绿化目标、提高森林覆盖率的因素主要有三个：第一，人们对木材制品的需求日益渐长；第二，木材的价格问题；第三，监管不足。随着经济不断发展，工业高速扩张，人们对各种材料投入（包括木材）的需求不断加大。自从 1978 年改革开放之后，房地产投资行业发展迅速，与此同时，中国农村居民的主要能源来源仍然以薪柴为主，由此可见日益增加的木材需求量。符合条件的国家贫困县（以 1980 年的价格为标准，年人均纯收入少于 250 元）在退耕还林工程上困难更大，这可能是因为他们着眼于当前的粮食产量，无法放弃这样的直接受益转而经营森林或果园这些需要相当长时间的经营才能获取经济效益的项目（Rozelle et al.，1997）。

2003 年，Zhang 和 Xu 在其研究成果中提到我国当时的森林覆盖面积为 1.5894 亿公顷，占陆地总面积的 16.5%。与农业部门相比，林业部门的个别统计数据会所差异，这可能是由于林业部门的统计计数方法比较灵活，也有可能是这种方法相对来说在执行过程中难度系数较大（Rozelle et al.，2002）。然而如果使用遥感观测数据的话，现存的一系列不确定性都能有所减少。目前使用遥感观测所得到的森林覆盖率提高到了 18.21%（Sun et al.，2008），且我国计划到 2010 年，森林覆盖率要达到 20%。中国每年的植树造林增长量大约是全球人为森林种植增长量的 50%。近年来，在非林地区发展森林休闲场所呈现出大规模的增加趋势，然而天然林面积却下降到只占全国森林总面积的 30%，单位面积天然林载畜量下降了 32%。随着天然林的数量和质量如此急剧地下降，自然栖息地也随之不断减少。自从 20 世纪 50 年代以来，我国已经有超过 200 种植物物种濒临灭绝，大约 60% 的野生动物物种面临着严重的丧失其自然栖息地的遭遇（Li and Zhang，1995）。

在干旱地区，主要依据降雨量和土壤含水量的多少来选择合适的植被种类进行种植，同时控制植被密度和植被生产率，综合考虑水土保持策略，避免在植被恢复过程中出现的土壤干化所带来的负面影响，如黄土高原就是一个很好的例子。这些干旱地区气候多变，进一步加剧了土壤干化问题，影响土壤中的水循环。土壤干化现象通常会切断地下水补充路径，极大地降低了植被的抗旱能力，影响植被的正常生长和自然演替（Chen et al.，2008）。在中国许多贫困山区，居民大量采集药用植物，猎取含有药用成分的动物，这些经济活动成为贫困山区的一大主要特点。当然人们之所以会这样做，这与中国人民日益富庶的生活以及国外传统中医的逐渐盛行也不无关联。2000 年，Moltke 和 Spainks 通过研究发现，许多对传统中医来说很重要的物种同时也是《生物多样性公约》中提到的重要物种。"如今人们正在对一些能够在中医中入药的动植物进行大量培植，或者增加其繁殖量，即使人工培育品种的效用与野生品种相比还是存在着诸多差异，人们还是通常直接使用人工培育的药用动植物来替代野生品种。"（Moltke and Spainks，2000）。

1998 年，中央政府制定国家森林保护计划（NFCP），明确阐释了最新的森林政策。实施新森林政策的目标在于：①在生态敏感区恢复自然森林；②植树造林，保持水土；③植树造林，增加木材产量；④禁止过度砍伐，保护现有自然森林；⑤坚持自然森林综合利用方针。

1997 年，中国自然森林的木材产量是 3200 万立方米，然而到 1999 年，两年之间这一数据减少到了 2300 万立方米，预计到 2000 年，中国自然森林的木材产量将只有 1400 万立方米，且此后木材产量还会逐年下降。鉴于这样严峻的形势，国家开展实施了坡地转换计划，将额外的 5.33 公顷边际耕地转换为林地，以便更好地控制土壤侵蚀现象的发生，并在退化区重建 3900 万公顷人工林和天然林。实施坡地转换计划的最终目标在于将森林覆盖面积与国土总面积的比例至少提高到 19%。此后，政府还会组织保护更多的自然森林，扩大野生动物栖息地保护区，使其与国土总面积的比例达到 8%（Li，2004）。

在容易发生风蚀和水蚀的区域实施退耕还林还草工程，例如，内蒙古大草原或者被侵蚀破坏过的黄土高原山坡就是风蚀和水蚀易发地，在这些地区进行退耕还林还草，这里的土地使用者都有享受补偿款的可能。也可将其延伸到碳封存这一领域，碳封存是一种生态系统服务，碳被临时合并和池化，可有效地缓解全球气候变化，尤其是能够降低地球急剧升温的峰值。2003 年，Zhang 和 Xu 使用计算机 F-Carbon 1.0 模型对森林地区碳封存的潜力进行研究分析，推断出森林发展的三个不同场景，它们分别是：①基线（仅维持，但不扩大森林面积）；②趋势（预计未来的森林面积还会扩大）；③计划（依据林业部发布的林业建设长远规划；CMOF，1999）。Zhang 和 Xu 同时考虑到了森林枯落物、森林土壤及不同森林本身的不同参数，如树木的年龄结构、木材密度（吨/立方米）等。除了基线场景之外，其他两个场景的数据显示，到 2050 年，我国年均净固碳率都有所上升，"趋势"场景内的年均净固碳率届时将大约达到 145 吨/年，"计划"场景内的年均净固碳率届时将达到 185 吨/年。尽管净固碳率会有所上升，但是与工业和能源部门的排放趋势比起来，这三个场景下的净碳吸收量都有所减少（Zhang and Xu，2003），表明工业、能源等部门还需进一步执行减缓政策。

世界上大多数地区的森林环境服务（如流域保护、碳封存、生物多样性保护等）都不能进行商业买卖，但是市场往往又不能保证其供应充足，这主要是因为这些环境服务会产生正外部效应，且其属于公共产品（Landell-Mills and Porras，2002）。这些公共产品从本质上来说具有非排他性和非竞争性特征，非排他性意即任何消费者都享有使用权利，不能被排除在外；非竞争性即指个人消费行为不会明显减少其他人的可消费数量，如碳固存效益等。在森林环境服务的新兴市场内，具备芝加哥气候交易所（CCX）设施的碳市场可能是目前最发达的市场类型（Capoor and Ambrosi，2007）。

在过去的几年里，我国森林产品的出口量不断增长，同时进口量也在不断上涨，但是市场规模却减少了 60%～70%。2006 年，White 等人指出，在中国乃至全世界的生态系统内，人们很有可能会为了生计而进行巨大的森林产品贸易。Zhu 等人对中国木材消费的"生态足迹"进行研究，为森林贸易研究提供了更多的可参考资料。对中国的林业部门来说，当前必须面对的双重挑战是既要满足人们日益增长的木材及其他林业产品需求，同时又要大量增加对森林环境服务的投资（SFA，2002），林业生产和林业环境两者之间的不协调问题仍然是待解决的难题之一（Weyerhaeuser et al.，2006）。虽然国家对林业政策进行了改革，可将林业所有权转移到个体户所有，但是尽管如此，中国很大一部分的森林仍然属于集体经营。2004 年，Zhang 和 Dai 提出了包括林地使用权在内的更加精确的制度改革方案。官方统计数据显示，2002 年国内生产 4440 万立方米木料和薪材，其中 2050 万立方米（薪木材总量的 46.3%）是来自集体经营森林（SFA，2003）。由于小块、非连片林地的经营成本过高，一些地区已经归个人所有的林地之后又被重新交由了集体管理（Liu，2001）。

云南省政府的政策决定都提倡保护森林，因此该省的主要地区都在进行"天保工程"建设，然而"天保工程"中大约 3/4 的森林都属于集体所有，与国家林业部门集体经营林地有所不同的是，国家林业局集体经营者会有补偿款，而"天保工程"禁伐项目建设中的林地不符合补偿条件，这是"天保工程"建设的条款规定，因此不给其经营者补偿款。长江和黄河上游的森林面积要超过 6108 万公顷，为了保护这些森林，2000 年国家颁发禁令，严厉禁止在这些地区进行商业伐木，全国商业圆材总产量因此减少了 2000 万立方米，这在世界林业史上是最具戏剧性的林产调节之一（Xu et al.，2004）。从保护森林的角度来看，禁止伐木这一决策不无道理，然而人们显然也没有足够的时间去深究如何才能缓解禁止伐木给生态受益者带来的社会经济影响，结果导致农村收入遭受重创，甚至有些村庄会因此而重新过上贫困生活（Zhao et al.，2001）。Weyerhaeuser 等人总结得出：集体经营林场能够达到决策者的多重目标，包括保证产量、保护林地、实现高原地区的社会公平性等，但还是需要市场支持才能充分挖掘森林的发展潜力，如完善市场改革，制定更加合理的市场政策，从而巩固集体森林所有者和经营者的权利（Miao and West，2004）。但 2007 年在北京举行的森林执法及治理中欧会议上，这一议题并没有得到足够重视。

2007 年，Uchida 等对坡地转换计划（生态补偿项目之一，也称"退耕还林"项目）给农村贫困人口带来的后果进行了分析。在可行的情况下，社区内每家每户都空出部分或者全部特定类型的土地来种植植物幼苗，待其长大成林。政府也针对这一行为对参与者实施补偿，包括粮食补给、现金补偿、提供免费幼苗等。在长江流域和中国南部地区，每退耕还林一亩地，政府补给 150 千克粮食；在黄河流域以及中国北部地区，每退耕还林一亩地，政府补给 100 千克粮食和 20 元现金。退耕还草超过 2 年、退耕还林（经济林）超过 5 年、退耕还林（生态林）超过 8 年都能得到粮食和现金补贴，当时粮食的价格是 1.4 元/千克，粮食和现金补贴都是由中央政府直接赞助（Li et al.，2006）。2007 年，Uchida 对一些家庭进行抽样调查，在其调查过程中发现，种植什么类型的树木取决于这些家庭的收入水平。第四分位数的家庭（最富裕的分位数）更多地倾向于种植"生态林"，而在第一分位数的家庭（最贫穷的分位数）不仅倾向于种植生态树和经济作物林，同时还倾向于种植草地或者草树混合种植，这表明这些家庭都在充分利用转化后的土地，通过饲养家畜来赚取一些额外收入。

2007年，Uchida等发现，在目标区域内参与退耕还林计划的人都有一个共同的特征，那就是：高度贫困，这些高度贫困人口在提供重要的环境服务的同时自身也会从中受益，他们提供的环境服务包括保护土壤，调节水流、泥沙以及当地气候等。在国家层面上，退耕还林政策对粮食供应的影响局限在2%～3%，但就中国西部这一地区来说，退耕还林政策对粮食供应的影响可能会更加显著，相对于国内其他地区，西部地区的耕地面积与土地面积的比例高达25%以上，这比国内其他任何一个地区的耕地面积占有率都要高很多。

贫困与生态系统的质量密切相关，中国政府在意识到这一问题之后，正在试图制定有关平衡农村生计与生态保护之间关系的策略，尤其是中国西部省份生态环境脆弱，这些地区的发展更需要国家的高度重视和政策支持。以前500万人口在超过200万平方千米的土地上（占国有土地面积的1/3）谋求生存，这样的谋生方式是不可持续的，因为牧民年收入有100亿，却给草地生态系统造成500亿的年度净亏损。另外，国家近年来实施了草地生态系统改善计划，规定自由放牧季节，实施循环放牧、全年禁止放牧等策略，部分生态系统已经得到了有效恢复，但仍然没有达到改善牧民生活的目标（Han，2006）。

参考文献

Arthington A H, Bunn S E, Poff L, et al. 2006. The challenge of providing environmental flow rules to sustain river ecosystems. Ecological Applications, 16（4）:1311-1318.

Boerset E, Somlyody L, Ge C Z, et al. 2006. China water quality management- policy and institutional considerations. EAP environment and social development discussion papers. Washington DC:World Bank.

Capoor K, Ambrosi P. 2007. State and Trends of the Carbon Market 2007. Washington DC:World Bank.

Chen H S, Shao M G, Li Y Y. 2008. Soil desiccation in the Loess Plateau of China. Geoderma, 143:91-100.

Chen M. 2005. The mixed mechanism in the management of water resources in China. Chinese Journal of Population, Resources and Environment, 3（4）:3-12.

Chen M S, 2006. Fertiliser use in Chinese agriculture. In: OECD. Environment, Water Resources and Agricultural Policies:Lessons From China and OECD Countries. Paris:OECD.

CAEP (Chinese Academy of Environmental Planning). 2004. China Green National Accounting Study Report 2004 (Public Version). Beijing: CAEP.

CAEP (Chinese Academy of Environmental Planning). 2006. Surveying Data of Enterprises of the National Survey of Green Accounting and Pollution Cost Valuation in Ten Candidate Provinces. Beijing: CAEP.

CMOF (Chinese Ministry of Forests). 1999. National planning of ecological re-establishment in China: forestry aspect. *In*: Liu J. National Planning of Ecological Re-establishment. Beijing: China United Commercial Press.

EU-China Conference on Forest Law Enforcement and Governance. 19-20. September, 2007. Beijing. http://www. eu-china-fleg. cn/.

Falkenmark M. 1997. Society's interaction with the water cycle: a conceptual framework for a more holistic approach. Hydrological Sciences Journal, 42: 451-466.

Feng Z M, Yang Y Z, Zhan Y Q, et al. 2005. Grain-for-green policy and its impacts on grain supply in West China. Land Use Policy, 22: 301-312.

Gordon J, Davis L. 2003. Valuing Honeybee Pollination, Rural Industries Research and Development Corporation. Canberra: Centre for International Economics.

Han J. 2006. Effects of integrated ecosystem management on land degradation control and poverty reduction. *In*: OECD. Environment, Water Resources and Agricultural Policies: Lessons From China and OECD Countries. Paris: OECD.

He Jing, Chen X K. 2005. Calculation of Chinese shadow price of water resources based on dynamic computable equilibrium models. Systems Engineering Theory and Practice, 25 (5): 49-54.

Holland, M R, Forster D, King K. 1999. Cost-benefit analysis for the protocol to abate acidification, eutrophication and ground-level ozone in Europe. Abingdon: AEA Technology. http:// www. unece. org/env/tfeaas/4meeting/aea2 _ final. pdf.

Hoornweg D, Thomas L, Varma K, et al. 1999. What a Waste: Solid Waste Management in Asia. Urban Development Sector Unit, East Asia and Pacific Region. Washington D C: World Bank.

Huang J K, Hu R F, Cao J M, et al. 2006. Non-point source agricultural pollution: issues and implications. *In*: OECD. Environment, Water Resources and Agricultural Policies: Lessons From China and OECD Countries. Paris: OECD.

Immerzeel W, Stoorvogel J, Antle J. 2008. Can payments for ecosystem services secure the water tower of Tibet? Agricultural Systems, 96: 52-63.

Landell-Mills N, Porras T I. 2002. Silver bullet or fools' gold? A global review of markets for forest environmental services and their impact on the poor. London: IIED (International Institute for Environment and Development) .

Li X Y, Wang D M, Jin L S, et al. 2006. Impacts of China's agricultural policies on payment for watershed services. College of Humanities and Development, China Agricultural University and International Institute for Environment and Development, London, UK.

Li W H. 2004. Degradation and restoration of forest ecosystems in China. Forest Ecology and Management, 201:33-41.

Li W H, Zhang X. 1995. China's Nature Reserves. Beijing:Commercial Press of China.

Liu B. 2006. China's agricultural water policy reforms. *In*:OECD Water and Agriculture:Sustainability, Markets and Policies. Paris:OECD.

Liu D. 2001. Tenure and management of non-state forests in China since 1950: a historical review. Environmental History, 6 (2):239- 263.

Liu C, He X. 1996. Projection of Water for the 21st Century in China. Beijing:Science Press.

Managi S, Kaneko S. 2006. Economic growth and environment in China:an empirical analysis of productivity. International Journal of Global Environmental Issues, 6 (1):89-133.

McNeely J. 2006. Conserving agricultural biodiversity through water markets in China:lessons from the millennium ecosystem assessment. *In*: OECD. Environment, Water Resources and Agricultural Policies:Lessons from China and OECD Countries. Paris:OECD.

Miao G P, West R A 2004. Chinese collective forestlands:contributions and constraints. International Forestry Review, 6 (3,4):282-298.

Ming X, Ye Q, Peng G, et al. 2000. China's new forest policy. Science, 289:2049, 2050.

MOA (Ministry of Agriculture). 1996. Regulations on Calculation Method of Fishery Loss Caused by Pollution Accidents in Water Area. Beijing:MOA.

MOA, SEPA. 2004. China Fishery Ecological Environmental Condition Bulletin. Bejing:MOA.

Moltke K, Spaninks F. 2000. Traditional Chinese medicine and species endangerment:an economic research agenda. Collaborative Research in the Economics of Environment and Development (CREED) Working Paper No 32. Amsterdam:International Institute for Environment and Development (London) and Institute for Environmental Studies:1-28.

NBS (National Bureau of Statistics). 2004. China Statistical Yearbook 2004. Beijing:NBS.

OECD. 2007. Environmental performance reviews:China. Environment and Sustain-able Development, 5:340.

Ravishankara A R, Daniel J S, Portmann, R W. 2009-08-27. Nitrous oxide (N_2O):the dominant ozone-depleting substance emitted in the 21st Century. http://www. sciencemag. org/cgi/ rapidpdf/1176985. pdf.

Reinvang R, Peters G. 2008. Norwegian consumption, Chinese pollution:an example of how OECD imports generate CO_2 emissions in developing countries. http://www. wwfchina. org/english/downloads/ClimateChange/.

Rozelle S, Benzinger V, Li G. 1997a. Forest land tenure, policies, and the determinants of the structure of the forest. Working Paper, Department of Economics, Stanford University, Stanford, CA.

Rozelle S, Veeck G, Huang J K. 1997b. The impact of environmental degradation on grain production in China, 1975-1990. Economic Geography, 73:44- 66.

Rozelle S, Huang J K, Zhang L X. 1997c. Poverty, population and environmental degradation in China. Food Policy, 22 (3):229-251.

Rozelle S, Huang J K, Binziger V. 2002. Forest exploitation and protection in reform China: assessing the impact of policy, tenure, and economic growth. Working Paper, Agricultural Economics, University of California Davis. http://www. agecon. ucdavis. edu/aredepart/facultydocs/Rozell/Publications/forest _ china. pdf.

Scherr S J, Bennett M T, Loughney M, et al. 2006. Developing future ecosystem service payments in China: lessons learned from international experience. A Report Prepared for the China Council for International Cooperation on Environment and Development (CCICED) Taskforce on Ecocompensation.

Seitzinger S P, Styles R V, Kroeze C. 2000. Global distribution of N_2O emissions from aquatic systems: natural emissions and anthropogenic effects. Chemosphere: Global Change Science, 2 (3):267- 279.

SEPA (State Environmental Protection Administration). 1996. China Statistical Yearbook on Environment 1990-1995. Beijing: China Statistics Press.

SEPA (State Environmental Protection Administration). 2005. China Statistical Yearbook on Environment 2004. Beijing: China Statistics Press.

SEPA (State Environmental Protection Administration). 2006a. Report On the State of the Environment In China 2005. Beijing: SEPA.

SEPA (State Environmental Protection Administration). 2006b. China Statistical Yearbook on Environment 2005. Beijing: China Statistics Press.

SFA (State Forestry Administration). 2002. China Forestry Development Report. Beijing: China Forestry Publishing House.

SFA (State Forestry Administration). 2003. China Forestry Statistics Yearbook 2002. Beijing: China Forestry Publishing House.

Shao M, Tang X Y, Zhang Y H, et al. 2006. City clusters in China: air and surface water pollution. Front Ecol Environ , 4 (7):353-361.

Smakhtin V, Arunachalam M, Behera S, et al. 2007. Developing procedures for assessment of ecological status of Indian river basins in the context of environmental water requirements. http://www. iwmi. cgiar. org/publications/IWMI _ Research _ Reports/PDF/PUB114/ RR114. pdf.

Sullivan C, Vörösmarty J, Craswell E, et al. 2006. Mapping the links between water, poverty and food security. Report on the Water Indicators workshop held at the Centre for Ecology and Hydrology, Wallingford, UK, 16-19 May, 2005.

Sun X H. 2008a. China to bring in green loan benchmark: SEPA, banks adopt IFC's global standard for project financing. China Daily, January 25 : 14.

Sun X H. 2008b. Nation to plant 2. 5b trees. China Daily, January 15 : 3.

Tang H J, Yin C B. 2006. Models and strategies for the development of circular agriculture in China. *In*: OECD. Environment, Water Resources and Agricultural Policies: Lessons from China and OECD Countries. Paris: OECD.

Tian H Z, Lu Y Q, Hao J M. 2001. The future programming of acid rain and SO_2 control in China. Electricity, 12 (2) : 35-37.

Uchida E, Xu J T, Xu Z G, et al. 2007. Are the poor benefiting from China's land conservation program? Environment and Development Economics, 12 : 593-620.

UNFCCC (United Nations Framework Convention on Climate Change). 2009. United Nations Climate Change Conference canun-cop16. http://unfccc. int/2860. php.

Wang J X, Mendelsohn R, Dinar A, et al. 2007. Can China ontinue feeding itself? The impact of climate change on agriculture. Policy Research Working Paper 4470. Washington D C: World Bank.

Wang H, Jin Y. 2002. Industrial ownership and environmental performance: evidence from China. Policy Research Working Paper. Washington D C: World Bank.

Weyerhaeuser H, Kahrl F, Su Y F. 2006. Ensuring a future for collective forestry in China's southwest: adding human and social capital to policy reforms. Forest Policy and Economics, 8 : 375-385.

White A, Sun X F, Canby K, et al. 2006. China and the global market for forest products: transforming trade to benefit forests and livelihoods. http://www. forest-trends. org/resources/publications/publications. php.

World Bank, SEPA (State Environmental Protection Administration). 2007. Cost of Pollution in China: Economic Estimates of Physical Damages. Washington D C: World Bank: 151.

Xu X C, Chen C H, Qi H Y, et al. 2004. Power-sector energy consumption and pollution control in China. http://www. nap. edu/catalog/11192. html.

Yang, H, Zehnder A. 2001. China's regional water scarcity and implications for grain supply and trade. Environment and Planning A, 33 : 79-95.

Zhang D, Kambhampati U S, Morse S. 2007. Economic growth and the environment in transitional China: an old topic with new perspectives. Journal of International Development, 19 (6) : 765-779.

Zhang L, Dai G C. 2004. Forest tenure system and reform in China. http://www. fao. org/docrep/007/ad511e/ad511e00. htm.

Zhang L J, Cai D X, Wang X B, et al. 2005. A study on agricultural tridimensional pollution and discussion about its control. Agricultural Science in China, 4 (3) : 214-223.

Zhang L J, Zhu L Z. 2005. A study of countermeasures for controlling agricultural tridimensional pollution in China. Issues of Agricultural Economy, 2 : 11-15.

Zhang X Q, Xu D Y. 2003. Potential carbon sequestration in China's forests. Environmental Science and Policy, 6:421-432.

Zhang Z H, Shi D H, Ren F H, et al. 1997. Evolution of quaternary groundwater system in North China plain. Science in China (Series D), 40 (3):276-283.

Zhao J C, Xu J C, Qi K. 2001. Research Report on the Natural Forest Protection Program and Slope Farmland Conversion Program in Yunnan, China. Kunming: Yunnan Science and Technology Press.

Zheng Y X, Wang S P, Qian Y H. 2001. Environment and poverty in China: the current situation and trends. *In*: Hayes A, Nadkarni M V. Poverty, Environment and Development: Studies of four Countries in the Asia Pacific region. Bangkok: UNESCO.

Zhu C Q, Taylor R, Feng G Q. 2004. China's Wood Market, Trade and the Environment. New York: Science Press USA Inc.

本章作者：

Wilko Schweers，中国农业科学院农业资源和区域规划研究所，email：w. schweers@gmail. com。

第九章　外来入侵物种对中国生态服务及减贫的潜在影响

第一节　引　言

外来物种①是出现在其过去或现在的自然分布范围及扩散潜力以外（即在其自然分布范围以外或在没有直接或间接引入或人类照顾之下而不能存在）的物种、亚种或以下的分类单元，包括其所有可能存活、继而繁殖的部分、配子或繁殖体。外来入侵物种即从外地自然传入或人为引种后成为野生状态，并对本地生态系统的生物多样性造成一定危害的外来物种。《千年生态系统评估报告》所给出的概念与此也大同小异，认为外来物种是出现在正常分布范围之外的物种；外来入侵物种即从外地引进并扩散，模仿当地生态系统、当地栖息地及当地物种的外来物种。

大多数外来物种都不会带有侵略性，或者为它们的新栖息地制造麻烦，甚至有很多外来物种还对社会有益，如农业、园艺、林业及宠物产业等。然而尽管只有一小部分的外来物种在跨越原有边界后会对新环境带有侵略性，它们却能对当地生态和经济产生巨大的影响。几乎所有的生物分类群都存在外来入侵物种，包括病毒、真菌、藻类、苔藓、蕨类、高等植物、无脊椎动物、鱼类、两栖类、爬行类、鸟类及哺乳类动物等。

外来入侵物种的传播是当前地球上公认的对生态和经济极大的威胁之一。外来入侵物种已经在农田、森林、草地、岛屿、渔业、海运业以及自然保护区等各种各样的生态系统中制造生态灾难，造成经济损失。保守估计，每年全球由外来入侵物种所造成的社会经济和生态损失要超过 14 亿（Pimental，2002），大约占全球经济总值的 5%，相当于中国 2003 年全年的国内生产总值（IMF，2003）。

近年来，由于国际贸易、交通运输、跨国旅游及生态观光的发展，引进了更多外来入侵物种，且其传播速度不断加快。中美贸易爆炸性增长，两国生态系统类型相似，为外来物种入侵创造了条件，导致其对本国及邻国造成了巨大负面影

---

① 阻止、引进、缓解威胁生态系统、栖息地或其他物种的外来入侵物种所造成影响的指导原则。

响（Jenkins and Mooney，2006）。全球贸易从 1965 年的 1920 亿美元增长到
2000 年的 60 000 亿美元。大多数的贸易都通过海运来完成，每年有 1.65 亿个集
装箱装载着 50 亿吨的货物进行贸易往来（McNeely and Schutyer，2003）。预计
在全球海面范围内，压载水舱每天都有多达 10 000 个物种在活动，这些物种大
多来自于沿海海湾和河口，它们随着压载水舱穿越本无法通过的海洋，到达新的
海岸线、港湾、河口等地，通常它们在那里能够找到非常舒适的栖息地（Car-
ton，1999）。1998 年，Cohen 和 Carlton 指出大量的生物体通过船舶压载水排放
途径从亚洲港口不断转移到如今的旧金山海湾，导致如今的旧金山河口外来物种
占绝对优势。

　　越来越多的科学机构和管理团体都在讨论全球外来物种入侵问题，并且针对
这一问题制定了很多地方、国家以及国际战略目标，尽管这些战略在其协调及实
施过程中并不是很成功（Jenkins and Mooney，2006）。当前已经采用各种国际设
备及技术指南从不同角度来处理外来物种入侵问题，包括动植物健康的角度、保
护生物多样性的角度、水生生态系统以及一些行业路径的角度等，并且已经设计
出了新方案和新工具，尤其是全球外来入侵物种项目（GISP）①（由联合国环境
署和世界公约监控中心、全球生物多样性研究者网络、国际应用生物科学中心共
同参与）的提出极大地促进了主管机构和利益相关者之间各个层面的实际区域合
作和跨行业协调发展。为了应对物种入侵问题，全球入侵物种项目出版发行了
《外来入侵物种全球战略》（McNeely et al.，2001）以及《高效预防和管理实践
工具箱》（Wittenberg and Cock，2001）。

　　《生物多样性公约》（CBD）于 1994 年开始生效，中国为其缔约成员国之一，
公约将外来入侵物种问题作为"交叉专题"加以推进。作为全球性条约，公约要
求其成员国"尽可能适当地阻止引进外来物种，控制或消除外来物种对生态系
统、栖息地、当地物种可能构成的威胁。"2002 年，《生物多样性公约》成员国
大会采纳了一项特定决策和指导原则②，帮助各个成员国执行这一要求。大会决
议各成员国、政府及相关组织相互督促，优先考虑外来入侵物种发展战略问题，

---

　　① 全球外来入侵物种项目始建于 1997 年，项目建立的目的在于强调全球外来入侵物种的危害性，同
时也是为了支持《生物多样性公约》的第八条内容。全球外来入侵物种项目于 2005 年早期首次被提出，
创建人员由国际自然保护联盟、国际应用生物科学中心、自然保护协会、南非生物多样性研究所的成员组
成，当时是作为一项法律实体而存在的。

　　② 决策在第四章第 23 条"威胁生态系统、栖息地与其他物种的外来入侵物种"（COPVI，海牙，
2002 年 4 月）内附加"阻止、引进、缓解威胁生态系统、栖息地或其他物种的外来入侵物种所造成影响的
指导原则"。

制定国家和地区发展计划，贯彻执行公约指导原则。

尽管有些转基因生物（基因改造生物活体）有发展成为外来入侵物种的潜在可能性，然而中国的大会报告并没有涉及这类生物，同时也将艾滋病排除在外。

第二节　中国外来入侵物种的现状及其发展趋势

中国整个国家地域跨越 50 个纬度及 5 个气候带，是世界第三大国，也是生物多样性极其富有的国家之一（Wang et al.，1997）。我国的动植物栖息地面积广阔，环境条件优越，唯独对外来物种的入侵特别脆弱（Xie et al.，2001），世界各国很多地区潜在的外来入侵物种都极有可能在中国找到舒适的栖息地。目前，外来入侵物种正在中国境内呈蔓延趋势，已经出现在我国几乎所有的生态系统中，包括森林、湿地、农田、淡水及海洋等。保守估计，在中国境内大约有520 种外来入侵物种，其中超过 100 种物种已经对当地生态系统带来严重困扰（Wan et al.，2004，2005，2009）。这些外来入侵物种包括 268 种外来入侵植物，193 种外来入侵动物（昆虫、甲壳纲、软体动物、哺乳类、鸟类、两栖类、爬行类及鱼类等）及 61 种外来入侵微生物（细菌、真菌、病毒等）（Wan et al.，2009）。Wan 等列出了 30 种对农业和森林生态系统最具威胁的外来入侵物种，其中包括 10 种野草、10 种害虫及 10 种入侵性的或潜在的外来病菌。

中国最具威胁的外来入侵物种列表

10 种外来入侵野草：

紫茎泽兰、豚草、凤眼莲、空心莲子草、大米草、薇甘菊、菊芹、毒麦、石茅高粱、蒺藜

10 种外来入侵害虫：

粉虱、稻象甲、马铃薯叶甲、蔗扁蛾、棉红铃虫、苹果棉蚜、红脂大小蠹、美国白蛾、湿地松粉蚧、松突圆蚧；

10 种入侵性的或潜在的外来病菌：

松材线虫、相似穿线孔虫、小麦矮腥黑穗病菌、大雄疫霉、正寄生霜霉、尖孢镰刀菌、黄萎病菌、马铃薯癌肿病、白叶枯病菌、甘薯长喙壳菌

（资料来源：Wan et al.，2005）

中国在引进外来物种方面历史悠久，特别是那些被证实可在异地多产以及能

够为国家带来潜在经济利益的物种，如葡萄、甘薯及烟草等（Xie et al.，2001）。外来物种在带来经济效益的同时，也有一些物种因离开原有分布区而变得具有侵略性质，2006年，Xu等发现50%的外来入侵植物是特意引进的牧草、牲畜饲料、装饰植物、纺织原料、药用植物、蔬菜或者草坪植物等；25%的外来入侵动物是特意引进用来养殖、生物控制或者作为宠物的。尽管中国野生牧草种质资源十分丰富，但仍于1990年从美国引进了114种寒季草种，1997年进口超过2000吨草皮草种。大量草种已经且正在由国外引进到中国各个城市用于草地装饰，而这些物种对本地生态环境可能产生的潜在影响仍然未知（Xie et al.，2001）。许多外来入侵物种都有一个潜伏期，在这个潜伏期之内，这些物种不会表现出任何异常，直到过了潜伏期之后，最终爆发出明显的侵略性，因此它们对当地生态系统的影响在很长一段时间内都不易被察觉。一旦这些外来物种适应了当地的自然、半自然生态系统或栖息地，它就会对当地生态系统的生物多样性构成威胁。

外来入侵物种已经对中国各种各样的生态系统造成了生态灾难和经济损失。已经记录下来的主要影响就包括：自然生态系统中的本土物种灭绝；农业、林业、畜牧业、渔业、水陆运输及其他相关产业的经济损失（Wan et al.，2004；Xu et al.，2006）。据估计，283种外来入侵物种对中国造成的经济损失（直接经济损失占16.59%，间接经济损失占83.41%）估计约合144.5亿美元，大约是2000年中国全年国内生产总值的1.36%（Xu et al.，2006）。一项预估报告显示：农业和林业11种外来入侵物种已经给当地每年带来574亿元的经济损失（Wan et al.，2002）。以薇甘菊这种有害的外来杂草为例，它入侵到中国广东省的自然保护区，仅在内伶仃岛就造成了450万～1013万元的经济损失；造成诸如水土保持、二氧化碳固存、生产氧气、减少污染、防治病虫害、医疗等森林生态系统服务功能损失3830万～8630万元，同时伴随生物多样性损失67万～150万元（Zhong et al.，2004）。

中国的经济在20世纪进入飞速发展时期，这一时期贸易和交通系统实现了爆发式增长，这既为外来入侵物种在中国传播提供了更多的路径，也使得更多的新入侵物种由其他国家进入了中国。紫茎泽兰已经入侵了中国南方的大片草地，且仍以平均每年20千米的速度向南方亚热带地区扩张；以平均每年6.8千米的速度向北方亚热带地区扩张（Wang et al.，2006），道路和溪流是紫茎泽兰的主要扩散渠道（Lu and Ma，2006）。首次记录广东省和海南省有斑潜蝇存在的时间是1994年，并在短短的8年之内迅速传播到中国各大城市。1995年，香蕉蛾第一次出现在广东省，现如今已经传播到 20 余个省内（Wan et al.，2004）。2002
年，1310 种外来物种及 22 448 个成批的有害生物体被检疫机关拦截，外来物种
和有害生物体的拦截频率分别是前几年的 1.5 倍和 3.4 倍（Wan et al.，2005）。
通过对外来入侵物种的信息进行分析，可知新物种的引进速度已经从 20 世纪 90
年代初有记录以来的每 8～10 年引进 1 个物种发展到 90 年代后期的每 1 年引进 1
或 2 个物种（Wan et al.，2005）。随着中国贸易、旅游及国内经济持续发展与扩
张，外来入侵物种日渐成为我国实现新千年可持续发展战略目标的主要挑战。

　　近年来，为了解决外来入侵物种问题，中央政府投入了大量精力。其中最大
规模的一次投入是在 2003 年，国务院指定农业部为协调和领导各个部门执行计
划和行动的下属部门，在农业部总部设立外来物种管理办公室，在中国农业科学
院设立研究中心（外来入侵物种管理中心），2006 年 9 月 9 日，全国人民代表大
会将外来入侵物种问题列入《国家中长期科学和技术发展规划纲要（2006—2020
年）》。自 1998 年起，中国国家自然科学基金会已经为超过 150 项外来入侵物种
基础应用研究提供支持。自 2002 年起，科技部对外来入侵物种入侵机制基础研
究项目、预防和管理外来入侵物种技术应用研究项目总共投入了超过 1 亿元的预
算支持（Wan et al.，2009），由 30 多所研究机构、100 多位资深研究专家组成
的国家研究团队已经正式成立，全力执行国家外来入侵物种项目计划。与此同
时，农业部、国家环境保护总局、林业部以及其他部门也都已经在其各自相关领
域投入巨额资金来应对外来入侵物种问题。值得一提的是，由中国农业科学院和
国际应用生物科学中心联合组织的中国外来入侵物种预防与管理研讨会于 2004
年 11 月 2～4 日在北京举行，商讨建构国家、地区和国际行动策略。此次研讨会
发展了国家外来入侵物种战略，并获得了国家政府批准。2005 年 9 月 19～22 日，
亚太经合组织针对外来入侵物种问题也在北京举行了研讨会，会议由中国农业部
和美国国务院联合举办，由中国农业部和美国国家自然基金会提供资金支持，会
上，各成员就亚太经合组织外来入侵物种战略的基本要素达成一致意见，并且取
得了亚太经合组织部长级人物的认可。

第三节　外来入侵物种对生态系统服务的影响

　　外来入侵物种对本地生物多样性、生态系统及生态系统服务都会构成一定威
胁。《千年生态系统评估》的一项重要研究发现显示：外来入侵物种的引进已经
被确认为是直接影响并改变生态系统及其服务的全球直接驱动力（MA，2003，

2005）。同时，外来入侵物种也被认为是造成全球生物多样性丧失的第二大原因，仅次于栖息地遭到直接破坏（Sala et al.，2000）。生物多样性、生态系统和生态系统服务之间联系紧密（MA，2003，2005）。例如，生物多样性的产品包含了许多生态系统服务（如食物、基因资源等供给服务），生物多样性的改变影响生态所提供的其他服务（如发病以及授粉等调节服务、破坏当地自然景观以及内陆水域景观等文化服务）。因此，外来入侵物种对生物多样性和生态系统的影响会对生态系统服务产生传导性的效果。《中国西部生态整合评估》（中国西部生态系统综合评估报告）总结得出：合理管理外来入侵物种是中国西部生态系统良性循环的重要途径之一。

外来入侵物种影响生态系统的结构和功能（McNeely and Schutyser，2003）。不管是直接与本地物种进行资源争夺，还是间接改变生态系统的进程，外来入侵物种通过压制或排挤本地物种，形成单优势种群，危及本地物种的生存（Li and Xie，2002；Wan et al.，2005）。外来入侵物种能够通过食物链或者食物网影响整个生态系统，例如，当某种外来入侵昆虫威胁到了本地某种昆虫，它们同样也会直接影响到食虫鸟类和依赖昆虫来完成授粉或传播种子的植物。目前已知的外来入侵物种对生态系统进程的影响包括改变土壤侵蚀速度以及其他地貌运动进程（如影响沙丘、河流、河口等生态系统），改变生物化学周期、水文周期、营养周期等（Macdonald et al.，1989；Vitousek，1990；D' Antonio and Vitousek，1992；Xiang et al.，2001；Wan et al.，2005；Callaway and Maron，2006）。事实上，所有生态系统功都会受到外来入侵物种各种不同途径的影响（Macdonald et al.，1989）。以桉树为例，桉树是一种被引进到中国海南岛的植物，由于其对土壤中水分的摄取率很高，导致土壤肥力下降，对当地水土保持工作造成很大的不利影响（Wan et al.，2005）。再如紫茎泽兰，由于其对土壤中营养物质的吸收力极强，使得土壤中的肥力很快耗尽（Liu et al.，1989；Wan et al.，2005），同时紫茎泽兰还会向土壤中释放异株克生物质来阻止附近其他植物种子发芽（Wan et al.，2005；Zheng and Feng，2005）。

中国的外来入侵物种——水葫芦引起的生态问题

水葫芦，原产南美洲，曾作为牲畜饲料被引入中国，现在已经扩散到中国17个省市的内陆水域生态系统。

水葫芦生长十分迅速，能够繁殖出大量的生命体并覆盖大面积公共水域，通过取代本地水生植物，妨碍水上交通，直接改变了水生植物群落的生态系统，使得鱼类繁殖困难加大，甚至不能繁殖。

　　水葫芦直接影响水化学，且对鱼类多样性存在巨大的潜在影响。水葫芦能够吸收大量的诸如氮、磷等营养物质，又由于老化的水葫芦会分解大量的有机物质，导致在成片的水葫芦蔓延下，形成了缺氧和厌氧环境。厌氧环境是导致鱼类死亡的直接原因，很多需氧鱼类因此死亡，鱼类种群于是开始发生改变。水底植物在其生长过程中需要阳光，然而成片的水葫芦会将阳光遮挡，以这些植物为食的鱼类因其食物不够便会死亡，同时水底植物也是很多鱼类的产卵地，这样一来，在此产卵的鱼类数量也会不断减少。

　　1994 年，云南省超过 10 平方千米的滇池完全被浓密的水葫芦所覆盖，原始水生植物和鱼类分别由 20 世纪 60 年代的 16 种和 18 种减少到 80 年代的 3 种和 5 种，海菜花等本土水生植物已经灭绝。

　　（资料来源：Ding et al.，1995；Li and Xie，2002；Wittenberg and Cock，2001）

　　引进外来入侵物种是导致淡水生态系统中生物灭绝的主要原因之一。云南省是中国生物多样性极为丰富的省区之一，有记载的淡水鱼类为 432 种，占全中国鱼群总种类的 42.2%（Chen et al.，1998；Xie et al.，2001）。然而，近年来由于过度养鱼、水库建设、水污染、植被破坏和填湖造地等活动日积月累的影响，432 种鱼类中有 1/3 正面临威胁或已经灭绝。近年来，人们发现外来入侵物种的扩散与本地鱼种的灭绝及其数量递减有很大联系。20 世纪 90 年代初期，已经有 30 多种外来鱼类被引入云南滇池，导致滇池的本土鱼种从 1940 年的 25 种下降到 1978 年的 15 种，到 1982 年，仅有 8 种鱼类幸存。1997 的一项调查发现：除了 3 种广泛分布的本土鱼类之外，仅剩 2 种地方鱼类仍然存活，且存活的数量非常少（Chen et al.，1998；Xie et al.，2001）。同样的情况也出现在云南大理的洱海（Wan et al.，2004），洱海中有 17 种本土鱼类，这 17 个鱼种对湖周边的农家有着非常重要的经济价值。然而，自从 13 种外来鱼种被有意或无意地引入洱海之后，本土鱼种由于与外来鱼种在食物、栖息地方面都要竞争，且外来鱼种还会对其鱼卵进行掠食，5 种本土鱼类已经濒临灭绝。

　　外来入侵物种对生态系统结构的另一个重要影响是以杂交或者造成基因多样性严重流失等方式来影响生态系统的基因。在中国以外的其他地方，记录在册的外来物种与本地生物的杂交包括鸭子、野猫、驴、鱼类、鸟类和草等（Brooke et al.，1986；Hammer et al.，1993；Holcik，1991；Macdonald et al.，1989；

Moyle，1976；Ryman，1991）。截至目前，中国在这一领域的调查仍然令人震惊。实验室研究显示：红鲍和孔雀鲍这两种从美国引入的鲍鱼，能够与本土的皱纹盘鲍进行杂交和繁殖（Liang and Wang，2001）。2007 年，Liu 等还发现 B 型白粉虱在提高自己的繁殖成功率的同时能够减少本地烟粉虱的繁殖成功率，从而取代本地子物种。

外来入侵物种还会直接威胁到可持续农林业生产（Wan et al.，2005，2009）。由于农林业生产过程中会产生大量入侵害虫和杂草，因此一旦外来入侵物种的数量在区域内爆发式增长，局面将很难控制，于是不得不大面积喷洒农药，然而这样做不仅对农作物以及林业植物造成直接损害，还会间接地对环境造成一定影响。以原产北美洲的稻水象甲为例，稻水象甲在 1988 年首次在河北省唐山市被发现，现在已经蔓延到北京、天津、台湾等 10 个省市（Wan et al.，2005）。1996 年的田野调查数据显示：已经有 33 万公顷稻田大量滋生稻水象甲，且其滋生的地域范围在 2001 年又翻了一倍。稻水象甲的成虫以水稻叶为食，而幼虫则以水稻根为食，幼虫啃食稻根平均造成的农田损失 10%～25%，在啃食严重的地区这一数据甚至高达 50%～70%，或者直接导致稻田绝收。据估计，由于稻水象甲大量入侵农田，浙江、福建两省每年需要增加 90 吨高效农药成分使用量来应对这一问题（Wan et al.，2005）。松线虫是一种原产北美洲的森林害虫，于 1982 年首次在江苏省南京市被发现，现在已经扩散到上海、台湾、香港特别行政区等。松线虫能够在 6 个月内杀死一棵松树，照此速度计算，1982～2000 年，大陆地区大约已经有 150 万棵松树被松线虫摧毁（Wan et al.，2005）。2004 年，Luo 和 Wu 称松线虫已经扩散到 87 000 公顷树林之中，累计破坏 4000 万棵松树，其造成的直接经济损失高达 250 亿元。

第四节　外来入侵物种对减贫的影响

正如上文所提到的那样，外来入侵物种是物种多样性的极大威胁之一，也是改变生态系统及其服务的驱动因素之一。外来入侵物种影响生态系统服务及其产品的传递过程，并最终影响到整个人类的正常生存（Pimental，2002）。在发展中国家，外来入侵物种直接影响人们的食物安全，最终导致人们的幸福安康指数明显下降（Mcneely and Schutyser，2003）。研究显示：外来物种的入侵可在很大程度上影响土地流转、土地退化以及传统的生计方式，同时还会对人们的社会文化和精神健康产生一定影响，特别是对那些生活在发展中热带地区的贫困农村群体来说影响更大，他们通常依赖自然生态系统服务为生，依靠生态系统服务来满足其最基本的衣食需求和用水需求（Ash and Jenkins，2007）。

纵览全球，外来入侵物种对生态系统结构和功能所造成的负面影响是毋庸置疑的，然而外来入侵物种对农村地区居民生计和安康的潜在影响人们尚且了解不深（Shackleton et al.，2007）。随着国家水资源项目计划工作①不断发展与完善，现如今已经明确的是：外来入侵植物已经成为南非消除贫困的工具，且项目工作组为南非社区的可持续发展提供了可供选择的发展方式（Noemdoe，2001），这也表明外来入侵物种为南非社区提高其发展水平提供了很多机会。此外，有些时候外来入侵物种也会在农村社区大受欢迎，并且特别受贫困农民欢迎，因为贫困农民将这些外来物种视为自然资源，他们可以开采这些自然资源，以用于维持日常生存。还有一些研究成果显示：不管是以可管理的物种形式，还是以可供开采的野生外来资源的形式，外来入侵物种通常与当地生计融为一体（Geesing et al.，2004；de Neergaard et al.，2005）。2007 年，Shackleton 等发现在南非东部海角的农村地区，有两种外来入侵物种已经成为人们普遍消耗的对象，人们甚至将其作为交易品，卖掉他们来增补收入。引入生物燃料植物已经成为当前发展趋势，然而这样的趋势也为人类出了一道难题，即人们如何权衡生物燃料植物所带来的经济效益与生态系统因受侵害所需的成本问题（Low amd Booth，2007）。外来入侵物种对农村生活所造成的影响非常复杂，在时间和空间上也是极其多变，因此，迫切需要更多学者针对这一问题进行更大规模的整体个案研究来解决这些复杂多变的问题（Shackleton et al.，2007）。

到目前为止，针对外来入侵物种对减贫的影响，学者们几乎没有进行过任何调查研究，将外来入侵物种考虑进减贫和农村发展计划中去的信息记载也基本为零。根据有所记载的中国外来入侵物种分布信息（Li and Xie，2002；Xu and Qiang，2004；Wan et al.，2005），就地理分布而言，我国有 279 种外来入侵物种，包括 31 种病菌、183 种草类植物、7 种水生无脊椎动物、44 种陆生无脊椎动物、3 种两栖动物和爬行动物、8 种鱼类及 3 种哺乳类动物，全国所有的贫困县内都散布有这些外来入侵物种。其中云南省的外来入侵物种有 146 种、广东省的外来入侵物种有 132 种、台湾省的外来入侵物种有 117 种、福建省的外来入侵物种有 114 种、江苏省的外来入侵物种有 110 种、广西壮族自治区的外来入侵物

---

① 国家水资源项目计划工作是于 1995 年首次由国家水利部和南非林业部门提出的，建立这一项目是为了更好地控制困扰南非 20 年以来的外来入侵物种，这一计划的执行不仅有利于挖掘国家资源的潜在利用价值，同时也有助于实现农村社会重建与发展利益的最大化。

种有 106 种、浙江省的外来入侵物种有 99 种，这些地区是外来入侵物种分布数量最多的地区，从地理分布上来看，外来入侵物种似乎更加容易入侵亚热带地区以及中国东部和东南部沿海地区。除了我国云南省和广西壮族自治区因属于亚热带地区气候条件比较优越之外，外来入侵物种的数量多少似乎与经济发展程度呈正比关系，究其原因，这可能是由于人类与外来入侵物种互动所产生的重要影响所致（Hodkinson and Thompson，1997；Mack and D'Antonio，1998；Sax，2002；Wan et al.，2009）。

对外来入侵植物分布情况的研究显示：植物入侵与经济、社会发展水平之间也有相互联系（Liu et al.，2005，2006）。2006 年，Zhang 等通过研究发现：植物的相对入侵性与人类干扰之间关系非常密切，而且与内陆省份相比，岛屿和沿海省份的生物入侵现象更为严重。外来入侵植物物种的丰富程度与人口数量和密度、国内生产总值以及单位面积国内生产总值呈正比关系（Liu et al.，2005）。这种引进更多外来入侵物种（有意引进、无意引进或者两者兼有）的模式显示：相对于其他欠发达的省份来说，经济发达省份的国内生产总值相对较高，人口数量也相对较多，这也反映了人类经济活动越频繁，或者人类为生物所提供的栖息地越多，可能会为外来入侵物种的扩散提供有利条件。

与其他贫困地区相比，云南省、广西壮族自治区、四川省、江西省、安徽省的人口数量都不算多，但这些地区所引进的外来入侵物种数量却更多。随着越来越多的外来物种入侵，这些地区也会面临外来入侵物种所带来的更加严峻的挑战。当前我们仍然需要进一步调查外来入侵物种到底如何影响这些地区的贫困人口？以及我国外来入侵物种的丰富度与贫困人口之间的关系到底如何？尽管其他贫困地区的外来入侵物种数量较少，但就是这些少量的入侵物种甚至一个单独的入侵个体都有可能给农村贫困人口带来极大的麻烦，这主要是因为农村贫困人口对生态系统服务的依赖性非常大。

针对外来入侵物种问题，我国在一些研究方面进行了重新定向，将研究重心从研究外来入侵物种的管理方式逐渐转移到探索入侵植物的综合利用方式上，以提供纤维、草药、植物源农药及生物燃料（如紫茎泽兰、薇甘菊等）（Wan et al.，2005）。这样的研究转向很有可能会在国内引导产生一个全新的发展模式，即实现外来入侵物种控制计划与农村生计发展一体化。但是，我们仍然需要谨慎权衡、综合利用外来入侵物种所获利益与其对生物多样性和生态系统造成损失所必须支付的成本之间的关系。

第五节　气候变化对外来入侵物种的影响

　　2005 年，《千年生态系统评估报告》将气候变化定义为"是导致生态系统改变的最主要的直接驱动力之一"，同时还指出："到本世纪末，气候变化及其影响将会成为导致全球生态多样性消失及生态系统服务发生改变的主导直接驱动力量"，并且建立了气候变化、生态系统变化、生物多样性关系网。每一个驱动因素所造成的影响不同，然而这些影响之间的相互联系却非常紧密（Sutherst，2000）。已经观察到的气候变化，尤其是区域气温升高，已经影响到了生物多样性和生态系统，导致很多物种面临灭绝危机，改变了物种分布、人口规模、繁殖时间及动植物迁徙活动等，病虫害灾害爆发更加频繁（Gitay et al.，2002；Kappelle et al.，1999；Parmesan and Yohe，2003；Root et al.，2003；Walther et al.，2002；Thomas et al.，2004）。

　　气候变化改变生态系统的成分及其进程，从而直接或间接地影响外来入侵物种。气候变化为外来物种的入侵提供便利条件，因为气候变化会改变生态系统的物理化学条件，如改变环境温度，使其更适于外来入侵物种生长，而本土物种则不再适应于改变之后的气候（Stachowicz et al.，2002；Wiedner et al.，2007）。此外，气候变化还能够增加生态系统的环境压力，同时减少外来物种入侵的阻力，为更多的外来入侵物种创造条件。在海洋生态系统中，气候变化不仅会因为当前模式的改变而影响到外来入侵物种的扩散机制，还会由于最佳的热适应条件发生改变或者碳酸盐化学环境不同而影响到外来入侵物种与本土物种之间竞争性的相互作用（Occhipinti-Ambrogi and Sheppard，2007）。2005 年，Morrison 等人预测到，21 世纪末，红杉木蚁、红火蚁的数量将会在未来 $40\sim50$ 年分别增长 5％和 12％，这是红杉木蚁和红火蚁对气温上升所作出的回应。因此，受到当前温度限制，气候变化可能会扩大一些外来入侵物种的地理分布范围，也可能会缩小一些外来入侵物种的分布区域。

　　同时也有研究表明：氮沉降现象加剧、大气二氧化碳浓度增高等其他一些全球变化也会为一些具备特定生理或生活史特征的物种群生长提供便利条件。新的研究证据表明：许多入侵物种都拥有一些共同特征，而正是这些特征使得它们能够充分利用全球变化的不同因素。生物入侵者的分布范围不断蔓延，它们很有可能反过来影响全球变化的诸多成分，从而改变整个生态系统的基本性能（Dukes and Mooney，1999）。

2007 年，Zhong 等运用物种分布的动态建模软件 CLIMEX（Sutherst et al.，2004）和地理信息系统（GIS）来预测在当前气候和未来气候变化情景下中国外来入侵杂草——小白菊的分布情况，结果显示，在当前情景以及 B1、B2、A2、A1F1 未来情景下，这种小白菊将会从目前仅仅分布在中国南部地区逐渐扩散到中国中部、东部、北部以及中国西北部的南部地区。在 B1、B2、A2 及 A1F1 四种未来情境下，小白菊的潜在扩散区域范围将会分别增加 4.2%、5.2%、8.0% 和 9.3%；非常适合生长小白菊的地域面积比例将会分别增长 4.0%、7.0%、8.4% 和 9.7%；环境适应性（EI 指数）将分别平均提高 2.0、3.0、4.0 和 4.7。这项研究表明：气候变化可能会进一步扩大小白菊在中国的潜在分布区域，且能提高其适应性。不管这项研究成果是积极的还是消极的，所有这些证据都表明：外来入侵物种受气候变化的影响非常之大。

第六节　研究知识空白与建议

调查研究被普遍认为是解决全球、地方或者国家外来入侵物种问题应当优先考虑的问题之一（Mcneely et al.，2001；全国入侵物种委员会，2001；McNeely and Schutyser，2003；Wan et al.，2004，2009）。尽管中国引进外来物种的历史悠久，但是外来入侵物种的概念直到 20 世纪 90 年代末才被引入中国。大多数有关外来入侵物种的研究工作都是在"八五"规划期间（1991～1995 年）进行，其研究水平仍远远落后于发达国家（Wan et al.，2004）。因此，各级政府不断加强对该领域的支持力度，目前我国外来入侵物种的研究及管理已取得飞速进展（Wan et al.，2009）。

当前的研究重心主要集中在应用研究领域，如发展控制农林业害虫、杂草、病害技术等，缺乏对入侵生物，尤其是已经被入侵的生态系统中外来入侵物种的生物进程、入侵生物对生态系统结构和功能造成的影响，以及外来入侵物种与生态系统服务之间的联结关系等基础研究。未来研究外来入侵物种与生态扶贫应当集中在以下几个方面：气候变化对外来入侵物种的不同入侵阶段（侵入、定居、适应、扩散）所造成的直接或间接影响有哪些？在气候变化情景下生态系统受外来入侵物种的损害程度有多大？外来入侵物种引起的生态系统结构和功能变化如何反作用于气候变化？同时实施长期监管，以便更好地了解气候变化与外来入侵物种之间的相互作用。

定量研究外来入侵物种对生态系统以及依赖生态系统维持生计的农村生活造

成的社会、经济、生态影响。在当前引进生物燃料植物的热潮下，采用成本—收益研究方法深入评估外来入侵物种对农村贫困人口造成的影响。

基于生物学与生态学理论（如有害生物综合治理、生物控制、物理防治、生态恢复等）选取对环境无害的外来入侵物种（针对脆弱的生态系统类型和贫困区），对其可持续管理进行个案研究，探索更好的生态系统和扶贫综合管理办法。

为什么外来物种会入侵成功？哪些区域是物种入侵的热点区域？结合分子生物学、基因学、生态学、生物化学、生物数学及地理信息技术、全球卫星定位系统、遥感技术等研究方法综合研究外来入侵物种在不同入侵阶段的入侵机制。值得注意的是：比较原生地与入侵地这两个不同的地理区域内，外来入侵物种的遗传差异及其生物、生理、生态特征，并对其进行比较生物地理学研究。

一旦外来物种入侵成功，会对当地生态系统带来什么样的后果？外来入侵物种影响本土居民和社区，何时何地有些特定的程序可能会很重要？为了解答这些问题，还需要在传播生态学领域进行进一步的研究，如外来入侵物种和本土物种的相互作用、被外来物种入侵社区的抵抗力和敏感性，以及外来入侵物种对生态系统结构和功能造成的影响（包括时间和空间影响）等。

尽管政府已经完成了很多工作任务，但目前仍然还需要对全国（特别是贫困地区）外来入侵物种的基线数据进行更进一步的调查和汇编，包括分类鉴定、分布范围、栖息地、种群规模、生活史、传播路径等。在建立了这样的数据库之后，建立一个信息分享平台，确保研究员、推广官员、政治决策部门及公众都能够简单快速地获取这些信息。

在政策层面上，其研究内容应当包括：系统评估当前与外来入侵物种相关的法律和监管当局，找出在对外来入侵物种执行联合活动过程中的法律及政策障碍，明确相应各部门的职责，规范报告进程，建立透明的外来入侵物种问题合作与执行机制。跨部门及各个利益相关者通过正式讨论，最终制定出全国外来入侵物种战略及行动计划，在这个过程中应当充分考虑外来入侵物种对生态系统服务和减贫的影响，并将其作为政治研究和决策制定的参考因子。

中国有很多机构、行业及个体对外来入侵物种影响生态环境所带来的后果都认知不足，有些机构、行业或个体在引进外来物种时甚至会忽略危险的生物入侵行为（Li and Xie, 2002；Xu et al., 2006b）。在中国社会，从政策制定者、资源管理者、研究者到普通大众，都需要对其加强这方面的公共意识与教育。为了更好地对负有责任的公私部门进行指导，还需要在人类与外来入侵物种的相互作用方面加强研究，尤其需要对有意引进外来物种可能会威胁到的淡水、海洋、陆生及森林生态系统进行危险评估，把外来入侵物种的研究成果转化成综合性的、有吸引力的、更易理解的教育材料，广泛应用于教育、拓展、培训计划等领域。

　　总而言之，外来入侵物种问题是一项全球性问题，任何一个国家单方面的行动都不足以阻止有害物种的引进，需要国际、地区、跨国界、地方各级力量之间紧密合作，发展多种应对模式，共同解决这一难题。因此，加强中国与其他国家、国际组织、非政府组织的国际合作研究任务迫在眉睫。

参考文献

Ash N, Jenkins M. 2007. Biodiversity and Poverty Reduction. The Importance of Biodiversity for Ecosystem Services. Cambridge: UNEP-WCMC.

Brooke R K, Lloyd P H, De Villiers A L. 1986. Alien and translocated vertebrates in south Africa. *In*: Macdonald I A W, Kruger F J, Ferrar A A. The Ecology and Management of Biological Invasions in Southern Africa. Proceedings of the National Synthesis Symposium on the Ecology of Biological Invasions. Cape Town: Oxford University Press.

Callaway R M, Maron J L. 2006. What have exotic plant invasions taught us over the past 20 years. Trends in Ecology and Evolution, 21: 369-374.

Carlton J T. 1999. The scale and ecological consequences of biological invasions in the world's oceans. *In*: Sandlund O T, Schei P J, Viken A. Invasive Species and Biodiversity Management. Dordrecht: Kluwer Academic Publishers.

Chen Y R, Yang J X, Li Z Y. 1998. The diversity and present status of fishes in Yunnan province. Chinese Biodiversity, 6: 272-277.

Cohen A N, Carlton J T. 1998. Accelerating invasion rate in a highly invaded estuary. Science, 279: 555-558.

D' Antonio C M, Vitousek P M. 1992. Biological invasion by exotic grasses, the grass / fire cycle, and global change. Annu Rev Ecol Syst, 23: 63-87.

de Neergaard A, Saarnek C, Hill T, et al. 2005. Australian wattle species in the drakensberg region of South Africa—an invasive alien or a natural resource. Agricultural Systems, 85: 216-233.

Ding J Q, Wang R, Fan Z N, et al. 1995. Distribution and infestation of water hyacinth and the control strategy in China. Journal of Weed Science, 9: 49-51.

Dukes J S, Mooney H A. 1999. Does global change increase the success of biological invaders. Trends in Ecology and Evolution, 14: 135-139.

Geesing D, Al-Khawlani M, Abba M L. 2004. Management of introduced prosopis species: can economic exploitation control invasive species. Unasylva, 217: 36-44.

Gitay H, Suárez A, Dokken D J, et al. 2002. Climate change and biodiversity. Intergovernmental Panel on Climate Change Technical Paper V.

Hammer M, Jansson A, Jansson B O. 1993. Diversity change and sustainability: implications for fisheries. Ambio, 22: 97-106.

Hodkinson D J, Thompson K. 1997. Plant dispersal: the role of man. Journal of Applied Ecology, 34: 1484-1496.

Holcik J. 1991. Fish introductions in Europe with particular reference to its central and eastern part. Canadian Journal of Fish and Aquatic Science, 48 (Suppl. 1): 13-23.

International Monetary Fund (IMF). 2003. World economic outlook database. http://www.imf. org/external/pubs/ft/weo/2003/01/data/ on 26 October 2004.

Jenkins P T, Mooney H A. 2006. The United States, China, and invasive species: present status and future prospects. Biological Invasions, 8: 1589-1593.

Kappelle M, Van Vuuren M M I, Baas P. 1999. Effects of climate change on biodiversity: a review and identification of key research issues. Biodiversity and Conservation, 8: 1383-1397.

Li Z Y, Xie Y. 2002. Invasive Alien Species in China. Beijing: China Forestry Publishing House.

Liang Y B, Wang B. 2001. Exotic marine species and its impacts in China. Biodiversity, 9: 458-465.

Liu J, Dong M, Miao S L, et al. 2006. Invasive alien plants in China: role of clonality and geographical origin. Biological Invasions, 8: 1461-1470.

Liu J, Liang S C, Liu F H, et al. 2005. Invasive alien plant species in China: regional distribution patterns. Diversity and Distribution, 11: 341-347.

Liu L H, Liu W Y, Zheng Z, et al. 1989. The characteristic research of autecology of pamakani (Eupatorium adenophorum). Acta Ecologica Sinica, 9: 66-70.

Liu S S, De Barro P J, Xu J, et al. 2007. Asymmetric mating interactions drive widespread invasion and displacement in a whitefly. Science, 318: 1768-1772.

Low T, Booth C. 2007. The Weedy Truth About Biofuels. Melbourne: Invasive Species Council.

Lu Z J, Ma K P. 2006. Spread of the exotic crofton weed (Eupatorium adenophorum) across southwest China along roads and streams. Weed Science, 54: 1068-1072.

Luo Y Q, Wu J. 2004. Damage state and controlling strategies against forest invasive speices in China. Prevention and Management of IAS in China: Building a Strategy for National, Regional and International Actions, 2-4 November, 2004, Beijing, China: 5-59.

Millennium Ecosystem Assessment (MA). 2003. Ecosystems and Human Well-Being: A

Framework for Assessment. Washington D C: Island Press.

Millennium Ecosystem Assessment (MA). 2005. Ecosystems and Human Well-Being: Synthesis. Washington D C: Island Press.

MacDonald I A W, Loope L L, Usher M B, et al. 1989. Wildlife conservation and the invasion of nature reserves by introduced species: a global perspective. *In*: Drake J A, Mooney H A, di Castri F, et al. Biological Invasions: a Global Perspective. Scope 37. New York: John Wiley and Sons.

Mack M C, D' Antonio C M. 1998. Impacts of biological invasions on disturbance regimes. Trends in Ecology and Evolution, 13: 195-198.

McNeely J A, Schutyser F. 2003. Invasive species: a global concern bubbling to the surface. International Conference on the Impact of Global Environmental Problems on Continental and Coastal Marine Waters, Geneva, Switzerland 16-18 July 2003: 14.

McNeely J A, Mooney H A, Neville L E, et al. 2001. Global Strategy on Invasive Alien Species. Gland: IUCN.

Morrison L W, Korzukhin M D, Porter S D. 2005. Predicted range expansion of the invasive fire ant, Solenopsis invicta, in the eastern United States based on the VEMAP global warming scenario. Diversity and Distributions, 11: 199-204.

Moyle P B. 1976. Fish introductions in California: history and impact on native fishes. Biological Conservation, 9: 101-118.

National Invasive Species Council. 2001. Meeting the Invasive Species Challenge: National Invasive Species Management Plan.

Noemdoe S. 2001. Putting people first in a invasive alien clearing programme: working for water programme—are we succeeding *In*: McNeely J A. The Great Reshuffling: Human Dimensions of Invasive Alien Species. Gland, Switzerland and Cambridge, UK: IUCN.

Occhipinti-Ambrogi A, Sheppard C. 2007. Global change and marine communities: alien species and climate change. Marine Pollution Bulletin, 55: 342-352.

Parmesan C, Yohe G. 2003. A globally coherent fingerprint of climate change impacts across natural systems. Nature, 421: 37-42.

Pimentel D. 2002. Biological Invasions: Economic and Environmental Costs of Alien Plant, Animal, and Microbe Species. New York: CRC Press.

Root T L, Price T, Hall K R, et al. 2003. Fingerrints of global warming on wild animals and plants. Nature, 421: 57-60.

Ryman N. 1991. Conservation genetics considerations in fishery management. Journal of Fisheries Biology, 39 (Suppl. A): 211-224.

Sala O E, Chapin F S III, Armesto J J, et al. 2000. Global biodiversity scenarios for the year

2100. Science, 287:1770-1774.

Sax D F. 2002. Native and naturalized plant diversity are positively correlated in scrub communities of California and Chile. Diversity and Distributions, 8:193-210.

Shackleton C M, McGarry D, Fourie S, et al. 2007. Assessing the effects of invasive alien species on rural livelihoods: case examples and a framework from south Africa. Human Ecology, 35: 113-127.

Stachowicz J J, Terwin J R, Whitlatch R B, et al. 2002. Linking climate change and biological invasions: ocean warming facilitates nonindigenous species invasions. Ecology, 99:15497-15500.

Sutherst R W, Maywald G F, Bottomley W, et al. 2004. CLIMEX v2 User's Guide. Queensland: CSIRO.

Sutherst R W. 2000. Climate change and invasive species-a conceptual framework. In: Mooney H A, Hobbs R J. Invasive Species in a Changing World. Washington D C: Island Press.

Thomas C D, Cameron A, Green R E, et al. 2004. Extinction risk from climate change. Nature, 427:145-148.

Vitousek P M. 1990. Biological invasions and ecosystem process: towards and integration of population biology and ecosystem studies. Oikos, 57:7-13.

Walther G R, Post E, Convey P, et al. 2002. Ecological responses to recent climate change. Nature, 416:389-395.

Wan F H, Guo J Y, Wang D H. 2002. Alien invasive species in China: current status, research development, management strategies and risk assessment frame. In: Wang D H, Jeffrey A M. International Workshop on Biodiversity and Management for Alien Invasive Species. Beijing: China Environmental Science Press.

Wan F H, Guo J Y, Zhang F. 2009. Research on Biological Invasions in China. Beijing: Science Press.

Wan F H, Liu S S, Guo J Y, et al. 2004. National strategies and plans for management of alien invasive species in China (Draft, Oct. 8, 2004). Prevention and Management of IAS in China: Building a Strategy for National, Regional and International Actions, 2-4 November, 2004, Beijing, China: 5-59.

Wan F H, Zheng X B, Guo J Y. 2005. Biology and Management of Invasive Alien Species in Agriculture and Forestry. Beijing: Science Press.

Wang R, Wang Y Z. 2006. Invasion dynamics and potential spread of the invasive alien plant species *Ageratina adenophora* (*Asteraceae*) in China. Diversity and Distributions, 12: 397-408.

Wang S, Xie Y, Mittermeier R A. 1997. China. In: Mittermeier R A, Robles G P, Mittermeier C G, et al. Megadiversity—Earth's Biologically Wealthiest Nations. Mexico: CEMEX.

Wiedner C, Rücker J, Brüggemann R, et al. 2007. Climate change affects timing and size of populations of an invasive cyanobacterium in temperate regions. Oecologia, 152:473-484.

Wittenberg R, Cock M J W. 2001. Invasive Alien Species: a Toolkit of Best Prevention and Management Practices. Wallingford:CAB International:228.

Xiang Y C, Peng S L, Zhou H C, et al. 2001. Biological invasion and its impacts. Ecological Science, 20:68-72.

Xie Y, Li Z Y, Gregg W P, et al. 2001. Invasive species in China-an overview. Biodiversity and Conservation, 10:1371-1341.

Xu H G, Ding H, Li M Y, et al. 2006a. The distribution and economic losses of alien of alien species invasion to China. Biological Invasions, 8:1495-1500.

Xu H G, Qiang S. 2004. An Inventory List of Invasive Alien Species in China. Beijing:Chinese Environmental Science Press.

Xu H G, Qiang S, Han Z M, et al. 2006b. The status and causes of alien species invasion in China. Biodiversity and Conservation, 15:2893-2904.

Zhang Z B, Xie Y, Wu Y M. 2006. Human disturbance, climate and biodiversity determine biological invasion at a regional scale. Integrative Zoology, 1:130-138.

Zheng L, Feng Y L. 2005. Allelopathic effects of Eupatorium adenophorum Spreng. on seed germination and seedling growth in ten herbaceous species. Acta Ecologica Sinica, 25:2782-2787.

Zhong G P, Shen W J, Wan F H. 2007. Effects of global climate change on the distribution of Parthenium hysterophorus in China. Draft Paper:13.

Zhong X Q, Huang Z, Si H, et al. 2004. Analysis of ecological-economic loss caused by weed Mikania micrantha on Neilingding Island, Shenzhen. China Journal of Tropical and Subtropical Botany, 12:167-170.

本章作者：

　　Zhang Feng，国际应用生物科学中心，email：f. zhang@cabi. org。

第四篇　宁夏个案研究

第十章　宁夏个案研究

宁夏回族自治区（简称宁夏）坐落于中国西北部黄河中上游，南部与甘肃省毗邻，东部与山西省接壤，东北部与内蒙古相连。

宁夏疆域南北狭长，南北相距逾 465 千米，东西相距约 250 千米，从地图上看，宁夏就像一只昂首起飞的雄鹰，俯视祖国西部的边陲。全区土地面积为 6.64 万平方千米，除 4 个直辖市和港澳特区外，仅大于台湾省和海南省。从地形分布来看，宁夏从南至北包含 6 个地貌单元，分别是六盘山区、黄土丘陵、中部高山平原、鄂尔多斯台地、银川平原和贺兰山区（图 10.1）。山区占地面积为 8179 平方千米（占全区总面积的 12.3%），平原占地面积 13 897 平方千米（占全区总面积的 20.9%），丘陵占地面积 19 679 平方千米（占全区总面积的 29.6%）。

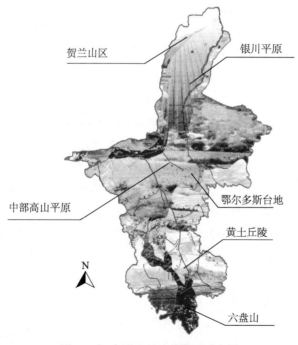

图 10.1　宁夏地区地貌类型示意图

宁夏包含 5 个自治市，由 22 个县区组成。到 2006 年年底，宁夏人口总数达到 604 万，其中 383.9 万人口为农村人口，占宁夏人口总数的 63.2%。

根据地貌类型以及经济发展状况，可将宁夏划分为三大区域，即北部平原黄河灌区（YERID）、中部干旱沙漠区（DDD）以及南部山脉与黄土丘陵区（MLHD）。

南部山脉与黄土丘陵区又囊括了六盘山和黄土丘陵两大板块，总占地面积是整个宁夏地域总面积的 31.3%。由于南部山脉与黄土丘陵区的海拔普遍比较高，因此降雨量比较丰富，仅六盘山这一个地区内每年的降水量就有 600～800 毫米。然而尽管宁夏地区降水充足是一个不争的事实，但是由于高山、峡谷及贫瘠土地在这里的分布非常密集，由此导致当地农业发展极其滞后。同时由于黄土丘陵北部半干旱地区的高度侵蚀作用，使得坡式田块面积不断扩大，其占地面积要超过耕地总面积的 70%。当然，在这个地区的谷床内也会有肥沃平坦的土地存在，这些肥沃平坦的土地中有一部分土地可直接通过水库、管井或者河流来进行灌溉。因此这些地块也就自然而然变成了当地的主要农作区，每年的降水量为 400～600 毫米，其中 60% 的降水都集中在 7～9 月，这三个月的降雨多为强降雨。此外，暴雨及其所引发的洪水灾害也会给当地带来一系列的困难与麻烦，并且这些自然灾害在当地引起的连带效应也是多种多样，90% 的土地会因此面临严重的水力侵蚀与土壤流失威胁。

中部干旱沙漠区位于鄂尔多斯台地与腾格里沙漠的边缘地带，总覆盖面积达到了宁夏领土总面积的 45.4%。这里每年的降水量还不到 300 毫米，由于降水量有如此之大的限制，导致这块领域内的土地水汽蒸发及土地沙漠化现象非常严重。然而尽管这里降雨量不足，但是日照充足，宁夏地区大概 72% 的天然草原都分布在这一地带。同时日照充足也会引发一系列问题，例如，由于持续干燥，大约 88% 的土地已经被严重侵蚀。宁夏中部的干旱沙漠区是生态建设扶贫难度最大的区域。然而值得庆幸的是，这里大部分的土地都还相对比较肥沃，且与黄河距离不远，这为引水灌溉创造了有利的条件，居民可直接从黄河引水来灌溉农田。

北部平原黄河灌区是宁夏农业生产最重要的基地，全区覆盖宁夏总面积的 23.7%，由黄河一带的冲积平原和贺兰山洪积层山麓组成。高耸的贺兰山及其保存完好的植被充当起灌溉平原区、抵御北部冷气流及沙漠侵害的自然防御。黄河流经宁夏 12 个县，贯穿宁夏地区的长度为 397 千米。宁夏多年来重视保护灌溉农业，通过 2000 多年以来对灌溉农田的保护，目前投入耕作的农田面积已经超过了 40 万公顷。同时由于北部平原黄河灌区土壤肥沃、日晒/热量充足，并且重力灌溉发展良好，使得这里已经成为宁夏极为重要的粮食产地之一。尽管北部平原黄河灌区的农田面积还不到宁夏总面积的 1/3，但其粮食以及农产品的产量却超过了宁夏粮食与农产品总产量的 2/3，其国内生产总值接近于整个宁夏地区国内生产总值的 9/10，着实是一块多产宝地。

第一节　宁夏生态环境与经济发展现状

一、生态系统主要类型

宁夏坐落于东部季风多雨区与西北部干燥区之间的过渡地带，地处黄土高原与鄂尔多斯高原之间。其生态类型多种多样，包括林地、草地、沙漠、水面、耕地和城镇等（图 10.2）。宁夏地区受到干旱与半干旱环境的控制，使得沙漠草原与干草原成为其主要的生态类型，草原面积覆盖了将近一半的宁夏领土。

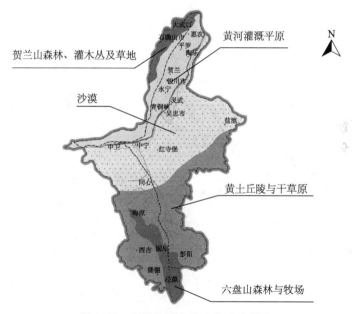

图 10.2　宁夏地区生态功能区示意图

二、气候特征

宁夏属于内陆地区，其气候特征随着季节的变化会表现出明显的差异，冬季漫长而寒冷，夏季短暂而炎热，还会出现短期的无森林阶段，无森林期间这里的日晒充足但降水非常稀少。宁夏每年的平均温度为 −0.7～9.9℃，即使是在最热的 7 月，这里的平均气温也只有 24℃，1 月最冷，平均气温为－9℃，昼夜温差为 12～15℃，不同地区的最高温和最低温差距在图 10.3 中有详细体现。宁夏的无森林阶段大约会持续 150 天，每年的日晒时长约为 3000 小时，是我国日照资源极为丰富的地区之一。宁夏的年降水量为 289 毫米，从南至北降水量逐渐减少，从 800 毫米降到了 180 毫米，详见图 10.4。

宁夏每年蒸发掉的降水量高达 1296 毫米，是其年降水总量的 44 倍，并且从南至北地表雨水蒸发现象逐渐加剧，其流失量可从南方的每年 800 毫米增长到北方的每年 1600 毫米。宁夏地区的气候与今年以来的全球变暖趋势一直保持同步的节奏，1961～1987 年，宁夏最低温度的变化差异为 1.5℃，然而1988～2003

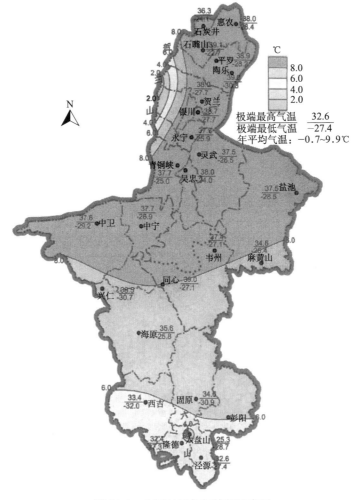

图 10.3　宁夏地区气候特征示意图

年，最低温度差异增长到了2.4℃。在近40年当中，有4个年头出现了最低温差反常的现象，其中有3个年头出现最低温差反常是由频繁的干旱、大风及沙尘暴天气所引起的，在这3年里可明显观察到气候变暖。

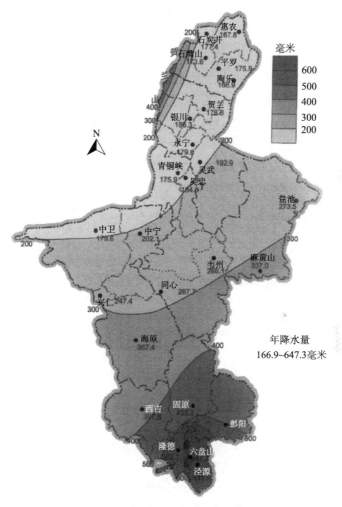

图 10.4 宁夏地区降雨分布示意图

三、自然资源

（一）土壤

宁夏的农耕文化历史悠久，土壤类型多种多样，其中草地和沙漠土壤是其最主要的土壤类型。贯穿整个宁夏地区，从南至北随着降雨量不断减少及地面积温度逐渐上升，植被类型也会随之发生改变，由南部的森林草地往北逐渐转变为干草地，最后变成沙漠，并且从南至北土壤的残积作用逐渐减弱，有机物质的储存量也逐渐减少。宁夏自南至北的土壤分布类型分别为黑垆土、灰壤土、荒漠土。宁夏地区的地下水位较高，且其实施灌溉农业的历史非常久远，北部土壤分布的类型有砂姜黑土、灌淤土、碱性土、盐渍土和沼泽土等，在六盘山和贺兰山地带还分布有亚高山草甸土和灰褐土，接近 95.6% 的地域都被土壤覆盖，也就是说，宁夏的土壤覆盖面积达到了 494.95 万公顷。

2006 年年底，宁夏耕地总面积已经达到了 110 万公顷，其中包括 40.2 万公顷灌溉农田和 69.8 万公顷雨养农田，人均可用耕地面积为 0.187 公顷（全国排名第四）。

（二）水资源

当地水资源储蓄总量为 116 300 万立方米，其中地表水有 94 900 万立方米，地下水有 21 400 万立方米。在宁夏地区，黄河是最重要的水资源来源，用来灌溉整个北部地区，在正常的一个年份里，宁夏可使用 40 亿立方米的黄河水资源，除了可用的 15 000 万立方米地下水外，人均每年可用水量为 706 立方米（是国家平均水平的 1/3）。宁夏的综合水资源量、水资源系数和每公顷农田可用水量分别是国家平均水平的 0.042%、7.1% 和 2.9%。可见，宁夏是一个典型的缺水地区。

（三）植被

宁夏的植被类型主要包括四大类，分别为森林、灌木丛、草地和湿地，按照地理区域来划分，由南至北其分布顺序分别为：森林草地、干草地、沙漠草地、沙漠。常年受干旱半干旱气候条件的影响，宁夏草地覆盖面积是全区总面积的 47.24%，草地上的植被面积占天然植被总面积的 79.5%。宁夏地区的草地主要分布在其中部的沙漠化土地上。2006 年，宁夏草地覆盖面积为 227.43 万公顷，其中有 219.896 万公顷为自然草地。受到地域影响，由南至北的降雨量也会有所差异，因此宁夏从南至北的草地分布情况分别为草甸草地、干草地、沙漠草地，沙漠草地和干草地的植被覆盖面积非常小，分别仅有其草地面积的 55.1% 和 24.0%。从 2006 年对森林资源的调查结果来看，宁夏地区的林地面积为 60.643 万公顷，天然森林主要分布在贺兰山、罗山以及六盘山一带，其中林地、灌木丛、幼龄林和温床的占地面积分别为 12.149 万公顷、10.455 万公顷和 2800 公顷（图 10.5）。

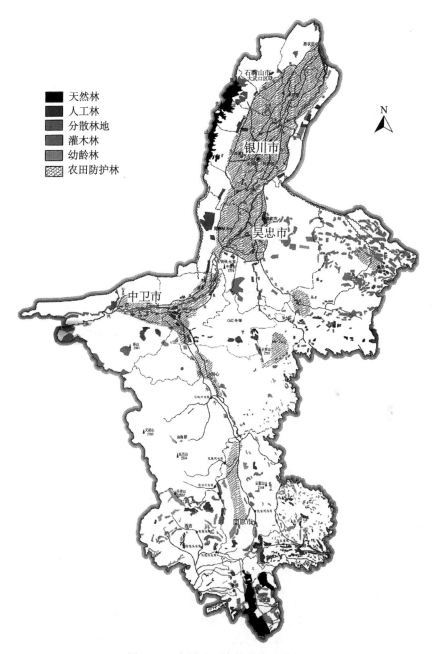

图 10.5 宁夏地区森林分布示意图

（四）湿地

宁夏的湿地主要分布于农业灌溉平原地区，占地面积 25.6 万公顷，占宁夏总面积的 3.85%。

四、宁夏贫困现状

2006 年，宁夏农村居民人均纯收入是 2760 元，是全国人均年纯收入的 77%，是我国中部地区河南省的 84.5%，是我国南部地区浙江省的 37.6%（图 10.6）。

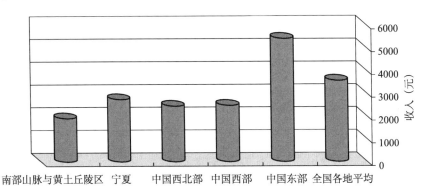

图 10.6　宁夏与全国各地农村人均年净收入对比图

国家统计局的数据信息显示，我国农村居民人均纯收入的绝对贫困线为 683 元，低收入线为 944 元。按照国家标准来计算，2006 年宁夏地区有 6.5 万人属于绝对贫困人口，占宁夏总人口的 3%；有 29.3 万人属于低收入人群，占宁夏总人口的 13.5%，说明宁夏地区的绝对贫困人口率和低收入人群率都要高于国家平均水平。

（一）生态系统脆弱导致贫困

宁夏贫困人口主要分布在中部的沙漠地带以及南部的黄土丘陵地带，这两个地区是国家认定的全国最贫困地区（图 10.7），一共包括 8 个县区，分别是西吉、原州、隆德、泾源、固原彭阳、吴忠盐池、吴忠同心和中卫海原，总占地面积为 3.89 万平方千米，是宁夏总面积的 58.6%；总人口数量为 256 万，是宁夏人口总数的 42.6%。中部沙漠与南部黄土丘陵区是国家扶贫项目的重点扶持对象。

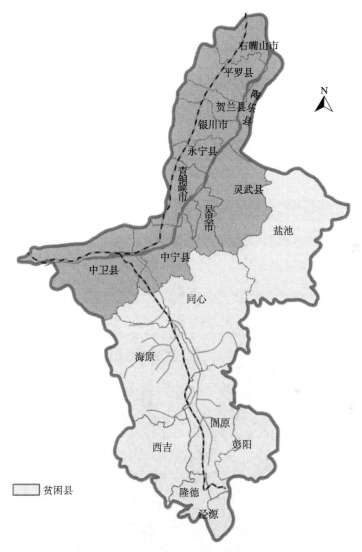

图 10.7　宁夏地区贫困县地理分布示意图

　　如果一个地区的水土保持、固沙、防风、微气候调节及维持生物多样性的功能低下，那么这一地区的生态环境就会变得极其脆弱。生态系统的生态平衡对人类活动非常敏感，这就导致生态环境的可承受力与经济社会发展需求之间的矛盾日益加剧。2006 年，宁夏大约有 2.02 万平方千米（宁夏总面积的 39%）土地遭受到了洪水侵蚀及土壤流失的威胁（南部山脉及黄土丘陵区总面积的 75%），将近 118.3 万公顷（宁夏总面积的 22.8%）土地面临沙漠化风险（中部干旱沙漠区所有领土），见图 10.8。

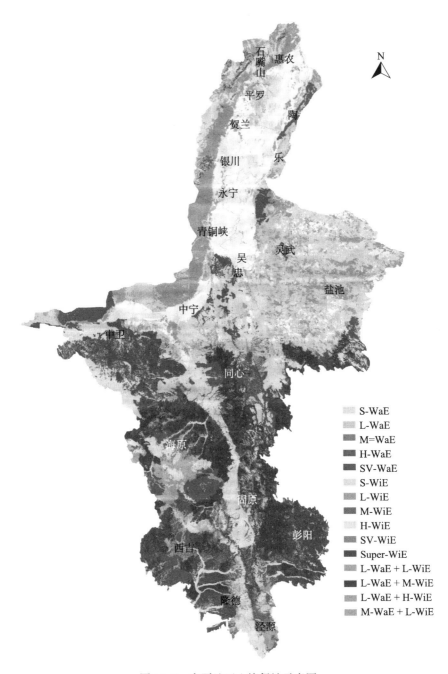

图 10.8　宁夏地区土壤侵蚀示意图

注释：WaE＝water erosion 水力侵蚀，WiE＝wind erosion 风力侵蚀；S＝slight 轻微，L＝light 轻，M＝medium 中等，H＝heavy 严重，SV＝severe 特别严重。

（二）贫困加剧生态环境恶化

人类行为对自然生态系统会产生巨大的影响，几百年以来，随着人类行为对生态环境的影响不断积累（如战争、滥用自然资源等），生态系统的自我调节和自我修复能力逐渐退化。到 19 世纪早期，整个宁夏地区的本地森林已经消失殆尽，结果导致其土地资源、生物多样性以及生态系统的功能不断减弱。人类逐渐面临食物、饲料及燃料需求的多重压力，于是不可持续甚至掠夺式的人类行为逐渐开始涌现，如盲目开垦农田、过度放牧、滥用自然资源等，这些行为导致生态环境遭受到了严重创伤。从 19 世纪 60 年代以来，宁夏居民不断开垦农田，目前宁夏 50% 的农田都是坡式田块。1949 年的调查数据显示，宁夏总人口为 53.5 万人，总耕地面积为 50.133 万公顷，到 1999 年，宁夏的总人口数量增加到了 245.5 万人，是 1949 年的 4.6 倍；总耕地面积增长到了 945 330 公顷，是 1949 年耕地面积的 2 倍。此外，人均粮食拥有量也从 1949 年的 308 千克增加到了 1999 年的 320 千克，从一定程度上来讲，这也是以牺牲生态环境为代价所交换得来的。以六盘山和罗山为例，六盘山和罗山的水源涵养林出现了大面积减少的现象，缩减面积达到了 22.053 万公顷，林荫面积也缩小了 14.213 万公顷［坡式田块的侵蚀系数为 12 400 吨/（平方千米·年）］，农民未曾涉足的坡块侵蚀系数为 6550 吨/（平方千米·年），深受水力侵蚀和土壤流失双重危害的地区所占面积是六盘山和罗山总面积的 75%。回首宁夏水力侵蚀与土壤流失的趋势，发现受其影响的区域面积在 19 世纪 50 年代、19 世纪 80 年代、19 世纪 90 年代和 1999 年分别为 35 449 平方千米、39 175 平方千米、38 873 平方千米和 37 086 平方千米。从 19 世纪 50 年代到 1983 年，宁夏一共管制了 3622 平方千米的受侵蚀土地，直到 1990 年，其管制的受侵蚀土地面积达到了 5540 平方千米，到 1999 年，宁夏总共管制的侵蚀土地面积达到了 10 243 平方千米。尽管如此，过度放牧现象并没有得到有效的控制，因此进一步加剧了草原生态系统的退化。2000 年，宁夏大约有 95% 的草地都遭受到了不同程度的退化，其中 77.5% 的草地已经中度或严重退化，天然草地的植被覆盖面积减少到少于 10%。宁夏曾被国家环境保护总局认定为中国沙尘暴四大源头之一，是通往中国中部的沙尘暴通道及源头（包括北京在内）。

（三）不断恶化的生态环境进一步加剧贫困

随着生态系统的功能不断减弱，土壤肥力逐年下降，粮食产量日渐减少且极其不稳定，当地民众深受贫困及生态恶化双重危害所带来的影响困扰。1982 年，贫困地区农村人均年纯收益是 44 元，粮食产量为 459 千克/公顷。1985 年之后，宁夏地区的人均年纯收益逐渐开始呈现上升趋势（图 10.9）。超过 70％农民的温饱问题都还没有解决，饲养牲畜的饲料有限，人类和饲养动物的饮水问题都还没有解决，这一切都依赖于大自然的"施舍"，与此同时，农民们对抗自然灾害的能力也非常薄弱。2000 年，宁夏遭到严重的干旱袭击，根据当时国家的贫困线标准，128.6 万人可被纳入低收入人群范围之内，其中 52.7 万人生活在绝对贫困线标准之下。尽管到 2006 年，贫困人口数量已经有了大幅度减少，但居民的温饱等问题都还在很大程度上取决于自然条件。在农村结构及农业产出中，非农产品所占的比例非常小，并且呈现出波动不稳定的趋势，因此造成其对抗自然灾害及自我保护能力非常薄弱，大部分居民在遭到一年的自然灾害之后又会回到贫困状态。

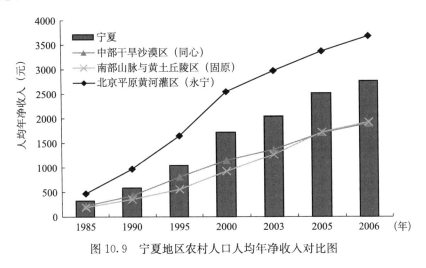

图 10.9　宁夏地区农村人口人均年净收入对比图

第二节　生态扶贫建设中的主要困难

一、频繁干旱及水资源匮乏

19 世纪 70 年代，宁夏每年的平均温度都呈现出波动式上升趋势，且在 19 世纪 80～90 年代，其上升幅度更大。随着温度不断上升，降雨量大幅度减少，1960～2005 年，宁夏的年均降水量每年都会减少 63 毫米。1951～2000 年，北部平原的黄河灌区降水量以每 10 年减少 3.1 毫米的趋势逐渐减少，中部干旱沙漠区、南部山脉及黄土丘陵区的年均降水量以 100~500 毫米的趋势下降，等雨深线为 400 毫米，沙漠向南扩张了 80~100 千米，所需的水源补给量远远超过了已经蒸发掉的水量，与此同时，极端天气（如旱灾）也出现得更加频繁。在以上所述的这段时期内，宁夏有多达 48 年的时间出现了干旱灾年，干旱率接近 72%。1949~2005 年，共有 41 年发生了旱灾。从 2004 年秋季开始，宁夏就持续干旱，甚至出现过需要 50 年时间才能完全修复的极度干旱灾难，鉴于此，贫困地区的大部分河流已经干涸，超过 220 万居民饮水困难。严重的干旱导致某些地区很大一部分甚至全部的农作物遭受损失，很多农民又回归到了贫困状态。干旱不仅会加剧贫困，同时也给生态建设及其复原带来了很多困难。例如，1999 年，南部山脉及黄土丘陵区受到了严重旱灾影响，在接下来的 2000 年实施退耕还林工程的过程中，尽管人们对数以百计的树木、灌木丛、草地等进行了精细的呵护和管理，但是幸存下来的还是只有 20%~40%。

二、环境因素与自然生态系统的微弱功能之间整合不足

（一）水、日照/热量、土地资源整合不当

宁夏环境因素的整合不当很明显地体现在其北部及中部日照、热量资源丰富，但是降雨量有限这一事实之上。在宁夏北部和中部地区，其年均降雨量只有 200 毫米，然而其日照和热量资源充足的地区面积就占了宁夏总面积的 90%。由于水资源有限，导致土壤中微生物的活跃性也一度下降，土壤有机质含量逐年下降，对土壤循环造成了巨大影响。由于生态系统从外界摄入的能量有限，因此整个生态系统的功能非常微弱，大多数自然生态系统的结构都非常简单。在宁夏草地、森林、湿地和雨养农田生态系统中，生物的生长速度比国家平均值还要低。例如，宁夏天然林的生长速度为 1.5 立方米/公顷（国家平均值为 1.84 立方米/公顷），天然水体的水产值为 195 千克/公顷（国家平均值为 540 千克/公顷），雨养农田的粮食产量为 585 千克/公顷（国家平均值为 1860 千克/公顷）。除此之外，草地上的植被群落极其缺乏物种多样性，大部分草地的植被覆盖面积也只有 20%~70%，且草地层的厚度只有 4~30 厘米。沙漠草原和干草地的新生值分别只有 795 千克/公顷和 1185 千克/公顷（国家平均值分别为 1005~2010 千克/公顷和 1500~4500 千克/公顷）。南部山脉及黄土丘陵区的降水量相对较多，但是却缺少日照及热量资源。那里年降水量有 600 毫米，但是日照和热量充足的地区还不到 10％。宁夏除了土壤层薄、肥力低下等以外，水资源与土地资源之间的整合也严重不平衡。

（二）人类与自然资源协调不足

对宁夏贫困地区的调查显示：导致贫困的根本原因在于居民与自然资源之间的协调不合理，大约 40％的贫困人口居住在严酷的自然环境之中，生产及生活条件都非常恶劣，经济发展潜能受到极大的限制。

（三）自然环境恶劣，生态平衡脆弱

宁夏位于黄土高原与腾格尔沙漠、毛乌素沙漠交界地带，处于沙漠与草原之间的干旱半干旱地区。在这片过渡区域内，生态环境非常脆弱，且对气候变化非常敏感，环境变化幅度广、频率高，自然灾害频发。宁夏大部分疆土都分布在这片过渡区域内，由于缺乏水资源，气候干燥，经常刮风（强风风速≥17 米/秒，中部干旱沙漠区每年有 24～30 天都在刮强风），植被覆盖率很低，水力及风力侵蚀严重，自然环境恶劣，土地资源的可承受力低下。联合国关于土石山区人口承载力的理想值显示：适当的人口密度不应超过 7 人/平方千米，然而现如今南部山脉及黄土丘陵区和中部干旱沙漠区的人口密度为 67 人/平方千米，几乎是规定指标的 10 倍。在南部山脉及黄土丘陵区，生态供应与居民需求的比率为 1∶1.5，人均逆差 0.63，超过生态系统承载能力的人口达到了 63 万人之多；在中部干旱沙漠区，人均逆差更大，达到 0.82，也就说，有 80 多万人处在生态系统承载能力范围之外，这些数据远远高于整个中国西部的平均值。随着生态赤字不断增长，生态服务的功能被严重削弱，农村人均纯收入还不到国家平均值的 40％，从而导致当地经济社会发展滞后，给生态复原与贫困扶助增添了更多负担。

第三节　宁夏生态扶贫建设的重要举措及取得的成效

在减贫过程中，区域经济发展扮演着极其重要的角色，为了达到持续减贫的目的，简单的"输液式"经济援助正逐渐被"自给式"经济发展所替代。

一、优化水资源规划，提高水资源利用率

水资源匮乏是导致宁夏贫困人口数量不断上涨及生态失衡的主要原因。为了解决这一重大难题，宁夏在改善日照、热量及水土资源的综合利用率方面作出了

不懈努力，并专注于提高水资源的综合利用率，与此同时拟定了更进一步的合理水资源规划计划。在北部平原黄河灌区的农业生态区，政府规划的工作核心是倡导居民节水；中部干旱沙漠区的主要工程则是引水；南部山脉及黄土丘陵区着重于水土保持建设……多种多样的水利工程建设都已经紧密执行。随着各项水利工程重点计划的顺利实施，宁夏地区的抗洪能力及水资源规划能力都有了显著提升，同时伴随居民的节水意识逐渐加强，水资源有效利用率也得以大幅度提升。

在北部平原黄河灌区，政府多年来坚持实施安全灌溉政策且效果显著，其黄河引水量从每年 79.7 亿立方米下降到了每年 67.5 亿立方米；灌溉量由每公顷 18 375 立方米下降到了每公顷 13 905 立方米，农田灌溉率从 37% 提升到了 40%。同时，宁夏还积极探寻水资源使用权所发生的转变，成为专注建立节水社会的第一个省级单位。

在中部干旱沙漠区，抽水灌溉模式正在加速运行，随着水利工程的顺利实施并不断扩展其对象范围（如固海与沿黄抽水灌溉计划等），中小模式的供水和节水补充灌溉项目已经基本成形，并构建了一个水利灌溉网络，从而更加有利于对其进行综合管理。与此同时，大量的雨水收集设施也逐渐被投入使用，用以解决雨养农田水资源短缺的困境。截至 2006 年，宁夏已经有接近 235 万农村人口（占宁夏人口总数的 55%）的水资源安全问题得到了完全或基本解决。

在南部山脉与黄土丘陵区，政府在流域管理工程领域投入了大量的劳动力，并且以水资源的可用程度为判断基准建造了大量的水库、储水池、管井及水槽等集水设施，用以截取并充分利用地表径流水资源。此外，政府还致力于开发微咸水的利用价值，倡导人民群众充分利用微咸水，因此这片区域的引水效率以及水资源利用率都得到了有效提高。到 2006 年为止，大概有 236 万人（占宁夏农村人口总数的 55%）的引水安全问题已经基本得以解决。同时，水土资源保持也是一项不容忽视的工程，目前已经有 120 个小型集水区得到了有效管制，管制区总面积达到了 5864 平方千米。

二、优化人力与自然资源的协调规划

为了达到优化人力与自然资源综合规划这一目的，减少人类对生态环境的影响，宁夏政府通过生态建设制定并采纳了一系列减贫政策，"高产地区协助资源匮乏地区，互惠互利，共同发展"就是其中的一个减贫政策。由于国家一直支持建设中大型水利建筑，并且国有农场又拥有丰富的土地资源，因此实施灌溉计划的同时也获取了一定的利润，有了足够的资金支持，宁夏搬迁建设的发展步伐逐步加速。基于民众自愿，在南部山脉与黄土丘陵区资源最为匮乏的地区，其农村贫困人口受到国家政策的鼓舞，同时也为了获得更大的发展潜力，纷纷移居到了灌区，因为与当前条件相比，灌区具备更好的生产以及生活条件。截至 2007 年，宁夏已经建立了 24 个移民点，贡献出北部平原黄河灌区的 45 330 公顷土地，其所实行的抽水灌溉计划惠及 35.3 万移民。居民的移民特征多种多样，例如，隆湖和芦草洼的移民属于郊区类型；长山头、大战场和马家梁的移民属于农业生产类型；红寺堡的移民属于综合发展类型；而华西村和闽宁村的移民则被称作是沿海发达省份和内陆欠发达地区相结合的范例。总而言之，所有取得的这些成效都离不开政府重新规划人类与自然资源之间的关系。

三、在沙化土地上建设绿洲

中部干旱沙漠区在过去因干旱极其严重，水资源蒸发强烈，风沙天气频现，因此以"干洋"而闻名。然而，这里的地势平坦，地形起伏不大，日照及热量资源充足，且距离黄河较近，垂直灌溉的输送高度还不到 100 米，因此水资源的供应基本得到了保障。基于这样的地理优势，大量的人造绿洲逐渐开始涌现，如红寺堡开发区等地的抽水灌溉计划和盐池城西滩抽水灌溉计划等。这些计划项目都充分利用了黄河的水资源，通过人力影响来改善环境因素和生态系统的内部结构，相对于天然的自然生态系统，在这个人工的生态系统中，其系统功能和环境质量会更高。例如，在黄河灌区的移民所种小麦产量达到 5250～6000 千克/公顷（远高于国家平均值）。这也充分表明，为了达到稳定、和谐、高效合作与发展的目的，通过合理的生产活动，脆弱的生态环境是可以得到逐步改善的。

四、降低人类对环境的依赖度

为了最终达成"近水、通路、临城"的愿望，宁夏政府在计划的流域范围之内，鼓励散居在遥远山村生态不平衡、水资源匮乏地区的贫困农民移居到水、路、城资源使用更加便利的地区，并为每一位移民提供 0.167 公顷的灌溉农田，用于种植农作物或者饲养家畜。与此同时，政府还鼓励农民从事一些非农工作，从而可以挣取一些额外收入。宁夏政府通过实施多元化管理，因地制宜采取各种不同措施，农民的生活一定会越过越好。对隆德县 2433 位移民者的调查显示：在他们原先居住的地区，人均可用雨养农田面积为 0.187 公顷，产量为 1800 千克/公顷，人均年收入只有 570 元；自从移居以后，每人分得 0.167 公顷灌溉农田，粮食产量上升到 6000 千克/公顷，人均年收入增加了 500 元。每个家庭不仅可以耕作农田，每年还会有超过 150 天的时间进行非农工作，这样人均年收入就能上涨 1200 元。因此，相比移民之前，居民移民之后的额外人均年收入增加了 1700 元，扣除额外的支出，如灌溉费用、水电费以及学费等之后，人均年纯收益还有 1500 元。随着移民基础设施的不断完善，移民者的收入接近于甚至高于传统居民的平均水平。特别值得一提的是，移民者已经提高了观念认识，一些身怀技能或者思维敏捷的移民已经过上了幸福生活，大部分移民也都走上了比较富裕的道路。除此之外，大量的生财资源也已经被居民逐渐挖掘了出来。另一个案列的调查对象是六盘山的移民，对六盘山移民的调查显示，他们在移民之前，只有 5.3％的人有条件获取水电资源且其居住的地区通了公路；72.4％的人居住地区通了电和公路；22.3％的人居住地区水、电、路都没有通；65.1％的人居住的地区能够享受到医疗护理，且受教育困难。自从移民之后，每家每户不仅通了水和电，且各个村庄之间都通了公路，普遍的医疗护理为居民提供了很大便利，同时子女接受高等教育也变得更加便捷，生产及生活基础设施都得到了很大程度的改善。以 Jia Bingzhang 为例，在移民之前，Jia Bingzhang 先生居住在原州区六盘山，那里不通电也不通公路，整个村庄都没有摩托车，上学要走 12 千米路，看病要走 25 千米路，就连小麦粉和榨油机都远在 10～20 千米之外，一切物质的运输都只能靠人力来扛，简直就是过着与世隔绝的生活。这个家庭共有 5 位家庭成员，全都挤在两个破旧的房间里，人均可用雨养农田只有 0.267 公顷，生活极其艰辛。自从 Jia Bingzhang 一家移民到长沙头农场一年之后，主人感叹道："孩子上学更近了，用水方便了，交通便利了，看医生也更加便捷了，与老地方相比，我简直就是住在天堂。"事实也证明，通过优化人力与自然资源协调规划，人类、资源与环境三者之间的关系将在很大程度上得到改善，最终，人类对环境的依赖度也会逐渐降低。

五、降低减贫成本

宁夏大部分的贫困人口都居住在山地，生产及生活条件恶劣，很难享受到社会基础设施的福利，要帮助这些贫困人群走出贫困是一项非常艰巨的任务，且其所需耗费的成本也比较大。对隆德县的调查显示：每人需要 20 030 元才能摆脱贫困，其中 17 580 元用于改善生产及生活条件，2450 元用于改善社会服务。就算早期投入了如此巨额的经费，后期由于资金不足，以及山区环境和社会条件的各种需求，也很难保证减贫的可持续性。然而在隆德县的居民移民之后，所有条件都比原先居住的条件要优越，每人只需投入 12 000 元用于改善生产及生活条件，1550 元用于改善社会服务，并且其衣食问题也得到了根本性的解决。总而言之，隆德县的居民移居之后，在全新的环境里将会创造出更大的发展潜力，同时还能大幅度降低减贫成本。

六、大力推动生态环境中有益循环系统的修复与建设

（一）强化生态系统服务功能修复

1998 年之后，我国开始实施"发展中国西部"战略，目前很多重要的工程和项目，如"天保工程"、"三北防护林系统构造工程"、"退耕还林工程"、"沙漠化预防与控制工程"、"平原绿化工程"、"在黄河一带建设防护林项目"以及"绿色通道项目"等都已经竣工。在生态恢复与生态改善的过程中，宁夏三大片区的政府部门都全力以赴，专注修复生态系统的服务功能：南部山脉与黄土丘陵区的建设重心主要集中在六盘山的水源保护生态系统和黄土丘陵的土壤保护生态系统之上；中部干旱沙漠区致力于防风以及固沙生态系统的建设；北部平原黄河灌区则着重建设耕地保护防风林网络以及城市景观植被系统。

2000 年之后，宁夏的人工林覆盖面积达到了 128.866 万公顷，自然保护区覆盖面积达到了 54.713 万公顷，森林覆盖率从之前的 8.4％提升到了现如今的9.8％（图 10.10）。

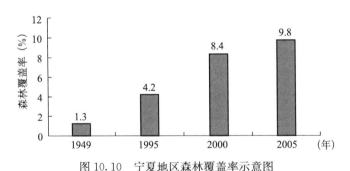

图 10.10　宁夏地区森林覆盖率示意图

（二）强化天然草地植被修复

为了提高草地植被覆盖率，恢复草地的生态功能，宁夏自从 2003 年开始就已经在整个自治区内制定并实施了一项"禁止农户在草地自由放牧"的政策，鼓励居民圈养家畜。宁夏的"草地合同责任制"政策中这样写道："签署责任合同之后，你即将受益于这片草地，同时负责建设和管理这片草地，可继承草地所有

权，政策保持不变。"依据这项政策，宁夏把总计 244.333 万公顷的天然草地列入禁止放牧保护区，大约有 130.667 万公顷的天然草地已经被政府封闭，以便修复草地自然生态系统；同时政府对部分严重退化的草地进行强化培养，目前已经有 21 万公顷严重退化的草地状况得到了改善。通过种种努力，一些主要干草地和沙漠草地的森林覆盖率分别增加了 50% 和 20%，天然草地的牧草总产提高了 30%，多年生人工草地面积扩大了 122%，人工草地与天然草地的比率达到 1:6（居国家之首）。此外，圈养家畜领域也发展迅速，对盐池县的调查显示：在政府实施放牧禁令之前，盐池县牧草总产量只有 26.7 千克/公顷，然而在实施放牧禁令之后，这里的牧草总产量提高到了 106.7 千克/公顷；植被覆盖率也从之前的 35% 增加到现在的 65%；干草地、沙漠草地和严重退化草地的植被覆盖率分别增长了 50%、20% 和 25%。与此同时，草地沙漠化的趋势得到了有效控制，移动的沙荒地面积缩小了 30.2%。2005 年，盐池县的沙尘天气发生次数减少了 10 次，沙尘暴发生次数减少了 5 次（相比实施禁牧政策之前减少了一半）。盐池县位于毛乌素沙漠的南部边缘地带，纯沙丘面积就达到了 8 万公顷。在 2002 年之前，盐池县移动的沙丘随处可见，然而现如今只有大约 1.333 万公顷的分散沙丘，90% 的草地已经被绿色植被覆盖。

（三）改革传统畜牧业模式

为了解决草地被过度使用以及土地沙漠化问题，宁夏实施"禁止在草地自由放牧"以及"圈养家畜"政策，为实现从"传统雨养畜牧模式"到"圈养家畜模式"的转变起到了极大的推动作用。在颁布禁牧令之前，宁夏全区绵羊总数为 821 万头，然而在颁布禁牧令之后，其绵羊总数增加到了现在的 1055 万头（增加了 29%），每头羊获利上涨 20 元，每个牧民的纯收入增长了 26%。与此同时，宁夏还建立了 21 处畜禽市场及 70 处牲畜加工厂，一个结构合理的现代化牲畜发展系统已经初步形成。

（四）修复湿地生态系统功能

为了修复湿地生态系统功能，宁夏已经实施了 30 个工程项目，包括"将边缘耕地转化为湿地"、"维护并疏浚河道"、"修复植被"、"完善生物保护管理策略"等。通过这一系列的努力，宁夏野生动物物种的多样性逐年增加，且其数量也相较之前有了大幅度增加。

七、提高农业综合生产能力

(一) 保护耕地

为了更加高效地管理生态建设、保障食物与增加收入三者之间的关系，巩固生态系统建设已经取得的成效，宁夏进一步加强了对基本农田及基础水利设施（如垂直灌溉设施、管井、水槽及饮用水供应系统等）的建设和保护力度，并严令禁止将基本农田转变成林地或草地使用，规定在干旱半干旱地区，用于耕种粮食的人均基本农田面积至少要达到 0.27 公顷，阴暗或湿润地区的人均基本农田面积至少要达到 0.2 公顷。政府每公顷补贴 1500～1800 元用于基本农田建设，每年新增的基本农田或者对原有农田进行改善的面积达到 2.333 万公顷。在年降水量超过 400 毫米的地区，政府鼓励当地居民建造高标准梯田，这里所指的高标准意即：数量多、面积广、地表平坦；年降水量达到 350～400 毫米的地区土地资源丰裕、地形缓和，政府鼓励这里的居民建造交错式的梯田；在年降水量不到 350 毫米的地区，政府则提倡建造曲式农田、淤泥农田和卵石农田。即便是参与到退耕还林工程中的农民，基于食物保障的基本农田保护政策也要按照规定执行。2007 年，宁夏贫困地区总共有 32 万公顷的高标准雨养农田（占所有雨养农田面积的 40%）以及 10.4 万公顷靠黄河引水的灌溉农田都获得了大丰收。宁夏有 3.987 万公顷灌溉农田的水资源都引自水库或管井，1.793 万公顷灌溉农田靠收集雨水来实施灌溉（图 10.11）。宁夏政府规定禁止在黄河灌区北部的基本农田种植树木、栽培多年生牧草、挖鱼塘或者进行其他一些有害种植层的人为活动。一旦人为破坏了种植层，用于城市建设的土地就会变得贫瘠甚至沦为荒地。

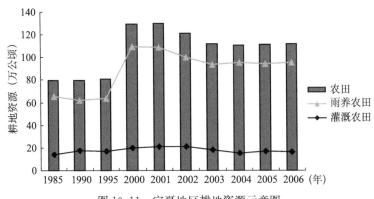

图 10.11　宁夏地区耕地资源示意图

宁夏政府同时还规定已经为农户所有但是还没有投入使用的农田应该重新投入农业使用中去；乡村荒废的住宅应当用于农作物耕种，目前在传统灌区边缘大约有3.6万公顷的土地已经通过低压灌溉种植了农作物，超过 84% 的基本农田都得到了有效保护，并且几乎所有农田都已经投入使用。

（二）提高粮食生产量，降低农田开垦率

宁夏在强力推行"保护农田"政策的同时还特别注重改善农田质量、优化农田结构等，到目前为止已经付出了大量的实际行动专注改善农田质量，减少坡式田块，扩大阶地农田、曲式农田、淤泥农田的面积等，想要通过这样的方式来提高农田产出水平。举例来说，即使是在非常干旱的年份，种植于阶地农田的小麦年平均产量是普通坡式田块的 1.8 倍；种植在淤泥农田的小麦年平均产量是普通坡式田块的 3.8 倍。因此相较于坡式田块，改善后的农田出产量要增加 1500 千克/公顷，带来直接额外收入 3000 元，灌溉农田平均每公顷的出产量是坡式田块的 4.8 倍。总而言之，宁夏在提高粮食产量领域之所以会取得如此瞩目的成效，在很大程度上都归功于其在提升农田质量方面所作出的坚持不懈的努力（表10.1）。

表 10.1　宁夏地区的基本农田生产量　　（单位：千克/公顷）

基本农田	产量	
	雨量不足	雨量充足
灌溉农田	2617.7	2944.1
梯田	994.5	1392.1
淤泥农田	2100.1	2394.7
坡式农田	541.4	897.5

1984 年，宁夏成为中国西部地区首个实现粮食自给且有盈余的省级单位，从此告别从国外进口粮食的历史。1990 年，宁夏粮食总产量达到了 200 万吨（图 10.12）。自 1995 年以来，宁夏每年的粮食总产量都维持在 250 万吨以上，且在 1999 年增加到了 294 万吨，2002 年打破年产 300 万吨的记录。自 2003 年以来，宁夏每年的种植面积都维持在 80 万公顷左右（包括北部平原黄河灌区33.333 万公顷，南部山脉及黄土丘陵区 46.667 万公顷），粮食总产量维持在每年 300 万吨以上（北部平原黄河灌区 205 万吨，南部山脉及黄土丘陵区 95 万吨）。特别值得一提的是，随着近年来贫困地区的农田质量得到了显著改善，宁夏地区居民的粮食自给能力也得到了稳步提升。即使在 2006 年，宁夏粮食种植

总面积只有 4.2 万公顷，比 1999 年要少，但是其粮食总产量却增加了 177.7 万吨；2007 年，宁夏粮食种植总面积与 1999 年相近，但粮食总产量相比 1999 年却增加了 23 万吨。宁夏人均粮食拥有量保持在 550 千克以上，是中国西北部地区第一个高于国家标准的省级单位。1999～2006 年，宁夏每年消耗粮食 230 万吨，其中有 120 万吨粮食用于食物消耗，由此可见，宁夏已经实现粮食自己，且有盈余，粮食生产能力的大幅度提升为其生态建设和减贫工作的执行打下了坚实的基础。贫困地区的粮食产量如图 10.13 所示。

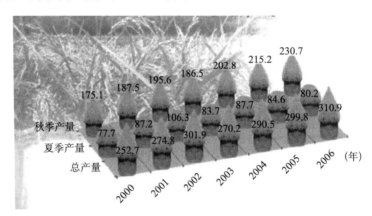

图 10.12　2000～2006 年宁夏地区粮食产量图（单位：万吨）

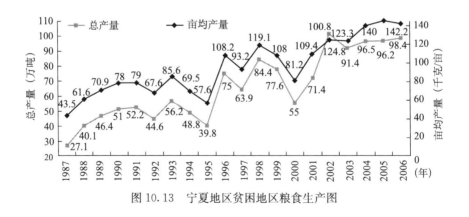

图 10.13　宁夏地区贫困地区粮食生产图

八、强化资源管理

（一）避免过度开垦农田，谨防过度种植，细心经营增收成

为了让生态系统能够维持有益循环状态，居民需要根据特定区域的特定自然

条件及其自然规律对农业生产的结构进行适当的调整，从而充分发挥当地的生态系统优势，创造并发展地方特色产业。

宁夏北部平原黄河灌区在确保粮食产量稳定的前提之下大量开发日照及热量资源，并且在节水的同时发展高效的设施农业。在旱地，居民根据当地的降水规律，通过建设一些基础设施，如管井、集雨设施等，将地下水以及地上所有能够利用的水资源都储存起来。广泛采用深井抽水、滴水灌溉、地面覆盖等节水技术，为遭受干旱影响的作物创造有利的生长条件，如土豆、果树、水稻、草药等。此外，政府还鼓励居民从事一些非农活动以增加家庭收入，于是在政府的支持下不少居民逐渐开始通过种植草地、饲养牲畜等来赚取额外收入，从而在一定程度上减轻家庭经济负担。

与此同时，宁夏政府推广使用一大批专业技术，例如，普及更加高效的节水技术、实施土壤诊断并合理施肥、使用高效低毒的化学肥料、作物残渣回归农田、饲料青贮、秸秆氨化等，建立人类与环境和谐共生的农畜产品生产基地。

自从国家提出了"农业工业化"战略之后，农业生产的规模不断扩大，基地化生产结构也逐渐得以巩固，因此，农业工业化的总体规模在不断扩大，其实际运行能力也在实践中不断得到提升，一个具备当地优势的区域化生产结构已经基本成形。2007 年，中宁县和清水河流域一带种植枸杞的土地面积有 3.393 万公顷；南部山脉与黄土丘陵区以及中部干旱沙漠区种植土豆的土地面积有 22.38 万公顷，牧草的种植面积有 53.333 万公顷；吴忠市和银川市所饲养的奶牛总共有 32 万头；香山干燥地区栽培西瓜的土地面积有 4.8 万公顷；灵武和中宁县种植枣树的土地面积有 3 万公顷；贺兰山东部山麓葡萄园占地面积 1.467 万公顷；沿黄河一带所建造的鱼塘面积占地 2.333 万公顷；北部平原黄河灌区以及中部干旱沙漠区总共饲养了 830 万头绵羊；六盘山山区饲养了 160 万头牛；北部平原黄河灌区开采了 2.78 万公顷设施农业，种植露天蔬菜的占地面积有 6.667 万公顷。目前宁夏已经建立了中国最大的枸杞、清真牛肉以及羊肉市场，夏进乳业和宁夏红枸杞产业在世界闻名。农业战略主导产业以及区域特色产业总产值是整个宁夏农业生产总产值的 75%。随着区域特色产品的不断发展以及农业生产结构不断得以改善，家畜养殖业和水产养殖业的总产值也达到农业生产总产值的 36%（比 2000 年高出 3%），一个现代化的发展农业、林业、畜牧业和水产业的农业框架已经初步成形。2007 年，固原市居民通过种植草地、饲养牲畜、栽培土豆以及从事其他一些非农活动获得了很多额外收入，人均年纯收益达到 1360 元（总收入的 63%）。

（二）优化土地利用结构

1999 年，宁夏贫困地区实际获得收成的土地面积有 94.533 万公顷，然而到了 2006 年，宁夏实际收成面积下降到只有 67.667 万公顷（减少了 26.867 万公顷），但是到 2006 年，宁夏的森林面积达到了 31.4 万公顷，人工草地的覆盖面积达到了 40 万公顷，这比 1999 年的森林和人工草地的覆盖面积都要大。由此可见，宁夏为了有效地保持水土，避免水土流失带来严重损失，将大量的边际耕地转换成了树林和草地，例如，固原市土壤侵蚀模数相比退耕还林计划实施之前就降低了 18 立方米/（公顷·年）。

（三）加大农村清洁力度，保护环境

2003 年，宁夏政府制定并实施"特定区域采取适当措施，多种能量互补，综合利用能源，开发能源与节约能源并重"的政策。根据这一政策，以改变传统落后的生产以及生活模式为目标，农村能源开发运动以家庭为单位开始爆发。一切可能的资源，如作物残茬、太阳能、风能等都得以充分利用，各种各样的能源开发技术与高效率的田园农业技术联合使用，一系列的实际模型和技术规范已经成形，用以促进生产与生活、耕地与田园之间的有益循环，创造温暖、干净的环境，发展田园经济效益，建立环境友好型农业生产模式。2006 年年底，沼气池已经分布在宁夏22 个县内 173 个镇区 560 个村庄，10.6 万户家庭（农村家庭总数的 12.3%）一共修建了 3 个大规模沼气池以及 50 个小规模沼气池，每户家庭的能源支出减少了 800元，共有太阳能灶 10 万套、太阳能热水器 12 万套、节能灶 55 万套、日光温室 7万平方米（50 处）。除此之外，还有风车发电机 2114 套，秸秆气化站 4 处，受益的农村家庭从 2001 年的 1 万户增长到了现如今的 20 万户。近 5 年以来，宁夏使用沼气的家庭数量增长了 10 倍，农村能源开发的步伐正一步步从家家户户使用沼气走向全面使用清洁能源，例如，大规模的沼气生产，太阳灶、太阳能热水器、节能灶、秸秆气化炉的广泛分布等。因此，村庄的卫生条件得以大幅度改善，稻草和薪材减少了 10 万吨，1.5 万公顷森林因不再被乱砍滥伐而得到了有效保护。

（四）提倡从事非农工作创收

宁夏大量的边缘耕地都被转化成了林地投入植被建设中，因此很多农民不必再从事农业生产。为了充分利用这些剩余的农村劳动力，宁夏政府积极调整农村从业结构，将非农经济列入创收和减贫的主导产业行列，制定并实施大量的政策和措施，用以支持宁夏非农经济的发展。与此同时，农民也服从政府安排，按计划组织进行非农生产，从而赚取一些额外收入。2007 年，宁夏共有 78 万人从事非农生产，且从中所获得的收益占人均年纯收益 45％，发展非农经济成为宁夏发展经济的又一个创新点。

（五）加强基础建设，改善贫困地区生活条件

为了彻底改变贫困地区贫苦落后的现状，提升贫困人民的生产及生活条件，宁夏政府加强了对资源匮乏地区的基础建设投资力度，到 2007 年年底，贫困地区的人均可利用雨养农田面积有 0.187 公顷，人均实际灌溉农田面积 0.043 公顷；所有行政村都通了公路，也通了电；90％的行政村有了公共汽车和电话；80％的农村家庭有了电视（可收看 8 个频道）。同时普遍推行九年义务教育，贫困地区的学生上学不仅不需要缴纳学费，还享受政府资助的基本生活补贴，教务支出和教材费用全免。实行农村合作医疗制度、严重疾病救生机制及农村低收入人群生活保障制度。大约有 78 万人接受了专业技术及科技训练，3.1 万户家庭（15.5 万农村绝对贫困人口）已经搬出黄土洞穴，住进了新房子，2.9453 万户执行"少生优育"政策的家庭共得到了 8941.9 万元的政府补助。

总而言之，宁夏在其建设和发展的过程中多年坚持不懈地努力，在减贫问题上通过生态建设取得了骄人的成绩，贫困人口数量大幅度减少。2000～2006 年，宁夏绝对贫困人口数量减少了 46.2 万，低收入人口数量减少了 43.5 万（图10.14）。同时环境恶化现象也普遍得到了控制，环境分区域得以改善，生态质量与经济效益并驾齐驱，生态系统步入了全新循环模式。

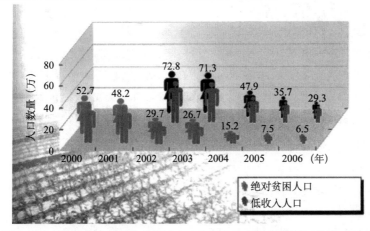

图 10.14 宁夏地区山区绝对贫困人口与低收入人口数量图（单位：百万人）

在南部山脉及黄土丘陵区六盘山，一个以水源保护森林和土壤保护森林为主体的农林牧渔业支持系统已经初步建成，生态与经济和谐发展的生产基地构架也已基本完工，生产基地以生产土豆、饲料牧草、畜产品、杂粮、枸杞、草药、杏子和幼苗为特色，每年运输到黄河的淤泥减少了4000万吨，年均粮食产量增加了10万吨以上。例如，彭阳县已经按照规划对83条小型流域和15.233万公顷侵蚀土地进行重新管理，侵蚀土地的管理面积从11.1％增加到69％，森林覆盖率从1983年的3％增长到现在的20.3％。鉴于宁夏在生态建设、水资源管理、土壤保持、植树造林以及将边际土地转换成植被建设土地等方面取得了一系列的成就，彭阳县赢得了很多国家级别的荣誉。2003年，彭阳县被国家环境保护总局列为国家生态建设示范区之一，全国人民代表大会曾建议应将彭阳的土壤保持经验分享到黄土高原与其地形相似的区域。彭阳县阳洼流域的整地管理被世界展望会的参观客称作"中国生态长城"。现在，大约有80％的侵蚀土地已经得到了规范管理，粮食产量也从管理前的1020千克/公顷增长到了2006年的2060千克/公顷，每年拦截淤泥1.5万吨，植被覆盖率扩大到22.7％。2006年，宁夏人均纯年收入是2460.6元，人均粮食产量500千克 。在隆德县，建设了3.68万公顷的高标准农田（占农田总面积的85.9％），93.1％的坡式田块被成功改建成了梯田，农村人均基本农田的有效利用面积达到0.213公顷，所有25级以上的坡式田块都被转换利用于生态建设，大约有1.699万公顷的边际土地被投入植被建设中，森林覆盖率和植被覆盖率分别达到25.9％和42.8％，66％的农田田脊都种上了乔木和灌木。超过95％的梯田都得以完好地保留了下来，72％被侵蚀的土地被纳入了重新管理范畴。尽管居民的耕种面积相比1990年少了20.1％是不争的事实，但是其粮食产量却增加了35.9％，人均可用粮食产量达到454千克。隆德县粮食总产值、财政收益和农村人均纯收入分别增长了3.4倍、1.5倍和2.9倍。大约有3万户家庭都积极投入创收活动中去，如温室培养、圈养牲畜，以及生产蜜瓜、水果、蔬菜、草药等一系列活动，这些创收活动使得人均年收入增加了358元。隆德县被水利部授予了"梯田生产模范县"的荣誉称号，直到现在，宁夏7个县的40条小流域已经被水利部和财政部列为示范工程。

在中部干旱沙漠区，大约3.113万公顷的沙化土地都得到了重新管理经营，移动沙丘面积减少了30.2％。宁夏沙化管理速度高于沙化扩散速度，在这方面取得了历史性的成绩，沙化土地面积从19世纪70年代的11万公顷减少到现在的7.887万公顷。"沙化强势进军，人类畏缩不前"的灾难情形基本得以遏制。在沙漠化防治领域，宁夏走在前列。

在北部平原黄河灌区，高标准农田保护防风网面积达到了 40 万公顷，黄河沿岸路边树带和路基防护带分别长达 3600 千米和 389 千米，区域气候得以显著改善。

宁夏在将边际耕地转化为湿地、清除淤泥、疏浚河道、恢复植被、生物保护和管理领域共投入开展了 30 个工程建设，正是由于这样的努力，野生动物不论是在种类上还是数量上都大量增加。现在，在宁夏平原就有 285 种鸟类，包括 7 种国家一级保护鸟类和 30 种国家二级保护鸟类。

在市区以及其周边郊区，众多城市的生态绿化工程、观赏和社会效益工程都已经开启运行，例如，宁夏银古高速公路景观生态林、银川市西部防护林、贺兰山东山麓植被建设、风景优美的河道观赏林、石嘴山西部防护林等。其中有一项工程计划是要将银川市建设成为一个湖泊城市，风景优美的河道连接了 7 个湖泊（阅海湖、西湖、华阳湖等）。宁夏的生态状况正从简单的绿化向生态美观极力转变，一个美丽、天然、舒适的生活环境在这里已经基本被建构出来。特别值得一提的是，银川市因其卫生条件优越，城市干净整洁，空气质量良好，已经成为中国西北省会最适合居住的城市。

第四节　未来生态扶贫建设的重要举措

多年以来的建设与发展使得宁夏生态环境改善取得了举世瞩目的成绩，但是同样也面临一些挑战。宁夏的植被覆盖率只有国家平均值的一半，地方生态系统在气候调节、水土保持及沙漠化防治等方面功能仍然相对比较薄弱。随着近年来的全球变暖（平均温度上升 0.6℃），宁夏每年平均温度近 10 年以来达到历史顶峰，气温上升使得年降水量大大减少，干旱愈加严重。近 10 年以来的年均降水量相比上一个 10 年减少了 10%，频繁的干旱进一步加速了土地沙漠化，生态改善变得更加困难。宁夏环境公报 2004 年对宁夏生态环境进行评估，根据国家生态环境质量指数（EQI）（EQI 高于 75 为优良，55～75 为良好，35～55 为较好，20～35 为较差，低于 20 则为非常差），2004 年宁夏环境质量指数为 29.74（比 2001 年高 9.87），表明宁夏的环境从很差改善到了较差，恢复植被并控制污染对生态环境的改善做出了重大贡献。同一时期，国家生态环境评估实施范围覆盖了 2348 个郡县，结果显示，其中 43.2% 的郡县环境优良，35.8% 较好，15.8% 较差，1.2% 非常差，宁夏大多数县的生态环境被评估较差级别（覆盖总领域的 84.3%），只有 7 个县达到了较好的标准（15.7%）。由此可见，尽管宁夏生态环境已经大有改善，但是未来还有很长的路要走。

即使绝对贫困和低收入人群数量大量减少，处于贫困边缘的居民生活条件仍然很恶劣，但这些人群中的旱地问题仍然没有彻底解决，经济、社会和文化发展滞后，大量贫困边缘家庭只要遇上一次自然灾害或者严重疾病，就会回归到贫困状态。仍然处于贫困线以下的贫困人口分布在偏远地区，那里环境条件非常严酷，且自然资源匮乏到已经不能支撑居民的正常生活。因此，要彻底改变贫困地区落后的社会经济条件仍需付出很大努力。

宁夏通过多年的生态建设和减贫，决定将清水河流域作为其生态建设和减贫的示范区。清水河是黄河一级分支之一，在整个宁夏地区，清水河流域的生态环境最为脆弱，资源开发率最低，经济发展也最落后，是贫困人口最集中的地区。将其作为示范区的目的主要在于推动宁夏贫困地区经济社会和谐健康发展，改善生态环境，确保生态平衡，保障粮食安全。因此，通过在清水河流域建设节水系统，生态环境将会进一步得以改善。以基于当地资源优势发展特色产业为切入点，中央政府、省政府、外国捐助者所提供的资源将综合利用于贫困地区减贫及提升生态服务功能上。

一、清水河流域通过生态建设来实现减贫

清水河是黄河一级支流之一，发源于六盘山东北山麓，流经 6 个县，主流总长 320 千米，其在宁夏的流域覆盖面积为 1.36 万平方千米（占宁夏总面积的 21%）。从南至北流经南部山脉及黄土丘陵区和中部干旱沙漠区的大部分区域，并与北部平原黄河灌区有交汇。在清水河流域，有降水量相对较大的土石山区、侵蚀严重的黄土丘陵、干草地、沿河农田，并在这里执行黄河抽水灌溉计划，几乎所有有关宁夏生态环境和贫困的难题都能在这里被发现。为了在清水河流域能够成功达到对其减贫的目的，中央政府已经投资建设各种工程，当地所有级别的财力物力都投入其中，积累了相当丰富的工程建设经验。这个地区足以成为宁夏减贫工程典型的示范区。

（一）宁夏最干旱的地区

清水河流域是宁夏极其干旱的地区之一，年降水量达到 400 毫米以上的地区只有大约 10%，超过 80% 的地区年降水量只有 200 毫米，且年蒸发量是年降水量的 9 倍，人均当地可用水资源只有 19.1 立方米，是宁夏平均值的 0.73%，国家平均值的 0.17%。19 世纪 80 年代之后，随着全球逐渐变暖，流域内的干旱问题更加严重，1949～2005年，有41年发生过旱灾。从2004年的秋季开始，连续干旱了很多年，甚至出现了50年都难以弥补的严重旱灾，鉴于此，这个贫困区域内很多河流都陷入干涸状态。由于干旱，大约50万人口每年不得不从5千米以外的地区取水，其中30万人口甚至需要从10千米之外的地区取水。严重的旱灾导致一些地区的大量甚至全部农产品失收，人民生活非常艰苦。

（二）宁夏生态环境最恶劣的地区

清水河流域是宁夏生态环境极为恶劣的地区之一，处于水力侵蚀和风力侵蚀的过渡区，水力和风力侵蚀会双重作用于这片流域。在这里，遭受水力侵蚀、土壤侵蚀和沙漠化影响的地区面积有13 400平方米（清水河流域总面积的98.4%）。这里的土壤肥力相当于43万吨的化学肥料，但每年都有7500万吨地面土壤被流水冲走或被风刮走。水力侵蚀和土壤流失使得农田更加贫瘠，从而导致居民收入低下且不稳定。清水河流域是宁夏最贫困的地区，其贫困与生态环境的恶化息息相关。2006年，宁夏绝对贫困人口有6.5万人，低收入人口为29.5万人，清水河流域就分别占到了5.3万人和23万人。

（三）宁夏最贫困的地区

清水河流域是宁夏最贫困的地区，其工业发展、城市化和现代服务业水平都比较低下。农业是清水河流域的主打产业，生产结构简单，地区经济实力弱。2007年，人均GDP只有宁夏平均值的1/4，地区金融收入只有宁夏的2.6%，农村人均年收入不到宁夏平均值的2/3。所有这些困难都源于人口和自然资源的不合理规划，清水河流域大约80%的贫困人口居住在自然条件非常恶劣的地区，生产生活条件严酷，经济发展的潜力也极其有限。当地人渴望改善人口、自然资源与环境三者之间的规划管理，从而促进经济发展。

（四）宁夏最有发展潜力的地区

清水河流域在整个宁夏贫困地区是最有发展潜力的一个地区。中央政府非常重视贫困地区的经济发展以及弱势群体的生产生活条件改善，近年来，提出并执行了一系列对贫困地区人民有益的政策，在贫困地区，很多工程已经投入具体规划中，覆盖经济社会发展的每一个角落，这些都给清水河流域带来了极好的发展机会。清水河流域的气候和土壤条件适宜发展当地特色农业，由于黄河水资源为抽水灌溉提供了便利，5.333万公顷灌溉农田（人均0.063公顷）被投入使用，居民于是有了粮食保障。中央政府、当地政府以及外国捐助者们提供了很多资源，通过整合这些资源，将为居民打下坚实的物质基础。在生态建设过程中，一系列合理、实际的应用技术投入使用，生态建设还将会为减贫工作做出更大的贡献。

二、建设清水河流域的关键任务

（一）建造节水示范区，综合利用水资源

要加强当地水力系统的综合管理，关键在于提高清水河沿途 3 个县城、14 个镇区、1 个农场的防洪能力。通过联合采取生物措施与机械措施，综合管理清水河流域供水系统的 45 条河流和溪流，因此改善后的供水系统将只包含清水河主流及其 10 条支流。固海抽水灌溉计划、东山坡水流改道计划、关键地区供水计划和农村饮用水计划的施工进度将进一步加快。黄河抽水灌溉工程将与其他关键地区的供水工程及当地水库、池塘、水槽共同建立起一个供水网络，同时改善水资源和水费管理机制，这样有利于提高水资源利用率。到 2012 年，将会建立一个水资源效能系统，用以满足农业和工业发展、生态改善及生活用水的需求。洪水拦截及保持量将从 30% 上升到 50%，洪水资源的利用从 15% 增长到 50%，水资源综合利用系数从 0.59 提高到 0.69。这个示范性的工程将会更进一步加快建设节水社会的步伐。

（二）优化居民与自然资源的规划

参考宁夏长期以来的移民经验，以居民自愿作为绝对前提，居住在最贫困村庄里、几乎不具备基本生活条件居民都被鼓励移民，移居到一个新建的安置点，或者是具备灌溉条件和发展潜力的国营农场。这些移民将会集体接受新技术训练，包括设施农业的用水效能技术、雨养农业的节水技术等。通过基础设施建设创收活动，移民者的生活条件将得以大幅度提升。因此，这些农村人群将彻底摆脱贫困，这样更加有利于人口、自然资源与环境的和谐发展。42 个安置点已经被列入计划之中，同时计划还包括开发 2.34 万公顷农田，将 2.443 万公顷雨养农田转换成灌溉农田。在整个计划当中，将会普遍推广节水灌溉技术。计划中的 20.68 万名移民将来自 520 个国家村庄、6 个县区的 46 400 个家庭，此外，原先地区的 56.667 万公顷土地将恢复用于植被建设。

（三）推进生态改善

六盘山、月亮山、南华山以及西华山降水量相对较充足，充分利用这一优

势，政府将建设 20 万公顷水源保护林。适应性较强的物种将会被种植在特定的区域，用以加速植被建设和修复进程。同时，在农田的田脊、公路、水槽沿边一带种植防护林，从而保障农业产出量，计划中的防风林网络覆盖面积将达到 14.533 万公顷。通过保护天然森林，建设自然保护区，封闭山脉/草原，植被恢复将进展迅速。计划为 24 万公顷自然草地设置栅栏，用以防御自由放牧对草地造成破坏，通过强化培养改良 20 万公顷严重退化草原，除此之外，还会种植 28 万公顷多年生牧草。因此，一个改良后的生态系统将基本建立，并对经济社会发展提供极大的帮助。为了实施以上种种措施，水资源保护（每年保护水资源 1 亿立方米）和肥力保护每年需投入 6000 万元，固碳制氧每年需投入 1600 万元，清洁环境的投入更是高达 14 亿元，因此，用于生态建设的总投入值将高达 22 亿元。

（四）发展特色优势产业

（1）枸杞生产。充分利用当地水资源优势，将在清水河沿岸培植 20 670 公顷枸杞，其中用于出口的种植面积有 6670 公顷。

（2）土豆培植。清水河中下游地区天气凉爽，且土壤中富含钾，这些都为培植土豆创造了良好的条件。计划将在这里种植 14 万公顷土豆，其中有 4 万公顷土地用来作为土豆种子的脱毒生产基地。同时，土豆仓库也被列入了计划之中（容量 60 吨的仓库 3 万处，容量 10 吨的仓库 5 万处）。

（3）草地种植和家畜养殖。计划在清水河中下游的旱地种植饲料草地 28 万公顷，在多雨区种植玉米 26 670 公顷，饲养 75 万头菜牛、350 万头绵羊。

（4）设施农业。设施农业将主要集中于亲水区发展，到 2012 年，设施农业覆盖面积将达 21 670 公顷。

（5）西瓜生产。计划在清水河下游没有卵石的土地培养 40 670 公顷西瓜。

（6）枣子生产。计划在清水河下游有阳光的地区培植枣树 48 670 公顷。

（7）杂粮生产。稻谷具有生长周期短、适应性强、抗干燥、耐低肥等特点，因此计划将稻谷主要种植在高山区、新农地及其他低肥干旱农田，种植面积 45 330 公顷。

（8）草药生产。计划种植 2 万公顷草药，主要物种包括黄芪、党参、甘草等。

为了证明且推广宁夏地区在精细耕作方面高端的操作技术有利于加速以上 8 种优势特色农业的发展，辅助农民增收，获得食物保障，并推进生态改善，计划建造以下 4 个示范区。

(1) 效能型农业示范区。黄河抽水灌溉计划使得大量水资源得以利用,南城 8030 公顷土地资源将会被开发出来,建立一个效能型农业示范区(8000 公顷)。为了节水,将会在这个示范区配备田间灌溉管道。

(2) 雨养农业示范区。在黄河抽水灌溉计划接近尾声之时,追加"点对点灌溉"措施,其示范面积将达 76 670 公顷。在抽水不能到达的地方建设雨水收集设施。其他一些节水措施,如发展地面覆盖和点对点灌溉,将 7000 公顷土地用作雨养农业的雨水收集和补充灌溉示范土地等。

(3) 设施农业示范区。在这个领域,建设焦点主要集中在新科技、新物种和新原料的展示与推广。设施农业的发展将与干旱地区的节水实践联合生效,将会在清水河流域的各个县区建立一个设施农业示范区。

(4) 农业综合技术示范区。选出设施农业节水具有代表性的地区,集结科学家和技术员,应用技术扩展机制,各个层级的科技工程与基金投入运行,推广新科技、新物种、新原料以及发展清水河流域特色优势产业的新设备。在清水河流域的每一个县区建立一个农业综合技术示范区以推广科技。此外,还会在每个县区建立一个作物与牲畜繁殖中心,从而繁殖出更多物种。

(五) 推广非农活动,增加居民收入

为了获得更加先进并实用的技术与科技,加强技术训练成为发展项目之一。将建立一套技术/科技保护的预演练系统,每 5 个县和一个市总部成立一个能容纳 40 万人的训练中心。通过改善机制、扩大训练基地、加强劳动力输出管理,非农产业的发展将实现 4 个转变,即从无组织的劳动力到有组织的劳动力输出,从短期雇佣到长期稳定的雇佣,从身体上的劳动力输出到技术上的劳动力输出,从低收入人群劳动力输出到高收入人群劳动力输出。其目标在于一户家庭里的一个劳动力能够赚取更多收入以维持家用,同时推进整个村庄创收。

(六) 修复清水河流域生态,从减贫中获益

2012 年,清水河流域生态修复计划完成之后,人均年纯收益将达 3200 元,森林覆盖率达 18%,草原植被覆盖率 70%,大约 50% 的洪水资源将得以利用,受侵蚀地区土壤和水资源保护面积将达 1 万平方千米。

三、建设清水河流域生态，辅助减贫

（一）强化领导与组织

推动清水河流域的经济社会发展是一项非常复杂且综合性较强的艰巨任务。它需要综合创新观念，整合所有资源，同时还要加强合作。鉴于此，宁夏政府将在这里成立一个高级指导委员会，推进清水河流域的经济社会发展，即将制定相关的政策并推出一套和谐高效的工作机制。

（二）疏通财政资源

在清水河流域所进行的各个项目所需经费都是由不同阶层的政府所资助的，政府提供资金支持，综合整合资源以发展总体利益。鉴于此，宁夏新增了一个以"政府主导、企业参与、市场化运作"为主要特征的财政调动机制，通过建立并不断完善这个新机制，一个全新的经济发展环境将应运而生。

（三）加强科技创新

为了提升居民在农业生产中对新物种、新科技和新原料的使用效率，宁夏不断加强科技创新，并在这一领域狠下功夫，整合科技调查资源，解决雨养农业以及缓解灾难型农业中的重要技术难题。该调查研究项目尤其注重开发容易推广且效率较高的科学技术，因此在区域特色农业发展领域即将会有创新型科技的重要参与，清水河流域在其经济发展过程中所遭遇的瓶颈问题也将迎刃而解。

参考文献

Du Ying, Fang Hengshan, Shi Rongyao et al. 2002. China Statistical Yearbook for Regional E-conomy Development: Investigation Report of Ningxia Resettlement for Ecological Rehabilitation. Beijing: China Financial & Economic Publishing House.

Ma Ming, Cheng Yun. 2006. Ningxia Ecological Environment Construction. Reprint.

Ma Ming, Zou Jun, Yang Gang et al. 2009. Construction Plan for Ecological-economical Cycle at Mt. Liupan In Ningxia. Yinchuan: Ningxia People's Publishing House.

Ningxia Statistical Bureau. 2000. Ningxia Statistical Yearbook 2000. Beijing: China Statistics Press.

Ningxia Statistical Bureau. 2001. Ningxia Statistical Yearbook 2001. Beijing: China Statistics Press.

Ningxia Statistical Bureau. 2002. Ningxia Statistical Yearbook 2002. Beijing: China Statistics Press.

Ningxia Statistical Bureau. 2003. Ningxia Statistical Yearbook 2003. Beijing: China Statistics Press.

Ningxia Statistical Bureau. 2004. Ningxia Statistical Yearbook 2004. Beijing: China Statistics Press.

Ningxia Statistical Bureau. 2005. Ningxia Statistical Yearbook 2005. Beijing: China Statistics Press.

Ningxia Statistical Bureau. 2006. Ningxia Statistical Yearbook 2006. Beijing: China Statistics Press.

Wang Zhiye, Huang Zirong. 2007. Ningxia Rural Socio-economy Investigation Statistical Yearbook in 2006. Reprint.

本章作者：

　　Wang Huirong，宁夏回族自治区发展与改革委员会。

　　Ma Zhongyu，宁夏回族自治区发展与改革委员会。

　　Ma Chonglin，宁夏扶贫与环境改造中心。

　　Zhang Xuecheng ，宁夏扶贫与环境改造中心。